U0075504

不能複製的人生

徐韋中——著

人生不能複製，但95%的問題卻是相同的

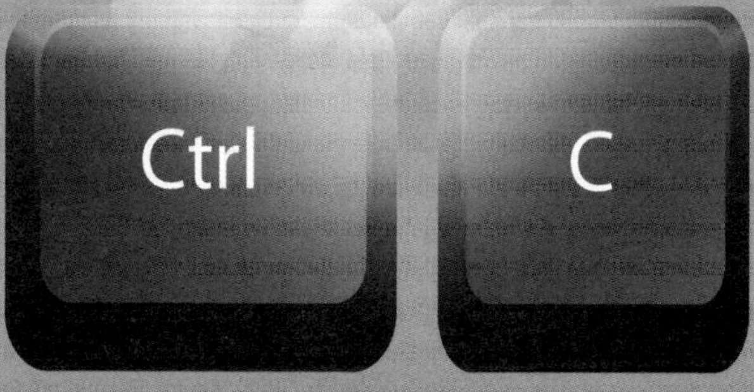

原書名：給人生一個軌跡

〈前言〉成功的定律有章可循

沒有人不渴望成功，在我們每個人的內心深處都充滿了對美好生活的夢想。但不知從何時開始，我們習慣了安於現狀的生活，甚至不敢去觸摸那些夢想的邊緣，因為理智告訴我們，最好遠離這些「妄想」，否則會讓自己痛苦不堪。所以，在還未開始之前，我們就先被自己擊倒了。

人生最大的痛苦，莫過於自己沒有極力把握住心中的那份堅持，因此我們所要做的，就是要盡自己最大的努力去做自己想做的事。只要有一線希望，就不要放棄，如果真的沒有路可走了，那就另闢其他的路。總之，在理想沒有放棄我們之前，我們是絕對不可以放棄理想的。

成功並非是一場競賽，也不是一座難以攀越的高山，其實那只是你與生俱來的權利，應該是你生活的本來面目。你會發現，生命其實很有意思，心存正面能量，經常告訴自己你是「最好、最優秀的」，並努力向前，好事好運就會常常跟著你。

手錶定律告訴我們：「一個人有一支錶時，可以知道現在幾點鐘，而當他同時擁有兩支錶時卻無法確定。」原因是什麼?因為選擇多了，多一種選擇就多一份誘惑，多一份貪婪，顧此又不想失彼，拿起這個捨不得那個，拿起那個又放不下這個，翻來覆去，最後不敢相信哪個最好而兩手空空。

這一個定理也能應用在企業經營管理上，像是對同一個人或同一個組織的管理不可同時採用兩套方法，也不可同時設置兩個不同的目標；甚至是一個人不能聽命兩個人同時指揮，否則將無所適從。

手錶定理所指的另一層含義在於：每個人都不能同時遵循兩種不同的價值觀，否則你的行為將陷於混亂。

「暈輪效應」告訴我們，最初的第一印象將會影響到日後相關的判斷；

「波爾森定律」告訴我們，任何東西使用到其潛能極限時都會崩潰，要合理分配精力；

「一五〇定律」告訴我們，人多未必力量大，把人群控制在一五〇人以下，才是管理人群最佳和最有效的方式；

「科安定律」告訴我們，如果事情看起來很複雜，就會讓人失去興趣，要從簡單入手，培養員工工作興趣；

「福克蘭定律」告訴我們，當不知如何行動時，最好的行動就是不採取任何行動。沒有準備好之前，請觀望等待。

本書共精選了三十個成功人士都在用的經典定律，帶你攜手解決你的人生、事業、生活、感情、管理、經濟六大方面問題。書中以淺白的故事相左，讓你輕鬆領會舍恩定律、破窗理論、彼得原理、手錶定律、六度分隔、一五〇法則、木桶定律、格雷欣定律、蝴蝶效應等三十個最經典的人生定律。每一個都有如晶瑩的珍珠，凝練的一兩句話，涵蓋了人生最根本的要義和精髓，點亮你的指路明燈，全方位掃描你的人生。

我們都知道成功不能複製，但成功的定律卻有章可循。許多人最後沒有成功，不是因為他們能力不夠、誠心不足或者對成功不夠熱切，而是缺乏正確的做事方式，且對成功的定律沒有概念。這些人做事時往往事倍功半，甚至是做了白工，而他們過程中的努力和辛勞又無法被人所看見，最後只能無疾而終，鬱鬱寡歡。

這是一本把世界運轉和人類行為研究「透」了的書，每一條定律都是經過專家數十年的實驗總結，在各領域偉大的人物與事件上都得到了驗證。只要掌握並運用本書中的定律，生活中遇到的百分之九十五的問題都能找到出口！

如果你想重塑自我，改變命運，走出一條理想的人生之路，那就趕緊翻開本書，認真閱讀，仔細體會吧！深入自己的內心，看清自己的能力，發覺自己的潛力，越早學會就越早成就你自己。

〈自序〉三十歲前必須學會的三十個成功定律

有一個農夫的驢子，不小心掉進一個深坑裡，農夫絞盡腦汁想辦法救驢子，但幾個小時過去了，驢子還在井裡痛苦地哀嚎著。

最後，這位農夫決定放棄，他想這頭驢子年紀大了，不值得大費周章去把牠救出來，於是農夫便請來左鄰右舍幫忙一起將坑裡的驢子埋了，以免除牠的痛苦。

農夫的鄰居們人手一把鏟子，開始將泥土鏟入坑中。當這頭驢子瞭解到自己的處境時，一開始牠真的被嚇壞了，但出人意料的是，一會兒之後這頭驢子就鎮靜下來。接著牠的行為令人稱奇，當鏟進的泥土落在驢子的背部時，不管泥土砸在身上多痛，牠總是將泥土抖落在一旁，然後站到鏟進的泥土堆上面。

就這樣，驢子將大家鏟到牠身上的泥土全數抖落在坑底，然後再站上去。很快地，這隻驢子便爬上來，然後在眾人驚訝的表情中快步地跑開了。

就如同驢子的情況，在生命的旅程中，有時候我們難免會陷入「深坑」裡，會被各式各樣的「泥沙」傾倒在我們身上，而想要從這些「深坑」脫困的秘訣就是：將「泥沙」抖掉，然後站到上面去！

這就是中國古代所說的「窮則變」的道理。孟子說：「生於憂患，死於安樂」。「憂患」就是艱難困苦，不堪忍受；「安樂」就是安逸舒適，快樂愜意。「生於憂患」，就是困苦磨練了人的意志，催人奮發向上，使人生命力頑強，朝氣蓬勃。「死於安樂」，就是說安逸舒適的生活會消磨人的志向，使人貪圖享樂，懼怕艱苦，不思進取，從而使人失去了生存能力與旺盛的生命活力。

人的一生會遭遇大大小小的逆境。如何讓自己一次次的從深坑脫困，就是要懷抱正確的心態去找對方法，才能順利地將倒進坑裡的「泥沙」抖掉，最後站上成功的頂峰。

本書選錄了三十則經典定律，這些定律廣泛運用在我們的生活、事業、感情、經濟等面向，透過一則則生動鮮明的故事，由淺入深的帶你參透影響我們一生的重要理論。

當其他人被現實的假像迷惑時，你能夠搶先看清問題的實質，不會上當受騙；在管理公司上，能更加得心應手，精準地抓住管理人事的訣竅和經營守則；在人際和生活層面上，也能更懂人心，看清盲點。

相信我，當你已經充分掌握並運用本書中的定律，就能減少未來繞遠路和走錯路的機會。三十歲前學會這些，讓你在人生這條康莊大道上行走得更穩固，更堅信不疑地朝成功一路邁進。

我的書是獻給所有遭受過挫折打擊，卻仍不放棄努力的人，以及那些不甘於平庸，終生學習和追求進步的人，還有那些永不放棄追尋理想的人們。

人生之路並不是坦途一條，獲得幸福之路也不是暢通無阻。人生有順逆境之分，幸福的取得也有難易之分。但是不管在什麼樣的條件下，你都不應放棄對幸福的追求。在順境中，人們以舒暢的心情謀求幸福，在逆境中，我們依然應當堅韌不拔，終始不渝地追求幸福。幸福既可以在順境中順利地實現，也可以在逆境中透過努力排除萬難地獲得。

準備好擁抱你的新人生了嗎？讓你的人生提高層次，首先要感謝自己找到這本書！人生不用贏在起跑點，「做」就對了，跟著我學習書中三十個經典成功定律，共同譜出專屬於你、別人所無法複製的精采人生。

目錄

目錄

第三章　萬變世界絕對不變的生活定律

目錄

目錄

目錄

第一章

萬變世界絕對不變的人生定律

1. 只有信之不疑，才能開花結果——舍恩定律

● 強者未必是勝者，而成功遲早都屬於有信念的人。

信念是勇氣之源

當你對某件事情抱著百分之一萬的相信，它最後就會變成事實。這種信念超越了自信，是一種確信的心態。

有堅定信念的人相信自己無論決定什麼，都會實現。人如果有了信念，就有了奔赴成功的動力，美國《信念的魔力》一書中提到：「信念這股原始動力，能夠產生把你引向成功的無窮力量，它往往驅使一個人創造出難以想像的奇蹟。」也因此有人說：信念是人生成功的第一要素。

每個人都會有自己的信念，並依靠信念支撐起一生勇氣。

電影《美麗人生》講述一個在殘酷戰爭中、在死亡陰影下，懷抱樂觀信念而盛開的

美麗人生。

二戰期間，在義大利一個小鎮生活著一對年輕的夫婦，丈夫是猶太青年圭多，妻子是年輕漂亮的朵拉，他們有個活潑可愛的五歲兒子，叫約書亞。圭多空閒的時候，總是陪著約書亞玩各種遊戲，逗得約書亞笑聲不斷，快樂開心，一家三口生活無憂無慮，幸福美滿。

美好的生活沒有持續太久，約書亞五歲生日那天，納粹分子強行抓走了約書亞父子，把他們關進猶太人集中營。雖然朵拉沒有猶太血統，但為了能和兒子在一起，朵拉堅持要求自己要和兒子一起前往集中營，所以她被關進集中營女牢裡。

在殘酷的集中營裡，為了不讓約書亞幼小的心靈蒙上悲慘的陰影，圭多一方面千方百計尋找機會聯繫朵拉，傳遞約書亞的近況，一邊保護幼小的約書亞不受到傷害。他哄騙約書亞，告訴他這是在玩一場遊戲，遵守遊戲規則的人，最後會獲得一輛真正的坦克。

天真好奇的約書亞信以為真，他多麼想有一輛坦克呀！這美好的願望，強力支撐著只有五歲的小約書亞，強忍集中營裡陰暗、潮濕、髒亂的惡劣環境，強忍飢餓、恐懼、孤獨和寂寞，始終保持著一顆充滿希望的心。

一天夜晚，納粹敗退，圭多計畫趁黑夜逃走。他將小約書亞藏在角落的一個鐵櫃子裡，一再叮囑約書亞千萬別出來。

圭多藏好約書亞，趁亂去女牢營救妻子朵拉，不幸的是，圭多的行動遭納粹發現而被抓，當納粹押著圭多經過鐵櫃時，圭多表情鎮定，大步流星地走過去，他用自己的行動暗示約書亞，這只不過是遊戲，你要堅持住，千萬別走出來。很快，約書亞就聽到一聲槍響，他還不知道父親已經慘死在納粹分子罪惡的槍口下，他蜷縮在鐵櫃內，堅持著，堅持著，為了一輛真正的坦克、一個美好的願望堅持著。

天亮了，人們也迎來希望的曙光。小約書亞從鐵櫃中爬出來，站在院子裡尋找著父親的身影，這時，一輛真實的坦克，轟隆隆地開過來，停在他面前，下來了一個美國士兵，把他抱到坦克上，此刻他感覺自己真的擁有了一輛坦克，那種快樂的心情，已經讓他忘掉了集中營中經歷的一切。

約書亞雖小，卻為一個願望堅守到勝利的最後，正如作家丁玲所說，人，只要有一個信念，有所追求，什麼艱苦都能忍受，什麼環境也都能適應。

另一個故事發生在美國紐約。年輕警官亞瑟爾在一次追捕行動中，不幸被歹徒用衝鋒槍擊中了左眼和右腿膝蓋。當三個月後他走出醫院時，原本英俊瀟灑的青年已經變成了又瞎又跛的殘疾人，身體和心靈的創傷雙雙打擊著這位年輕警官。

在紐約州政府表彰他的大會上，一個記者問他：你以後將如何面對個人所遭受的不幸和厄運？他回答：「我只知道歹徒現在還沒有抓獲，我要親手抓住他！」從此，亞瑟爾不顧身體殘疾，不顧眾人勸阻，親自參加抓捕行動，他幾乎跑遍了整個美國，甚至為了一條微不足道的線索隻身飛赴歐洲。

經過九年的努力，警方終於抓獲了那名罪犯，而亞瑟爾發揮了非常關鍵的作用。慶功會上，亞瑟爾再次被當成英雄，被人們盛讚為美國最堅強、最勇敢的人。然而，出人意料的是，沒過幾天，這位堅強的警官就在自己的臥室裡割腕自殺了。人們在他的遺書裡，看到這樣一段話：「這些年來，支撐我活下去的信念就是抓住兇手……現在，傷害我的兇手已被繩之以法，而生存的信念也隨之消失。面對自己身體和心靈的傷殘，我從來沒有這樣絕望過……」

亞瑟爾為了第一個信念而成為英雄，又因實現了第一個信念，卻沒有樹立第二個信念倒下。

美國管理學家費斯提出的費斯定律告誡我們，在拿到第二個以前，千萬別扔掉第一個。也可以這麼說，在第一個信念實現之前，我們就應該為樹立第二個信念做好準備。抓住人生的信念，做一個熱愛生命的人。

有堅持才會收穫奇蹟

人生不能沒有信念，信念是人生的燈塔。一旦樹立起信念，就要為實現自己的信念付出艱辛努力。所以，如何選對自己的信念尤為重要。一位哲人說得非常有道理：人重要的不是所站的位置，而是面朝的方向。

當我們邁出人生第一步時，邁向哪個方向、邁向哪裡，將決定我們一生的命運。生活豐富多彩，充滿各種誘惑，人的追求永無止境，各種願望也紛至沓來。在亂花漸欲迷人眼的誘惑面前，不能迷失自己，不能朝三暮四。不停地追著誘惑跑，走馬燈似地變換自己的追求，不能樹立恆定的信念，為一個明確的目標而奮鬥，結局一定是兩手空空，虛度光陰。還沒有抓住第一個，就去抓第二個，沒抓住第二個，就去環顧第三個、第四個，那麼所有的目標都將成為泡影。

伊索寓言裡講到這樣一個故事，寒冷的冬天，森林之神看到一個凍得可憐的行路人，就邀請他共進晚餐。一開始，他不停地呼著手，森林之神問他為什麼這樣做，他說是在取暖。森林之神趕緊燒好熱湯，讓他喝了取暖，他卻不急著喝，緩慢地吹起湯來，森林之神很驚訝，忙問他為什麼，他的回答令森林之神很氣憤，因為他說這樣湯可以涼得快些。

森林之神感覺這人一下嫌冷一下嫌熱，一定是反覆無常的人，就立刻把他趕了出去，斷絕往來。像這樣的人很多，最後無一例外地毫無所獲。而能夠始終如一堅持自己信念的人，永遠不會被殘酷的現實擊倒，他們是最後的勝利者。

人生應該選擇怎樣的信念呢？有人說，人出生時，一隻腳在天堂，一隻腳在地獄。是邁向天堂，還是墜入地獄？這樣的抉擇，相信我們每個人都曾面對過。向惡還是向善，不知不覺中左右我們一生的道路。由於人性使然，我們總是在善惡之間左右搖擺，最後若不是善戰勝惡，進而成為對社會有益的人，就是惡驅逐了善，最終成為社會的罪人。

樹立什麼樣的信念，不僅取決於成長的家庭和社會環境，教育也發揮關鍵性作用。有一對雙胞胎，父母在外地打工謀生，無力同時照顧兩個孩子，就把老二送回老家父母撫養，這一分離，卻使兄弟兩人走上了截然不同的道路。老大因為跟著父母，受到嚴格管束，在學校學習認真，並且養成良好的品德，長大後考上一所明星大學。而老二跟著爺爺奶奶，從小放縱自己，貪玩調皮，打架鬥毆，學業成績一塌糊塗，中學就輟學到社會上遊蕩，最後因為持刀搶劫而被判刑入獄。系出同源的兄弟卻有迥然的結局，這就是不同的信念導致不同的命運。

每個人都是帶著上帝賜予的兩個錦囊來到世上，一個裝著源源不斷的財富、幸福和快樂，只要我們樹立堅定的信念，保持積極進取的人生態度，就會獲得錦囊中最珍貴的禮物。另一個錦囊裡裝著接連不斷的痛苦、懲罰和災難，它是給那些缺乏信念、意志力不堅定、放縱私慾的人吞下的苦果。

常立志不如立長志

對那些渾渾噩噩、碌碌無為的人，我們常常不屑地嘲笑他們胸無大志，鼠目寸光，這種嘲笑不僅僅是一種輕蔑，也是鞭策和激勵。人是群體動物，有著集體榮譽感和自尊心，很容易受群體氛圍影響，激發向上的動力，促使自己從群體中脫穎而出。這不是一件容易的事情，需要持續不斷的動力支撐和長期艱辛的努力。要保持這種向上的動力綿綿不絕，就需要堅強的毅力和持之以恆的信念。

人們說，常立志不如立長志，就是這個道理。人的精力有限，畢其一生之功，做好一件大事就很不容易，那些驚天地泣鬼神的事業，更非常人所能為。古人說：「天將降大任於斯人也，必先苦其心志。」一個人要完成上天賦予的使命，必須先經得起意志力的考驗，恆心和毅力成為首要條件。

鑽石恆久遠，一顆永流傳，要想像鑽石那樣永遠熠熠發光，流傳百世，就要有恆定的品格，不變的追求和崇高的信仰。蘇格拉．芙頓是美國一位著名的偵探作家，回顧她的成功之路充滿了艱辛。她曾這樣講述自己的成名之路：「如果二十五年前，就有人告訴你，你將得到你想得到的一切，但是必須等到二十五年後，你聽到這話會做何感想？而眼前的路你又會如何走下去？」

這段話發人深省，正是強大的成功信念支撐著她。對寫作的執著和熱情，對信念的篤定，促使她不停地寫下去，一寫就是二十五年。二十五年來，寂寞、枯燥、周遭的冷嘲熱諷和漠不關心，始終圍繞著她，折磨著她。沒有人重視她的作品，大量的嘔心瀝血之作被壓在抽屜裡，蒙著灰塵，遭受蟲蛀，隨著發黃的紙張而成為陳舊的往事。

每個人在困厄平庸時，都寄希望於時來運轉，改變境遇。但時來運轉可不是天上掉禮物，那是長期努力結出的果實，是量變到質變的過程。皇天不負苦心人，經過二十五年的不懈追求和努力，蘇格拉·芙頓終於寫出了令人拍案叫絕的作品，得到出版商的青睞，出版了自己的第一本著作。榮譽和鮮花，一定是開在精心耕耘的土地上。許多人一生庸庸碌碌，窮困潦倒，除了怨天尤人就是嫉賢妒能。他們喜歡用自己的長處對比成功人士的短處，由此痛恨老天的不公和命運的作弄。但他們的選擇性失明，故意看不見別人忠於自己的信念而忍受的煎熬、付出的心血。

信念是我們根據幾千年人類文明的積澱，從道德、文化、社會等諸多人類需求出發，結合自己對命運、生活、情感的認識，而產生的對生命價值的認定。有了這個認定，一個人才知道做什麼、怎麼做，實踐的過程才會充滿快樂和幸福，結果才會圓滿。

因為人類有著堅定明確的信念傳承，才有今天的文明昌盛。因為有了祖輩的信念支撐，才有了今天的社會和諧、科技進步、經濟繁榮、生活幸福，才有了思維的創新和思想的飛躍。

忠於自己的信念，消除疑慮、自卑、悲觀的挫敗感，認定人生的目標，按部就班，刻苦努力，就一定能到達人生的頂峰，享受造物主賜予我們的一切快樂和幸福。

家有餘糧心不慌

僅有堅定的信念並不夠，還要具備實現信念的各種要素。良好的道德修養、淵博的知識儲備、豐富的人生閱歷、充沛的體能精力等等，沒有這些做為保證，什麼美好的信念都是空中樓閣。

抓牢第一個，其實就是打基礎，為實現第二個信念做儲備，使第二個信念成為有土之木、有源之水。

古語云：「家有餘糧心不慌，戶多書籍子孫賢。」一個國家如此，一個家庭如此，對個人來說也是這樣。那麼個人的餘糧是指什麼呢？用比喻的話說，那就是汽車的油、莊稼的肥、燈泡的電。知識的多寡決定了人的認知深淺，閱歷的多少決定了人的視野寬窄，技能的多少決定了人的水準高低，磨礪的多少決定了人的意志強弱，修養的多少決定了人的品德優劣。

每個創業或不創業的人，幾乎都在談論比爾．蓋茲，現在談論，將來恐怕還會談論。比爾．蓋茲熱，熱到了神話的程度，熱到了癲狂的程度，熱到了頂禮膜拜的程度。比爾．蓋茲是神嗎？答案當然不是。那麼比爾．蓋茲為什麼會取得如此巔峰的成績，而且保持著蓬勃旺盛的生命力，好像永動機一樣，財富的泉源永不枯竭？一句話，基礎牢，後勁足。油箱始終滿滿，電源始終充足。

汽車沒油了要加油，人沒了知識要學習，沒了精神要激勵。

拿破崙時代，有一個士兵掉進湖裡，湖水很深，士兵在水裡驚慌呼叫，拼命掙扎，沒有人會游泳，岸上的士兵亂作一團，無計可施。

這時，拿破崙走了過來，他大聲命令落水的士兵游上來，士兵絕望地嚎叫說不行，游不動。拿破崙喊道：「你行的，我說你行你就行！」說完，抓過一個士兵手裡的步槍，對著落水士兵的身後就是幾槍，並喝令道：「快點游上來，否則我就槍斃你！」槍聲未落，就見落水的士兵如同逃命鴨子一樣，飛速游到岸邊，爬了上來。

道理很簡單，拿破崙用槍聲打出了士兵的精神，激發了士兵的潛能，使他深藏在體內的力量和本能發揮了應有的作用，進而死裡逃生，化險為夷。

要想油箱始終滿滿，首先得加油。人生的油不外文化知識和社會實踐。始終保持濃厚的學習興趣，愛學習，會學習，勤實踐，多動腦，才能保證人生的油箱始終處於滿滿的狀態。這裡就說說比爾．蓋茲是如何給自己找到油和儲備油。比爾．蓋茲從小就非常努力，十一歲時讀完了一整部《世界大百科全書》，十三歲開始付諸社會實踐，晚上經常去華盛頓大學免費使用電腦。後來又先後到奧林匹亞的州立法機構、華盛頓特區國會當差。大學四年級，他休學去華盛頓南部的一個發電廠，做了程式設計員。年輕的比爾．蓋茲就是這樣不停地學習，不停地實踐，為自己後來建立微軟帝國打基礎、儲能量，時時刻刻為自己加油充電。

我們都知道，長跑比賽中，後勁比衝勁更重要。人生是個漫長的過程，實現自己的信念也非一朝一夕之事。兵馬未動，糧草先行，給自己的油箱加滿油，時刻準備著，準備著信念的召喚，準備著時刻踏上追尋成功的道路。

要實現人生宏偉的理想，你做好準備了嗎？

知識拓展

舍恩定律是美國麻省理工學院教授舍恩提出的著名經濟理論，意思是新思想只有落到真正相信它、對它著迷的人手裡，才能開花結果。

這一定律對於人生同樣適用，它體現了信念的力量——只有信之不疑，才能開花結果。

與之相近的還有杜根定律。

美國職業橄欖球聯合會前主席D．杜根曾提出這樣一個說法：強者未必是勝利者，而勝利遲早都屬於有信心的人。這就是心理學上的「杜根定律」，這一定律告訴我們：一個人勝任一件事，八十五％取決於態度，十五％取決於智力，所以一個人的成敗取決於是否具有堅定的信念。

2. 沒必要作出決定時就有必要不作決定——福克蘭定律

● 當不知如何行動時，最好的行動就是不採取任何行動。

沒有準備好之前，請觀望等待

世事紛云，變幻無常，瞬息萬變、五光十色的生活中充滿各種誘惑、機會和挑戰。是機會還是陷阱？誰也不是神仙，無法做到未卜先知。當我們面對身邊的各種事情無法做出準確抉擇的時候，不妨先學學水底石，任憑萬事如流水，我自心靜不動搖。

誰也無法預料人生的下一刻會發生什麼事情，當機會和挑戰來到，應該保持現狀，還是抓住機會改變命運，是擺在我們面前的重要課題。我們不妨對出現的機會暫時冷處理，先靜下心來進行認真分析，仔細篩選，對那些條件不符或結局不明的事情，要果斷地放棄，認清自己目前現狀，具備哪些解決問題的條件和能力，哪些事情必須要做，哪些無關緊要，哪些是雪中送炭，哪些是錦上添花。只有認清這些，才會對機會和挑戰做出合理的選擇，保持現狀還是改變命運都是為了人生更合理、更趨向完美。

對機會的不同把握，就決定不同的命運。

有三個人同時被判入獄三年，入獄後，典獄長答應他們，滿足每個人的一個要求。喜歡刺激、不甘寂寞的美國人愛抽雪茄，要了三大箱雪茄。浪漫瀟灑的法國人不像美國人那樣注重物質，他選擇了一個美女，共度囚牢時光。最後選擇的是猶太人，他毫不猶豫地要了一部能與外界溝通的電話。三個人各自帶著自己所求，開始了三年的牢獄生活。三年後，讓我們看看他們發生了什麼。第一個衝出來的是美國人，他的嘴裡、鼻孔裡都塞滿了雪茄，像一個古怪的菸灰缸。只聽他大喊：「給我火，給我火！」當年他只顧為三箱雪茄高興，忘記要火了。接著出來的是法國人，入獄時的一對情侶，如今已經變成五口之家。只見法國人懷裡抱著一個孩子，美麗的女子手裡牽著一個，肚裡還懷有即將出生的另一個。這哪是坐牢，正如童話所說，從此王子和公主過著幸福的生活。最後，猶太人不疾不徐地走了出來，他一臉喜悅，緊緊握住典獄長的手說：「多虧你的一部電話，三年來我始終能與外界保持聯繫，我的生意不僅沒有停頓，反而增長了兩倍多，為了表示感謝，我要送你一輛勞斯萊斯！」

三個人面對相同的機會，做出了不同的選擇，結局大相徑庭。

什麼樣的選擇決定什麼樣的人生，一點不假。

我們今天的選擇就是未來的生活，我們今天的正確就是未來的獎賞和幸福，今天的錯誤就是未來的懲罰和痛苦。

你考慮好該如何選擇了嗎？如果你還不能下決心，沒關係，當你還不知道如何選擇的時候，最好的選擇就是不選擇。

透過現象看本質

生活中，我們常常被各種現象所迷惑。如何透過現象看清本質，是我們做出正確判斷和抉擇的重要條件和保證。但要想看清事情的本質，可不是一件容易的事情。

說到本質，我們先看看學者是怎麼定義的：「本質是事物的內部聯繫，是事物內在的、相對穩定的方面，是事物的根本性質，由事物的特殊矛盾構成。本質是現象的本質，隱藏在現象背後並表現在現象之中，要靠思維才能把握。」定義說得非常清楚，本質隱藏在現象背後並表現在現象之中，要經由思維才能把握。顯然，思維在把握事情本質方面具有舉足輕重的作用。

不同思維的人，往往對事情的本質得出不同的判斷。舉個例子：兩個人在大街上相遇，一個是無神論者，一個相信上帝。他們同時看到一隻狗，無神論者說，這是一隻狗，屬於哺乳動物，跟狼同個祖先，根據進化論，牠是由野狗進化來的，是狗就改不了吃屎，吃屎就是狗的本性。相信上帝的人跟他爭辯起來，說狗是上帝創造出來，是上帝的信使，牠為我們帶來了歡樂祥和，陪伴我們驅除寂寞和孤獨的惡魔。你看，這就是思維不同帶來的分歧，同樣一隻狗，在他們眼裡卻有截然不同的認知，他們對待狗的態度當然也會不同。

有人曾試圖說服一個妄想症患者，結果卻跟妄想症患者產生了同樣的疑慮。妄想症患者恐懼地認為，人類已經被高智慧的外星人控制了。外星人偽裝成人類的樣子，混在我們之中，進行統治和剝削。說服他的人說，我們人類是有機物，外星人怎麼能製造出跟我們一樣的有機物呢？妄想症患者反駁，外星人比我們科學技術先進得多，他們早已能製造任何形態的有機體。說服他的人聽了覺得很有道理，自己也跟著疑惑起來。之所以出現這種結果，顯然是因為我們並不了解外星人，對外星人的本質還沒有清楚的認知。

我們經常看到一些思維敏捷的人，遇到問題很快就能釐清事情的本質，抓住事情的重點，處理起來非常果斷迅速。這樣的人做什麼事都遊刃有餘，得心應手。

如何才能達到這種境界？是什麼方法使他們具有如此的判斷力和處理問題的能力？看表象用眼睛，看本質用心。睜開眼睛看表像，閉上眼睛想本質。如何看清事物本質？首先要有敏捷的思維能力，而思維能力來自日常的學習和生活的實踐。遇事多看、多想，想清、想透，不懂多問，反覆追問為什麼，注意細節，勤於實踐，總會尋找到事情的蛛絲馬跡，循線探查，就沒有揭不開的謎團。知識是思維的枴杖，平時要注意知識的學習和累積，有了豐富的知識、開闊的視野，遇到問題自然能舉一反三，觸類旁通。另外，還要勤於實踐，實踐出真知，這是顛撲不破的真理。處理的問題多了，閱歷多了，自然經驗就多，接觸事情本質的機會就多，進而容易認識事情的本質。

看清本質才能做出準確的判斷，準確的判斷是準確抉擇的關鍵。勤於思考，善於透過紛繁複雜的表面現象看清本質，唯有如此，我們才能在人生的十字路口，選擇正確的方向。

抓住主要問題

看清事物的本質，就能認清哪些是事物的主要問題，哪些是次要問題。鎖定主要問題，解決了主要問題，次要問題自然迎刃而解。

那麼，什麼是主要問題呢？

在事物發展過程中處於主導地位，對事物發展起決定作用的問題，就是主要問題，反之則是次要問題。

希臘神話中，有個戈耳迪之結的故事，即充分說明解決主要問題的重要性。讓我們先來看看這個美麗的故事，看亞歷山大大帝是如何抓住主要問題，解決主要問題的。

西元前三三三年，亞歷山大大帝為了征服世界，率領大軍，揮師進入小亞細亞腹地，來到群山環抱的戈耳迪城。戈耳迪城裡有個佛里幾亞著名的廣場，廣場上建有一座氣勢宏大的宙斯神廟，廟宇前的小丘上，放著佛里幾亞王室百年前獻給天神宙斯的牛車。正是這輛牛車，被複雜難解的戈耳迪之結牢牢綁在一根柱子上。

這不是一輛普通的牛車，戈耳迪的繩結也不是普通的繩結。這個結，是貧苦農夫哥迪亞斯發明使用的。

有一天，哥迪亞斯趕著牛車，帶著自己的妻子，進城來到佛里幾亞廣場，恰好不久前有個神諭宣稱，佛里幾亞未來的國王將會帶著妻子乘坐牛車而來。哥迪亞斯夫婦一出現在廣場，立即被人們推舉為新的國王。為了答謝神的恩典，哥迪亞斯把牛車獻給了天神宙斯，並以自己經常使用、防止牛車被偷的戈耳迪之結，把牛車牢牢綁在一根柱子上。

天神宙斯被感動，降下神諭，若誰能解開戈耳迪之結，誰就是未來亞細亞的統治者。自從這個神諭傳出之後，很多人爭先恐後試著解開這個結，但都失敗了，直到亞歷山大大帝到來，這個無人能解的結，才徹底被解開。亞歷山大大帝是用什麼辦法解開這個結的？當年二十三歲的亞歷山大大帝，雖然才華出眾，所向披靡，卻沒有取得決定性的勝利，來向世人證明自己征服世界的雄心。他的部下和百姓在看著他，他的敵人也在看著他，因此他急需做一件驚天動地的事情來證明自己，向世人宣告自己征服世界的使命是神的旨意。既然來到了戈耳迪城，恰好遇到戈耳迪之結這個天賜良機，年輕勇武的亞歷山大大帝，沒有理由不去解開這個帶有神諭的結，放過證明自己的絕佳機會。

雄心勃勃的亞歷山大大帝，在好奇的馬其頓人和佛里幾亞人的簇擁下，登上了神殿前放置牛車的小丘。人們拭目以待，瞪大了眼睛盯著這位年輕的征服者，看他如何解開這個百年難解之結。只見亞歷山大大帝幾次奮力想解開這個結，都沒有成功，他越來越憤怒，突然，他後退一步，抽出自己的寶劍，用力揮劍向繩結劈去，繩結霎時被解開。

年輕氣盛的亞歷山大大帝振臂高呼：「誰能管我如何解開這個結？誰能管我如何解開這個結？」

整個戈耳迪城的上空，頓時傳遍了亞歷山大大帝洪亮有力的聲音。人們被他恢弘的氣勢征服，跟著他歡呼、跳躍，戈耳迪城沸騰了。

當天夜裡，烏雲密布，電閃雷鳴，戈耳迪城下起了暴雨。宙斯神廟的祭司當即宣布，天神宙斯是雷電的主宰者，今夜電閃雷鳴，是因為天神宙斯對亞歷山大大帝解開戈耳迪結非常滿意，決定再次發布神諭，宣告亞歷山大大帝是下一個世界的統治者。

後來，亞歷山大大帝真的征服了歐亞大陸，建立橫跨歐、亞、非三洲的龐大帝國，當年的神諭應驗了。

在這個故事裡，我們不難發現，解開戈耳迪之結是事情的主要問題，而採用什麼辦法解開繩結，這是次要問題。亞歷山大大帝的過人之處，在於抓住了主要問題，解決了主要問題，所以他成功了，他過人的膽識和氣魄，使他成為一個時代的征服者。

抓住主要問題，就是抓住了蛇的七寸。只要抓住主要問題，還有什麼困難不能迎刃而解？

一慢二看三通過

認清了事物的本質，抓住了主要問題，下一步就是如何解決問題。解決問題，這才是事情的關鍵。我們前面做的，都是為解決問題做出的鋪陳。

那麼是不是看清了本質，抓住了主要問題，就要立即採取行動，以免機會稍縱即逝？不，還要等一等，就像攪渾的水，要放一段時間，等水中的渾濁物沉澱下去，水變得清澈透明，我們才能看清裡邊的魚、鱉、蝦、蟹有多少？有多大？有沒有鯊魚？有沒有魚雷？進而才是如何抓魚的問題，先抓哪條後抓哪條？怎麼躲避鯊魚？如何排除魚雷問題？

城市裡的十字路口紅綠燈旁，常會有一道標語：一慢二看三通過。遇到問題，首先要慢下來，等一等，留出充分的時間，仔細觀察觀察，看看有沒有無法預料的情況出現，先確定不會有新狀況發生，再解決問題不遲，這樣做事才能夠十拿九穩。從頭做起，從簡單做起，遵守事物發展的規律，循序漸進，從簡單到複雜，從低階到高階，一步一臺階，是解決問題的法則。

傑羅姆年輕的時候，曾受邀出席一位慈善家的晚宴，晚宴後舉辦了一場室內音樂會。音樂會進行當中，身旁一個清晰的聲音詢問他：「你喜歡巴哈的作品嗎？」這個人正是大名鼎鼎的科學家愛因斯坦。傑羅姆非常尷尬，囁嚅說：「不，我對巴哈一無所知，也從來沒有欣賞過。」愛因斯坦關切地說：「請跟我到樓上好嗎？」到了樓上，愛因斯坦關上門，和藹地問傑羅姆：「你對音樂一向如此陌生嗎？」「一向如此。」「有沒有你喜歡的曲子？」「有，克羅斯巴。」「好。」愛因斯坦找出克羅斯巴的作品，在留聲機裡開始播放。然後問傑羅姆，「能告訴我你剛才聽到什麼嗎？」傑羅姆小心翼翼唱了一遍剛才聽的歌曲。「你看，你能欣賞音樂！」愛因斯坦高興地說道。「這是我最愛聽的曲子，經常哼哼，所以才會唱，不能說明什麼。」傑羅姆小聲辯解。「不，這說明了一切。你還記得上過的第一堂數學課嗎？假如你剛認識1、2、3、4幾個數字，老師就讓你演算乘除法和分數題，你能做到嗎？」「不能。」傑羅姆答道。愛因斯坦高興地揮舞著菸斗，接著說：「對，那根本就辦不到，你會感到困惑不解，因為你對乘、除法和分數一無所知。很可能因為老師一個小小的錯誤，而令你終生都無法領略乘、除法和分數那無窮的妙處和樂趣。」愛因斯坦臉上露出喜悅的微笑，接著說：「音樂欣賞也是這個道理，令人陶醉的簡單歌曲正如1、2、3、4，現在你已經掌握了，我們可以進行一些複雜的運算了。」愛因斯坦挽起傑羅姆的手臂，「小伙子，我們去聽巴哈。」他們下樓，女主人對他們沒有欣賞到大部分音樂節目感到遺憾時，愛因斯坦說：「我和這位小伙子剛剛進行了人類所能做的最偉大事業——開拓美的新領域！」

多麼簡單，愛因斯坦就是這樣，用簡單的辦法三兩下解決傑羅姆音樂欣賞的問題。當你發現了問題，去找出行之有效的解決辦法，不僅是學習的目的，也是人生的必修課。

知識拓展

關於決策的四個著名法則和定理

一、決策合理性法則：決策的合理性，就是在能評價行動結果的一定價值體系下，選擇恰當的替代行為。

提出者：美國管理學家H．西蒙。

點評：決策決定的是「應該怎麼做」，而決定決策的則是「為什麼這麼做」。

二、艾科卡原則：絕不能在沒有進行選擇的情況下作出重大決定。

提出者：美國克萊斯勒汽車公司前總經理李．艾科卡。

點評：凡在選擇餘地不大的情況下，我們總難作出最佳選擇。

三、愛彌爾定律：一個人在拿主意之前，必定要把一切看透，那他就永遠拿不定主意。

提出者：法國管理學家H．L．愛彌爾。

點評：總想拿最好的主意，就總是沒有主意。

四、普賽爾定律：思慮過多會阻礙迅速行動。

提出者：英國A．J．S公司副總裁普賽爾。

點評：好事一拖便垮，良策一遲就糟。

3. 得非所求——卡德寧定律

●你得到最多的，是你最不需要的。

慾望越多機會越少

人有七情六慾，慾望是人的本能，是人類行為的基本動力。在慾望的作用下，人類不斷追尋占有客觀對象，進而和自然環境、社會形成彼此依賴共生的關係。

透過慾望的不斷滿足使自身的生命得到延續，並對整個環境和社會發揮推動和變異的作用。可以說，慾望是推動自身進化、環境改變、社會發展與歷史進步的動力來源。

印度哲學家克里希那穆提說過：「對慾望不理解，人就永遠不能從桎梏和恐懼中解脫出來。如果你摧毀了你的慾望，你可能也摧毀了你的生活。如果你扭曲它、壓制它，你摧毀的可能是非凡之美。」而叔本華又說：「過於劇烈和強烈的慾望，不再只是對自我存在的肯定，還會否定或剝奪他人的生存。」我們既要對慾望的巨大作用給予肯定，又要對慾望不能滿足所產生的副作用保持足夠的警惕。

慾望驅使我們不停去征服和占有客觀世界，而客觀世界的反征服、反占有，又對人的慾望產生巨大的遏止力。這是一對矛盾體。合理地滿足自己的慾望，使自己的慾望與自然環境、社會互相協調，各取所需，共生共榮，既利己又利人，做到這一點非常困難。

成語「欲壑難填」，形容得甚為貼切。一般情況下，我們的貪慾像填不滿的深淵，永遠得不到滿足，永遠沒有盡頭。那麼，是不是慾望越多，得到的越多呢？恰恰相反。造物弄人，常常是越想得到的，越得不到。卡德寧提出這樣一句話：「你得到最多的，是你最不需要的。」這就是著名的卡德寧定律。我們在讚揚這句話見解精闢的同時，應該想到為什麼會如此？為什麼我們要的上帝不給？而祂給的對我們來說卻是食之無味、棄之可惜的雞肋。這沒有什麼奇怪的，要怪就怪我們的慾望。慾望太多，人就會無所適從，挑得花了眼、盲了心，所有的慾望都想滿足，最後不知道要滿足哪個。

小時候聽大人說過小羊吃草的故事，故事雖簡單，卻非常切中問題。一隻飢餓的小羊在沙漠裡發現了兩片草地，當牠興奮地來到東邊這片草地，準備低頭啃草時，無意間抬了一下頭，看到西邊那片草地綠油油，非常茂盛，一定鮮美異常。牠毫不猶豫地揚起四蹄，向西邊那塊草地跑去。當牠跑到西邊那片草地，回頭看看，又覺得西邊這片還不如東邊那片，東邊那片水嫩的青草閃著誘人的亮光。牠開始後悔，思忖了一會兒，還是決定去吃東邊那片草，於是又邁開四蹄跑回東邊。當牠回到東邊，再次抬頭看西邊時，怎麼看西邊那片怎麼鮮美，口水直流的牠覺得要吃就吃最好的，於是再次決定奔向西邊那片。結局大家都知道了，小羊最後累死在兩片草地之間來回奔波的路上。

我們也許會嘲笑小羊的愚蠢，當局者迷，小羊恰恰是我們的最佳寫照，對著這面鏡子難道沒有照出我們自己的影子嗎？慾望越多機會越少，原因就在於我們面對眾多的慾望，無法判斷出哪個是我們最需要的，哪個是可以緩一緩的，哪個是根本用不著的。與其得到一堆用不著的累贅，不如選擇人生最需要的，一以貫之，心無旁騖，集中精力，努力達成自己的目標，吃到維持生命的鮮美小草，而不是餓著肚子去找搖錢樹。

弱水三千，只取一瓢飲

隨著生命的誕生，慾望也隨之而來。新生命越長越大，伴隨的慾望不斷演變和增多。衣、食、住、行，愛、慾、情、仇，尊重、幸福、榮譽、事業、自由等諸多慾望需求逐漸顯現，物質的、精神的，不一而足，左右著人們生命的進程，而且這些慾望會在不同時間、不同人的身上有著不同表現。

眾多的慾望我們不可能一一去實現，首先要滿足基本的需求——衣、食、住、行，在此基礎上，我們要根據自身的情況，選擇符合發展需求的目標，不可貪多，該克制就克制，該捨棄就捨棄，不必為眾多的慾念動心思。古人云：「弱水三千，只取一瓢飲。」江河湖海雖大，你只需一瓢就能解除乾渴，多了就會撐著，甚至淹死。

而吃飽喝足了，精神的追求就成為最大的慾望。精神追求，也是人類最高的追求。精神層面的慾望很多，是做一個快樂的人，還是嚴謹的人；清靜的人，還是崇高的人；事業的人，還是藝術的人；自由的人，還是權威的人，自覺不自覺，人們就會有所傾向和選擇。不能既想當科學家，又想當藝術家，既想當企業家，又想當政治家，看見明星大紅大紫風光無限，就想成為明星，看見記者收入頗豐工作有趣，就夢想當一名記者……

被慾望牽著東跑西顛，到最後只會白了少年頭，空悲切。

月有陰晴圓缺，人有悲歡離合，此事古難全。更何況面對今天這個萬花筒般精彩紛呈、物慾橫流的世界，誰又能靜心淡定？還是讓我們講講弱水三千只取一瓢飲的故事吧！聽完故事，也許你已經知道自己要做什麼、怎麼取捨了。

一天，在一棵高大的菩提樹下，佛祖正和一個人講經說法，那人有無數的煩惱要請佛祖幫助解脫。

佛祖問：「在世人的眼裡，你有錢有勢，有尊嚴有地位，有溫柔體貼的妻子，有活潑可愛的子女，你為什麼還不快樂呢？」

那個人憂傷地答道：「正是因為擁有了這一切美好的東西，我才不知道如何取捨，如何安放自己的心靈。」

佛祖聽後，微笑著說：「我說個我親身經歷的故事吧！有一天，一名遊子旅途勞頓，一路未曾找到水喝，馬上要因口渴而死，我看他可憐，憐憫他，就把一座湖泊放到他的面前。

此人瞪大眼睛看著湖水，卻一口也沒有喝，我感到好納悶，就問他，既然你如此口渴，擺在你面前的一座湖水，為什麼不喝？那人露出貪相，回答說，我的肚子太小了，既然不能一飲而盡，那就不如一口不喝，看著守著。」

講到這裡，佛祖停了下來，露出慈祥的笑容，看了一眼似懂非懂的那個人，接著又說：「你記住，你的一生中會遇到很多美好的、有價值的東西，你只要用心好好把握其中一樣就足夠了，弱水三千，只需一瓢飲。」

那人聽後如醍醐灌頂，豁然開朗，開懷而去。

每個人都清楚自己最需要什麼、最可能做成什麼，貪多嚼不爛，找到自己那一瓢，盡情飲之，就會成為一個快樂幸福的人。

重在過程

選好自己的人生目標，接著就是如何實現自己的信念和理想。享受追求信念的過程，遠比享受結果更有意義。

一九九一年，挪威探險家阿蒙森和英國探險家斯科特，在南極展開了一場悲壯而又令人心酸的探險角逐，斯科特和他的探險隊員在歸途中，雖與死神做了殊死搏鬥，最終沒能擺脫死亡的命運，全隊葬身南極皚皚雪原。雖然他們在角逐中失敗，未能趕在阿蒙森之前到達南極腹地，但這失敗的痛苦，並沒有使他們消沉而人心渙散。相反的，在歸途與死神的搏鬥中，表現出的高尚團隊精神，仍然非常值得我們敬仰。有的隊員為了不拖累同伴，自行悄悄選擇了死亡，威爾遜博士直到離死亡只有寸步之遙時，仍然背著重達十六公斤的科學實驗樣石。死神來臨時，他們還像親兄弟一樣緊緊擁抱著。顯然，他們不是為了享受探險的結果，而是為了享受探險過程帶來的快樂，他們雖敗猶榮，因為享受到了人生最偉大和悲壯的過程。

生命的起點和終點，看起來沒什麼區別，而生命的過程卻相差千里。有的人絢麗多彩，有的人黯淡無光，有的人曲折複雜，有的平坦順利。人活著的意義，就在人生的過程之中，按照個人的信念理想，安排不同的人生歷程，享受不同的人生況味。如果沒有了那些曲折動人、歷經磨難的奮鬥過程，沒有那些豐富多彩、歡樂痛苦交織的生活，人不過就是行屍走肉，人生就會索然無味，失去應有的精彩和輝煌。

生命重在過程，生活、事業、愛情、快樂也融於過程之中。法國大文豪巴爾札克，年輕時一直沒有結婚，三十三歲那年，他收到一封從異國他鄉烏克蘭寄來的署名「陌生人」的信，信中敘述了巴爾札克作品對她造成的震撼和給她帶來的快樂，表達了對這位大文豪的敬仰愛慕之情。後來，巴爾札克透過多方打聽，才知道這封信是伯爵夫人韓斯卡寫給他的。從此他們墜入了愛河，戀情持續十七年之久，雖然伯爵在一八四一年就離開人世，但直到一八五〇年，巴爾札克去世前五個月，韓斯卡夫人才與他正式結婚。當有人問起巴爾札克這段婚姻，他風趣地說：「當一個情人要比做一個丈夫容易，正如整天賣弄機智要比偶爾說一句應景的妙語困難得多。」從這個故事，我們可以了解享受過程遠比結果重要得多、快樂得多。

人可以平凡，但不能平庸。平庸指的是過程，是平淡無奇、無所事事的過程。同樣的生死，有人死得轟轟烈烈，有人死得悽悽慘慘，悲涼孤獨。這都是因為過程不同而帶來不同的意義。真正懂得生命意義的人，就是不斷地挑戰自我，拒絕一次又一次誘惑，接受一次又一次考驗，克服一個又一個困難，不停地向人生的理想靠近，進而享受到生活的個中三昧，享受到生命的悲歡。

功到自然成

有句古話說：「只要工夫深，鐵杵磨成針。」意在告訴我們，只要肯下工夫，持之以恆，就沒有解決不了的問題、辦不成的事。世界上有成就的科學家，無一例外都是持之以恆地投入自己的研究事業，成就典範。

在巴里·馬歇爾發現胃潰瘍病因之前，沒有人懷疑藥廠提出的胃潰瘍病因是錯誤的。很多人根據藥廠提出的病因，認為胃潰瘍是由於生活方式不當所引起，根本沒有人會想到是一種細菌在作怪。巴里·馬歇爾和病理學家羅賓·沃倫經過仔細觀察發現，胃潰瘍是由一種叫幽門螺旋桿菌的細菌感染而發病的。為了證明這個發現的正確性，他們必須先釐清這種幽門螺旋桿菌是怎樣影響一個健康的人。但是，就像二〇〇六年《新科學家》雜誌採訪馬歇爾時，他闡述的那樣：「只有一種方式能釐清這問題，那就是親身嘗試。」在這個問題上，馬歇爾可謂下足了工夫，甚至不惜冒著風險，親口吞下幽門螺旋桿菌，來試驗幽門螺旋桿菌對人體影響的結果。實驗之前，為了避免遭到他人的拒絕和反對，他沒有告訴醫院道德規範委員會，甚至沒有告訴自己心愛的妻子。他吞下幽門螺旋桿菌的頭三天，身體沒什麼異樣反應，可是沒過多久，就開始噁心、嘔吐，出現了胃痛、口臭的胃炎早期症狀。他的妻子抱怨他的口氣非常難聞。十天後，醫院對他進行了組織檢查，結果證實幽門螺旋桿菌感染了他的胃，使他患了胃炎，如果不即時治療，最後會導致胃潰瘍。馬歇爾以本身的活體實驗，初步證實了自己的發現是正確。後來他和羅賓·沃倫又進行了大量的觀察和試驗，進一步得出確切的結論：胃潰瘍就是由幽門螺旋桿菌感染引起的。直到八年後，人們才普遍接受他們的這一結論，並在醫院診療上採用這一正確的病因治療胃潰瘍。皇天不負苦心人，到了二〇〇五年，這項研究成果終於讓他們獲得了該年度諾貝爾物理學獎和醫學獎的科學界最高榮譽。

馬歇爾這樣的成功例子，在科學界比比皆是。他們的成功告訴我們，天上不會掉下禮物，所有的成功都來自持之以恆的決心和不懈的努力。而反面的例子更是不勝枚舉。

享受成功是一種快樂，一種幸福，可並不是每個人都能享受得到，看看那些無所事事、遊手好閒、怨天尤人的人吧！他們不思進取，害怕付出，卻妄想享受成功者獲得的一切，得不到就怨艾叢生，眼紅嫉妒，從不自我檢討，卻有一大堆理由抱怨老天不公、命運不公。

醒醒吧！懶惰的人們！朝聞道，夕死足矣。現在開始為自己的人生目標奮鬥還來得及。看準目標，辛勤工作，持之以恆，你也會享受到成功的喜悅和幸福。

知識拓展

卡德寧定律告訴我們，你得到的不一定是你想要的。而耶基斯．多德遜定律則更讓我們沮喪：有時候越努力越得不到。

這是一個反映動機水準與工作效率關係的定律，在一定限度內，隨著動機水準的提高，工作效率也隨之提高，超過這個限度，工作效率隨之降低。因為過強的動機會使機體處於過度焦慮和緊張的心理狀態，干擾記憶、思維等心理過程的正常活動。而動機的最佳水準不是固定的，依據任務的性質不同會有所改變。

這也說明，在日常生活中，很多事情的成敗並不完全取決於你本意是否強烈。諸如「越想得到越得不到」，也只是由遭遇挫折後的負面情緒產生的惡性循環。

4. 贏家通吃——馬太效應

● 凡是少的，就連他所有的也要奪過來；凡是多的，還要給他，叫他多多益善。

機會面前人人平等

機會是發現新事物、解決新問題的時機。

有人把人分成三種：先知先覺者，後知後覺者，不知不覺者。先知先覺是機會者，後知後覺是行業者，不知不覺是消費者。

所謂先知先覺，就是有敏銳嗅覺的人，他們能即時發現新事物、抓住解決新問題的最佳時機。記得汽車出現時，眾多媒體紛紛嘲笑，認為汽車又慢又笨，冒著黑煙，不如騎馬或坐馬車快，可是現在還有誰放著汽車不坐去騎馬呢？還有哪一匹馬能追得上風馳電掣的汽車呢？汽車問世時，大多數人用看待怪物的眼光，只看到汽車的毛病和缺陷，只有少數人看到了它的潛力和價值，更少數人有膽略和膽識去開發生產汽車。勇於開發生產汽車的少數人，就是機會的把握者。任何有生命力的東西，遲早都會脫穎而出，展現它的價值。

當新事物、新問題出現在面前時，其實就是給人提供了一次機會，不同的人對新問題有不同的處理方式，這就是把握機會的能力。把握住機會的人，得到的就多，沒有把握住機會的人，連已經有的也會失去，這就是「馬太效應」的原理，它是對機會最好的批註。

《新約．馬太福音》中有這樣一個故事。一位國王遠行前，交給三名僕人每人一錠銀子，吩咐他們：「你們去做生意，等我回來時，再來見我。」

國王回來時，第一個僕人說：「主人，你交給我的一錠銀子，我已賺了十錠。」國王聽後，獎勵了他十座城邑。

第二個僕人報告說：「主人，你給我的一錠銀子，我已賺了五錠。」於是國王便獎勵了他五座城邑。

第三個僕人報告說：「主人，你給我的一錠銀子，我一直包在手巾裡存著，我怕丟失，一直沒有拿出來。」

於是，國王命令將第三個僕人的那錠銀子賞給第一個僕人，並且說：「凡是少的，就連他所有的，也要奪過來。凡是多的，還要給他，叫他多多益善。」

它反映了當今社會中存在的一個普遍現象，即贏家通吃。

國王的做法有一定的道理，機會總是留給那些有能力、有準備的人。第一個僕人不僅得到了很多銀子，還因為自己的能力去管理十座城池，那效益就不能用多少銀子來計算了。

機會面前，你準備好了嗎？

運氣總是眷顧有準備的人

一個人的運氣是好是壞，其實就是機會的得失。為什麼有的人總是好運連連，有的人倒楣運不斷呢？看似冥冥之中自有天定，其實，運氣的本質就是對機會的把握。平時做好充分準備，時刻等待機會降臨的人，好運連連的機率當然就大，機會從來都是給有準備的人。

天下沒有白吃的午餐。早起的鳥兒有蟲吃。唯有比別人多一分努力，多一分付出，時刻準備好機會的降臨，才能在芸芸眾生中脫穎而出，取得人生的成功。

原一平是日本底層的一個初出茅廬的打拼者。沒有住處，賺不到幾文錢，生活面臨困境，更別說事業了，但他從來沒有為此洩氣過。他剛開始當保險推銷員的時候，都住在公園的長椅上。每天清晨五點，就會早早從長椅上爬起來，認真地梳洗之後，徒步去一家早餐店吃早餐，然後徒步趕往公司去上班。早餐店在平交道口，是一家國營惠民餐廳，只需花兩分錢，就能吃到一大碗白米飯，幾片醃漬的黃瓜，外加一碗味噌湯。雖然沒有魚肉等美味，但對原一平來說，已經是非常豐盛的佳餚了。

在去公司的路上，原一平每天都會遇到一位體面的中年紳士，出於禮貌，原一平見到他都要主動打聲招呼，問聲早安。久而久之，兩人就熟悉了。一天早上，原一平又遇到了那位紳士，打過招呼後，紳士和他攀談起來。紳士說：「你每天微笑掛在臉上，渾身洋溢著青春活力，看起來有用不完的活力，日子一定過得快樂舒心吧？」「託您的福，還好。」原一平禮貌地回應。「我看你每天都起得很早，是個勤奮難得的年輕人，我想請你吃早餐，有空嗎？」沒料到那位紳士熱情地發出了邀請，原一平婉拒道：「謝謝您，先生，我已經用過早餐了。」「好，那就改天吧！」紳士略感失望地問道：「請問年輕人，你在哪裡高就啊？」「我在明治保險公司當推銷員。」原一平老實地回答。「既然沒機會請你吃早餐，那我就在你那裡買保險吧！」聽了這句話，原一平有點喜從天降的感覺，他連聲道謝，感謝這位紳士對自己的肯定。

原來，這位紳士是附近一家大飯店——三業聯合會的理事長。經過這位紳士的推薦，原一平獲得了很多潛在客戶，業績直線上升，很快就取得了傲人的績效，與非常可觀的收入，租了房子，擺脫了窮困潦倒的尷尬境遇。

機會是一個人成功的要素。很多人會說，我就是缺乏機會，沒有像原一平那樣得到貴人相助。

沒錯，你沒有得到貴人相助，你沒有原一平那樣的機會，因為你沒有原一平的付出。機會不會出現在沒有付出的人面前，就算機會出現了，也需要人的遠見卓識。你能否看到機會，能否認定看到的機會就是機會，能否有魄力抓住機會。眼睜睜看著機會溜走的人，大有人在。他們不是機會的眷顧者，只是生活的盲從者。

幾何倍數的威力

馬太效應的基本原理是幾何倍數的增長或者遞減，致使富有的更富有，貧窮的益發貧窮。無論是知識、榮譽、財富還是情感、智慧和快樂，都遵循著這樣的規律，並衍生出人類眾多的喜怒哀樂、悲歡離合。有的人學富五車、融會貫通，有的人卻知識貧乏、不明事理；有的人腰纏萬貫、財源滾滾，有的人卻窮困潦倒、忍飢挨餓；有的沉浸在歡樂的海洋，有的人一生愁眉不展。這些絕不是偶然，而是一個量變到質變的過程。

古代的一位國王，因為一名大臣對自己有功，就讓大臣提一個條件，他會按照條件滿足他。大臣略一沉吟，不慌不忙地說：「我的要求不高，只要一棋盤的米。在棋盤的第一個格子裝一粒米，第二格兩粒米，第三個格子四粒米，第四個格子八粒米，以此類推，下一個格子是上一個格子的兩倍米，直到裝滿全部六十四個格子。」國王聽了暗自發笑，這點小要求還不好滿足？不就是一棋盤米嗎？好說。於是他命令僕人，照大人說的辦理，就送他一棋盤米。一開始裝米，僕人感覺沒什麼，很輕鬆就裝了幾個格子，可是越裝越費勁，越裝越覺得不對勁。開始是一個人裝，後來變兩個，再後來叫來所有的僕人，有的數，有的裝，棋盤裝不下用口袋，白天數不完夜裡數，身背肩扛，車載斗量，還是看不到盡頭；一個糧倉告罄了，換下一個糧倉，小車裝不了換大車。這時候國王才發現上當了，原來大臣給了他一個無底洞，根本就不容易填滿。他暗暗叫苦，不得不佩服大臣的聰明。沒辦法，一國之君說出的話不能反悔，只能慢慢給大臣數米了。一個東西基數再小，只要以幾何倍數增長，結果也會變得非常龐大，變得不可估量。

很多情況下，人們的事業也是這樣。一個富人可憐窮人，就送給他一頭牛。窮人滿懷希望，算計著大牛生小牛，小牛再生小牛，很快就會富裕起來。可是沒幾天窮人就發現，牛要吃草，人要花時間放牛，而人要吃飯，放牛就沒空要飯，日子一下子更艱難了。窮人沒辦法，只好把牛賣了，買了幾隻羊，吃了一隻，剩下的讓牠生小羊。可是羊要吃草，人要吃飯，小羊卻遲遲沒有生小小羊，日子再次陷入窘境。窮人咬咬牙，只好又賣了羊，買了幾隻雞，吃了幾隻，想用剩下的雞生蛋賺錢。但是生活並未因此得到改善，實在沒得吃了，窮人只好把雞殺來吃，窮人的理想徹底破滅了，又回到窮困潦倒、沿街乞討的生活之中。

而富人的出發點就是一本萬利。同樣是開麵館，如果收益是百分之百，一般人會感到滿意，而富人不這麼想。他想，一家麵館如果投資一萬，有一億資金豈不要開一萬家？僅一家一家開起來就是很難的事情，別說要一一管理好，賺取效益了，人的精力有限，累也累死，哪能管理得過來？於是他用一億資金開了家大型飯店，這樣既好管理，效益也不差，財源再次滾滾而來。

透過這些故事，我想你已經明白了幾何增長的威力。那就行動起來吧！抓住一，為一準備充分的條件，讓你的事業成倍增長，讓你的人生無限美麗。

兩極分化有根由

幾何倍數增減的結果就是兩極分化，富有的更富有，貧窮的更貧窮。只要人的慾望存在，這種兩級分化就不可避免，正是這種不斷加劇的兩極分化趨勢，促使人們不斷奮鬥，社會不斷進步發展，以便改善和消除這種分化。但這是一個悖論，是矛盾的兩個方面，既互相衝突又互相協調，人類社會正是在這矛盾對立中，不斷邁向新局。

一個投資專家道出了富人成功的秘訣：沒錢時，不管多麼困難，也不要動用積蓄，壓力會使你找到新的賺錢辦法，幫你還清欠下的債務。舉一反三，人生的各方面何嘗不是如此。

性格形成習慣，習慣決定成敗，養成良好的習慣，成功已接近一半。

如果有誰能洞悉未來，那麼他不是得付出殊死的代價去追逐命運的獎賞，就是逃避命運的懲罰。可是，沒有誰能洞悉未知的一切。

進入二十一世紀，隨著科技、經濟、文化、藝術的發展，人們的生活也進入了前所未有的水準。物質越來越豐富，已經能充分滿足人的基本需求，但是精神需求卻越來越高，越來越陷入困境，這是百年前的哲學家、思想家萬萬沒有料到的。人們生活富裕了，可是生存的壓力卻有增無減。貪圖享樂，放縱自己，透支身體，瘋狂精神。這是一個充滿熱情又遍布寂寞的時代，精神和物質，正在向兩極發展，各自滑向極限的終端。

這是一個令人擔憂的現狀，我們必須對此保持足夠的清醒，在物慾橫流、精神貧乏的時代裡，如何在保持豐富物質享受的同時，又保持精神的健康？看看下面的事例，多麼令人痛心疾首。

年輕漂亮的羅琳小姐罹患肌肉纖維疾病。由於當年的醫療條件無法根治，羅琳小姐只能用藥物治療來減輕症狀，但她的健康狀況卻不斷惡化，致使她不得不放棄工作，在家養病，用讀書和寫作來減輕疾病的痛苦，消磨難捱的時光。隨著醫療技術的進步，終於有一天，醫生用抗氧化劑療法治好了羅琳小姐的病，半年後她的身體明顯好轉，有了更多的精力，她開始逐漸走出家門，參加社會上各種娛樂活動。第二年，羅琳小姐的身體徹底康復，煥發出全新的生命力。但是就在這時，她卻染上了毒癮，出入夜總會、酒吧、歌廳，狂歡、吸毒，很快墜入不可自拔的深淵，好像要把前幾年損失的時光奪回來，貪婪地享受著一切瘋狂的刺激，填充著心底無盡的寂寞和空虛。不久，她就因為吸毒過量導致身體崩潰而再次被送進醫院，此時的她已經面容枯槁，失去了一個女人的美麗和健康。她的美好人生，就此蒙上灰暗的陰影。

社會的兩極分化，財富的兩極分化，人群的兩極分化，人生的兩極分化，正在成為我們健康生活的敵人。消除兩極分化，保持健康而積極的生活，對你、我、他，對我們整個人類，都是一件造福子孫後代的大事。我們沒理由不為消除社會、消除自身的兩極分化，付出艱辛的努力。

知識拓展

看看我們周圍，就可以發現許多馬太效應的例子：朋友多的人會借助頻繁的交往得到更多的朋友，缺少朋友的人會一直孤獨下去；投資方面更是如此，即使投資回報率相同，一個比別人投資多十倍的人，收益也多十倍；在企業經營中，當你成為某行業的領頭羊，即便投資回報率相同，你也能更輕易地獲得比弱小的同行更大的收益。

這是個贏家通吃的社會，善用馬太效應，贏家就是你。

和馬太效應類似的是二八法則，在原因和結果、努力和收穫之間，普遍存在著嚴重的不平衡現象，即八〇％的成就，來自二〇％的努力；八〇％的結果，來自二〇％的原因。這種情況在生活中非常普遍，這一現象我們稱之為「二八法則」。

5. 蓋棺論定——勒庫爾定律

●不朽的先決條件是死亡。

追求精神的境界

人必將死亡，唯有精神不朽，所以勒庫爾提出「不朽的先決條件是死亡」，這就是著名的勒庫爾定律。一個人生命有限，他能留給後世的，除了精神，將一無所有。

人的精神境界決定了人的行為和生活，每個人都有自己不同的精神境界，人們往往根據自身的修養水準看待周圍的世界，並對事物做出不同的思考和判斷。有什麼樣的精神境界，就會有什麼樣面對問題的方式，這一切決定了一個人的生命狀態和精神價值。

精神的需求不是單純的知識、情感和理性，而是經由陶冶、修養，追求淡泊、寧靜、仁德、善美等眾多的素質，以使自己的精神狀態始終處於和諧之中。

居里夫人和丈夫結婚時，生活非常簡樸，結婚的新房裡只有兩把木製的椅子，正好每人一把，丈夫覺得椅子太少，如果客人來了就會沒有椅子坐，因而怠慢了客人，建議居里夫人再添置幾把。居里夫人聽後，微笑著說：「讓客人坐下當然是禮貌，可是如果客人坐下不走，就會影響我們的研究。沒有椅子可坐，客人說完事情就走，不好意思耽誤我們的時間。為了不影響研究，我看還是算了吧！」

一九五三年，居里夫人的年薪已經達到四萬法郎，這足夠他們一家過著富裕的生活了，可是她的「吝嗇」一點也沒有改變，每次出國參加學術活動回來，都要帶回一疊厚厚的宴會菜單，她帶回這些，當然不是為了學習烹飪，做出美味可口的大餐，而是因為這些都是用很厚、很好的紙張印製的，在背面寫字、計算既方便又實用。難怪有人形容居里夫人直到生命最後一刻都是「一位匆忙的貧窮夫人」。

一次，一位美國記者到鄉村尋訪居里夫人，在一個漁家院落門口，記者向赤足坐在門口石階上的婦女打聽居里夫人的住處。當那位婦女抬起頭時，記者大吃一驚，不敢相信坐在他眼前的樸素婦女就是大名鼎鼎的居里夫人。

居里夫人之所以能過著簡樸的生活，是她淡泊名利，活在一個寧靜的精神世界裡。她既不求名也不求利，不做名利的奴隸。她一生獲得了包括諾貝爾獎在內的獎金十多次，獎章幾十枚，各種名譽頭銜一百多個，可是她從來沒有放在心上。她的一位朋友某天到她家做客，看到她的小女兒正拿著一枚金質獎章玩耍，驚訝得張大了嘴巴，那可是英國皇家學會剛剛頒發給她的獎章呀！於是客人帶著遺憾的口氣對她說：「居里夫人，得到一枚英國皇家學會的獎章是至高無上的榮譽，多少人夢寐以求，妳怎麼可以拿給小孩子玩耍呢？」居里夫人笑了笑，輕鬆地說：「我是想讓孩子從小知道，榮譽就像手裡的玩具，只能玩玩而已，不能看得太重，否則必將一事無成，貽害終生。」

這就是居里夫人的精神境界。這種境界來自她對科學的不懈追求，來自她自覺的薰陶和修養，來自她對人生透徹的認知和思考，來自她自覺的行動和感悟。

有什麼樣的精神境界，就有什麼樣的人生結局。讓我們學會自覺的陶冶和修養，讓精神達到完美的境界。

挺起人生的脊樑

上個世紀二〇年代，一群流浪漢來到美國加州沃爾遜小鎮謀生。當人們給飢餓的流浪漢們送飯時，他們連一句感謝的話都來不及說，立即狼吞虎嚥吃了起來。只有一個骨瘦如柴的年輕人站在那裡沒動，他對送餐的鎮長傑克遜大叔說：「先生，吃您這麼多飯，您有什麼工作需要我們做嗎？」傑克遜鎮長答道：「不，小夥子，我沒什麼工作要您幫忙。」

「那我不能白吃您的東西，我不能不勞而獲，平白無故拿別人的幫助。」年輕人神情黯淡，但語氣堅定地說。傑克遜鎮長想了個主意，蹲下身子對年輕人說：「小夥子，我年紀大了，站久了有點腰痠背痛，你願意為我捶捶背嗎？」「當然願意。」說完年輕人蹲在傑克遜鎮長背後，認真地為他捶起背來。捶了幾分鐘，傑克遜鎮長站起來誇獎道：「你捶得棒極了，我感到非常舒服，不再疼痛了！」說完將食物遞給年輕人，年輕人這次非常愉快地接過，津津有味地吃了起來。

後來，傑克遜鎮長把這個年輕人留下來，讓他在自己的莊園裡工作。年輕人勤勞好學，很快成為莊園裡最能幹的好手，肯動腦，不怕苦，不怕累，什麼工作都做，什麼工作都做得很好，不久就贏得了傑克遜鎮長的信任和喜歡。

又過了兩年，傑克遜鎮長把自己的女兒瑪格．珍妮許配給了年輕人。兩年多的相處，傑克遜鎮長已經非常了解這個年輕人，感覺他有著非常可貴的品德和遠大的志向，他對女兒說：「別看他現在一無所有，是個普通的園丁，可是他是真正的精神富翁，因為他有尊嚴，有贏得人們尊重的尊嚴。」果然不出傑克遜鎮長所料，二十年後，年輕人經過自己的奮鬥，有了一筆令所有美國人刮目相看的財富，成了美國首屈一指的富翁。這個傑克遜鎮長沒有看走眼的年輕人，就是世界赫赫有名的石油大亨哈默。

年輕的哈默雖然窮困潦倒，但絕不吃嗟來之食，用自尊自立的精神和行動，贏得別人的尊重，維護自己的尊嚴。日後並透過辛勤的勞動獲得自己的生活，創造出令人豔羨的財富。

尊嚴是一個人的立身之本，是完善的人格不可或缺的支柱，是人生超凡脫俗的境界；是一種自尊心、人生觀、價值觀、責任感和獨立感；是人類傲視萬物的珍貴財富和至高無上的精神瑰寶。令人挺起脊樑，站直了走路。沒有知識可以學習，沒有財富可以創造，如果沒有尊嚴呢？那將會是多麼可怕的人生。卑躬屈膝、搖尾乞憐、依權附勢，像一隻匍匐在地的爬蟲，永遠會遭到人們的唾棄。

不管處於逆境還是一帆風順，人都要挺起自己的脊樑，維護自己的尊嚴，認認真真做事，辛辛苦苦付出，堂堂正正做人，只有這樣，才能贏得別人的尊重，百年之後蓋棺論定時，讓人們豎起大拇指由衷地讚譽。

留下一筆珍貴的財富

人活著，是為了得到什麼；人死了，是為了留下點什麼。

一九九三年蘇丹發生大飢荒，攝影記者凱文．卡特曾拍下一幅禿鷹撲向女孩的瞬間照片，在全世界廣為流傳，引起全球對蘇丹大飢荒的關注和同情，紛紛伸出援助之手，幫助蘇丹人民克服困難，度過大飢荒。但這幅震撼人心的照片背後，卻隱含著一個悲壯的人生。

蘇丹爆發全國大飢荒後，哀鴻滿地，餓殍遍野，其狀慘不忍睹。做為一名攝影記者，凱文．卡特有責任和義務用攝影機記錄下蘇丹人民的悲慘境遇，告訴全世界這裡發生了什麼事。一個偶然的機會，正在為捕捉合適鏡頭而奔波的凱文．卡特來到荒郊野外，突然看到一隻禿鷹站在不遠的一片殘垣上，虎視眈眈盯著龜縮在眼前、骨瘦如柴的女孩。禿鷹眼睛裡因飢餓而露出的兇狠目光震懾了女孩。就在禿鷹撲向女孩的瞬間，凱文．卡特沒有去驅趕禿鷹，拯救女孩，而是抓住了這個千載難逢的機會按下快門，拍下這驚心動魄的一幕，為世人留下一幅極為傳神的特寫照片，這是藝術的瑰寶，也是生命的悲劇。

但這還不是悲劇的結束，另一個悲劇正隨著這幅照片的成功而悄悄來臨。很快，這幅照片在世界各個國家的眾多媒體廣為傳播，它以超乎尋常的藝術視角向世人再現了大飢荒給蘇丹人民帶來的無窮災難和絕望，喚起人們對災區人民的關注和同情，促使世界各地人們紛紛伸出了援助之手。這幅照片因此榮獲了眾多國際大獎，凱文．卡特名聲鵲起，一夜之間享譽世界各地，各種榮譽和鮮花紛至沓來。

然而時隔不久，人們就聽到不幸的消息，年僅三十三歲的凱文．卡特在自己的寓所自殺身亡了。人們震驚、費解，不敢相信一個剛剛獲得巨大成功，有著美好發展前景和未來生活的攝影記者，怎麼會在成功後親手結束自己的生命呢？後來，人們在凱文．卡特的遺書裡獲知了事情的真相。原來，他不能忍受自己良心的譴責，不斷回憶小女孩慘死的瞬間，是良心的折磨使他選擇了用自殺來獲得靈魂的解脫。

凱文．卡特知道，他的成功是用一條弱小生命換來的，他本可以出手拯救女孩瀕臨毀滅的生命，但他卻只顧藝術的靈感，只顧捕捉攝影的最佳時機，而置生命的危難於不顧，任憑一隻兇禽吞噬自己的同胞。良心的譴責和自省，像一把利劍，把他逼上了生命的懸崖，他選擇了自我救贖來完成靈魂的昇華。

良心是人性的脊樑。凱文．卡特用良心戰勝了美名，戰勝了人性的貪婪和無情。當我們對蘇丹大飢荒中忍飢挨餓的人民充滿同情，當我們對照片中的小女孩充滿悲憫的同時，也為凱文．卡特獻上一束鮮花吧！他以悲劇的形式為我們留下了一筆寶貴的精神財富，為我們的良心注入了一股強大的力量。

有的人活著，卻已經死了；有的人死了，卻還活著

幾乎沒有人不知道美國歷史上曾有一位著名的總統亞伯拉罕．林肯，人們記住他，不是因為他總統的榮耀，而是他對解放黑奴、推動人類平等所做出的偉大貢獻。

林肯的一生艱辛坎坷，他出身貧寒，幼年喪母，十五歲才開始讀書，一生中在學校讀書的時間，加起來不到一年；年輕時和別人一起做生意，結果不善經營而倒閉，為此背了二十五年的債；初戀就遇戀人病逝，沉痛的打擊使他精神抑鬱；三十二歲才娶妻結婚，婚後卻因妻子脾氣暴躁無法忍受而有家不歸；人到中年開始競選公職，幾乎輸掉了

每一次重大的選舉；五十二歲當選美國總統，南北戰爭又爆發了，在軍隊實力占優勢的情況下，卻因用人不當而一再失手，兩年的戰爭拖了四年，使人民和自己備受煎熬；南北戰爭結束，再次當選總統，卻不幸在福特大劇院看戲時，被仇視解放黑奴的人刺殺……

就是這樣一位歷經磨難的總統，內心卻充滿了仁愛、慈祥、堅毅和果敢。林肯時代，美國南方奴隸買賣盛行，黑奴市場異常活躍。一八三一年六月的一天，美國南方紐奧良市，奴隸拍賣市場上人頭鑽動，一排排黑奴戴著手銬腳鐐，被一根根粗壯的繩子串在一起，像牲口一樣站在那裡等待白人奴隸主的挑選。只見奴隸主們戴著黑禮帽，持著手杖，一個跟著一個在奴隸面前走來走去，他們像買賣騾馬一樣仔細打量挑選，摸摸黑奴的手臂、拍拍黑奴的大腿，看看他們身體是否強壯，肌肉結不結實，工作有沒有力氣，是不是患有慢性疾病……這些黑心的奴隸主，用皮鞭抽打黑奴，用燒紅的烙鐵烙黑奴，想盡辦法折磨黑奴。這時，幾個北方年輕的水手路過這裡，看到這慘無人道的一幕幕，都被嚇呆了，其中一個年輕人憤怒地說：「太無恥了！等我哪一天有機會，一定要徹底摧毀這萬惡的奴隸制，解放這些可憐的黑奴！」說這話的年輕人，正是充滿正義感的亞伯拉罕・林肯。

一八五四年，奴隸買賣活動在南方十分猖獗，一些奴隸主派遣暴徒衝入堪薩斯州，用暴力和恐嚇強行推行奴隸制，引發了堪薩斯內戰，奴隸主這一邪惡的舉動徹底激發了林肯的抗爭熱情，他明確宣布要為爭取自由和廢除奴隸制而抗爭，並以這個主張為競選綱領，於一八六〇年當選為總統。南方奴隸主們當然不會拱手讓出奴隸制帶來的巨大利益，拒絕廢除奴隸制，翌年，南方七州就宣布獨立，向聯邦軍隊發起進攻，美國南北戰爭爆發。

一八六二年九月二十二日，林肯親自起草並宣布了具有偉大歷史意義的文獻——「解放黑奴宣言」草案，這一宣言，徹底喚起了北方民眾，特別是黑人為自由而戰的決心和鬥志，使戰爭形勢急速逆轉，很快贏得了這場戰爭的徹底勝利。

解放黑奴，廢除奴隸制，林肯說到做到了，他領導美國人民贏得了南北戰爭的勝利，徹底廢除了奴隸制，解放了備受欺凌和壓榨的南方廣大黑奴。南方的黑奴會記住他，美國人們會記住他，非洲黑人會記住他，全世界的人們都會記住他。今天和將來，熱愛自由、平等的人們永遠會記住他。

知識拓展

蓋棺定論是指一個人的是非功過到死後才會出現客觀的定論。

事實上，人際交往本來就是個互相評價的過程。而評價定律告訴我們：不必好奇別人怎樣評價你，想想你是怎樣評價他的。

第二章

萬變世界絕對不變的事業定律

6. 烏龜何必跟兔子賽跑——麥凱布定律

●沒有誰必須做任何事。

人要有一技之長

人不是萬能的，不可能什麼都會做，也沒有必要去做所有的事情。麥凱布定律告訴我們，沒有誰必須做任何事情。

一個人安身立命，要有足夠的資本，這資本就是謀生的方法和追求事業的技能。俗話說，一招鮮，吃遍天。不怕招招會，就怕一招精。一個人要想在事業上有所成就，必須要有一技之長。發揮自己的特長，集中精力，專心致志做好自己認準的事情，才能實現自己人生的目標。

烏龜有烏龜的特長，兔子有兔子的特長。是一隻烏龜，卻偏偏要去跟兔子賽跑，用己之短比人之長，自然要失敗。身為烏龜，做好烏龜能做的事情就足夠了。至於兔子，就讓牠去跑吧！

二〇〇二年夏天，上海開往南寧的火車上，兩個陌生人面對面坐著。到了吃飯時間，餐車一次次從眼前經過，售貨員的叫賣聲不絕於耳，陣陣飯香不時撲進兩個人的鼻子裡。其中一人不經意地說：「我不在車上吃，到了南寧，我有一個吃飯的好地方。」另一個人聽了，也馬上說道：「我也不在車上吃，到了南寧，我也有一個吃飯的好地方。」火車到了南寧，兩個人下車後，一前一後，不約而同，都走進了一個老闆叫張新鳳的餐館，又好像商量好一樣，兩人又不約而同地都點了乾包菜。相同的愛好，把兩個陌生人不知不覺間連結在一起，他們因此成為了好朋友。乾包菜，多麼土氣的名字，是什麼魔力，讓它把兩個忍飢挨餓的陌生人引到這裡？

在廣西南寧，你可以不知道張新鳳，但你一定會知道乾包菜。乾包菜，就是張新鳳發明的一道拿手好菜，就靠這一道菜，曾兩度癱瘓而險些走上絕路的殘疾失業女工張新鳳，幾年就賺了上百萬。

一年夏天，開風味餐館的張新鳳買了很多新鮮的包菜，因為天熱，存放久了包菜會腐爛。張新鳳靈機一動，就把包菜放在罈子裡做成酸菜，但顧客反映有點酸，口感不好。

她就把包菜曬乾或用火烘乾，用來做下米粉的菜料，沒想到這一做法很受顧客的喜歡。後來經過十年的潛心研究和實驗摸索，並把廣西民間的傳統工藝和現代蔬菜加工技術揉合在裡面，精製而成一種獨具特色的乾包菜，具有色、香、脆、嫩等獨特的風味，很快風靡南寧，成為一道家喻戶曉的特色菜。張新鳳也憑此一技之長，擺脫困境，成就事業，獲取財富。

說起一技之長的由來，就讓人想到「藝不壓身」這個詞，只要你有特長，哪怕特長只是比別人的聲音大，就會有你發揮的機會。

戰國時期趙國名士公孫龍，手下聚集了很多有特長的門客。一天，有個穿得破破爛爛、衣不蔽體的人，聽說他不拘一格，招納有特長的人士，就要求見他，並向他推薦自己說：

「我有一項特別的本領，我嗓門特別大，善於叫喊。」公孫龍收下了他。

有一次，公孫龍出門遊玩來到一條河邊，渡船在對岸，離得很遠，根本無法召喚過來，大家都很著急。正在這時，公孫龍忽然想起那個善於叫喊的人，就讓那人對著渡船大喊，果然，船家聽到了他的喊叫，就來把他們渡過河去。

你看，就是這麼簡單的特長，也有用武之地，如果我們能刻苦學習，勤奮苦練，還愁練不就一身真本領，掌握不了一項嫻熟的技藝嗎？有了一技之長，你還怕沒有自己理想的事業嗎？

選準自己的行業

男怕入錯行，女怕嫁錯郎。男人入錯了行，會耽誤一輩子的事業，女人嫁錯了郎，會影響一生的幸福。

當我們走出家門，準備找一份工作，做一番事業的時候，首先要知道想做什麼，其次要明白會做什麼。想做和會做是兩碼事情，想和會，是戰略和戰術的關係，只有想做才能去做，只有會做才能做好。樹立正確的擇業觀，選擇自己喜歡又能發揮自己特長的行業，無疑是我們理想的追求。為此，如何邁出第一步，需要我們謹慎又謹慎。一旦這一腳邁出，就是踏上了不歸路，之後再做調整，就會浪費掉很多寶貴的光陰，錯過很多創業的最佳時機。如果一個人求職擇業像青蛙一樣不停地跳來跳去，換工作的經驗超過了工作創業的經驗，那麼他就有可能陷入找不到工作，或者無業可從的危險。

一旦開始從事工作和事業，我們就進入了人生角色的轉換。客觀地面對現實，面對社會，調整好自己的心態，選準自己的目標，堅實地邁出第一步，比我們學會應徵技巧、掌握擇業竅門重要得多，意義也深刻長遠得多。社會是所大學，永遠沒有畢業生。生活就是一部無字天書，活到老學到老，只有努力學好生存、求知、做人、發展這些基本功，才能為事業打下堅實基礎，贏得成功。

人生的事業就是馬拉松，獎牌是頒給跑第一的人，而不是第一個跑的人，這對我們選擇自己的事業很具有啟發意義。任何事情都不可能一蹴而就，何況影響我們一生的事業選擇。法國銀行大王恰科，年輕時曾經五十二次到一家銀行求職，當他第五十二次被銀行董事長拒絕，失魂落魄地走出銀行大門時，看到地上一根大頭針，他就彎腰撿起，沒想到第二天他就接到了銀行的錄用通知，這不是巧合，而是因為恰科彎腰撿拾大頭針的動作讓董事長看到，認為他是一個細心的人，在情緒低落時仍能做到心細如髮，很適合銀行的工作，所以錄用了他。

史蒂文斯是一名熟練的電腦程式設計師，看到微軟公司招募的消息後，他滿懷信心地前去應徵。沒想到面試時考官問的不是程式問題，而是微軟公司未來的發展方向。關於這一點，史蒂文斯從來沒有思考過，慘遭淘汰也就在情理之中了。但是這次應徵使他對微軟公司有了新的認識，他覺得微軟公司對軟體的理解符合未來的發展方向，讓他受益匪淺，為此他給微軟公司寫了一封信，表示自己的謝意。後來，這封信被送到比爾·蓋茲手中，三個月後，史蒂文斯收到了微軟公司的錄用通知書。很多人不明白其中的道理，其實很簡單，是史蒂文斯謙卑的態度和對微軟公司的信心，打動了比爾·蓋茲，使他獲得了比爾·蓋茲的青睞。史蒂文斯不負眾望，十幾年後，憑著對事業的熱愛和執著、憑著出色的業績，被提拔為微軟公司副總裁。

一個人不可能靠不停更改行業而成功，也不可能一進入某個行業就成為佼佼者。不怕失敗，樹立正確的擇業觀，選擇適合發揮自己特長的行業，立足長遠發展，一步一腳印，打穩基礎，練好本領，終會有鳳凰涅槃的時刻。

發揮自己的優勢

「做一行，愛一行」，是我們常常掛在嘴上的話。話是十分有理，但說起來容易做起來難。既然進入一個行業，選擇了一份職業，就要面臨能不能做好的問題。合適的職業會在各方面激發一個人的才能，令人發揮自己所長，而進步神速。但前提是必須知道自己能做什麼，優勢在哪裡，如何揚長避短，若不能截長補短，以拙補慧，失去自己的優勢，那再好的職業也會面臨被淘汰的危險。

「做一行，愛一行」，明確來說，就是做自己喜歡的工作。

愛好可以成就事業。但很多時候，即使是我們喜歡的工作也會枯燥乏味，日久生厭。始終保持對工作的興趣和熱愛，是取得成績的前提。如何保持這種興趣和熱愛呢？發揮自己的優勢、保持工作的先進和不可替代性即可。

李雲清是一家大公司的財務總管，業務能力非常棒，本來做得有聲有色，但來了一位新的副手後，他感到自己肩上的壓力，於是忙著進修，以便充實自己，鞏固自己的地位。他先是學習電腦原理，進而學習電腦編程，花費了兩年多的時間，終於使自己成為一個三流的程式設計師。接著開始學習法律，當他又耗費兩、三年時間拿下法律系文憑的時候，他的副手早已超越了他取而代之。他雖懊悔不迭，但始終沒有明白其中的原因。道理很簡單，人要捨己之長補己之短。他的優勢是財務，即便充電，努力的方向也應該是財務方面，或者與財務直接相關的業務知識，而不該捨棄自己的優勢往錯誤的方向努力，導致花費的力氣越大，離自己的目標越遠。做一名合格優秀的財務人員，就是李雲清工作上的定位，在這個位置上，發揮自己的專業技能，認真處理好每一筆帳目，才是自己最大價值的體現，也是自己在公司的立身之本。如果置自身的優勢於不顧，認為自己能做好每個人的工作，勝任所有人的事情，那麼一定會迷失自己的方向，失去自己的位子。

對一個企業來說，一名專業工程技術人員、產品開發專家，遠比一個能駕駛、懂外語、熟練電腦操作的招待員重要得多、有價值得多。

找對自己的位子，發揮自己的優勢，讓英雄有用武之地，而不是關羽搖扇子、諸葛亮舞大刀，各人施展不開各自的拳腳，最後只能敗下陣來。

一個人不可能樣樣精通，每個人都有自己的優勢和劣勢，準確地認清自己的優勢，認真地對待自己的優勢，想盡辦法最大限度地發揮自己的優勢，成為唯一、不可替代、不可超越的你，才能使自己永遠立於不敗之地。與其費盡心機彌補自己的短處，遠不如把自己的優勢發揮到極致。找對自己的定位，發揮自己的優勢，調動一切可以調動的積極因素，因勢利導，發揮出自己最大的工作潛能。

沒有不能做的事情，只有做不好的事情。認清自己，選擇能做好的努力做好，你的事業已經成功了一半。

不懂不要裝懂

好大喜功的人，常常在沒有把握的情況下，就貿然嘗試任何事情。這樣的例子在我們身邊比比皆是。而因不懂裝懂使工作蒙受損失，甚至造成事故的也屢見不鮮。不少人因為不懂裝懂，在工作和事業上吃了大虧，因而承擔法律責任的所在多有。

貪功冒進是事業有成者的大忌，為什麼會屢屢出現這種現象呢?說白了就是急於展現自己，急功近利。

有這麼一個故事。一家古董店新招了一名小學徒，一天，師傅臨時有事，就讓小學徒替他照看櫃檯，叮囑他只有那些標價上架的貨物才能賣，其他的貨物顧客要買，就等他回來。

師傅出門不久，就來了個顧客，他一眼看中一件放在櫃檯後面儲存架上的玉器，要求小學徒拿給他看看。小學徒知道那件玉器還沒標價，猶豫了一下，還是拿給了顧客，心想，反正是看看，再說我學了這麼久，一般玉器我也認識得差不多了，趁師傅不在，我正好可以露一手，如果能賣個好價，說不定師傅回來會獎勵我。於是，當顧客問起那件玉器時，他講解得頭頭是道，什麼這是一千多年前的老貨，道道地地的和闐正料，清白顏色是用人的血脈養出的雲翳，長形圓身象徵圓圓滿滿，一頭大一頭小，象徵事業越做越大，大頭雕刻的怪獸，雕工精細，栩栩如生，象徵事業的巔峰，能征服天下，一統江山。

顧客問他這玉件是做什麼用的，他略微一愣，接著又滔滔不絕地講了起來，說什麼這是古代有錢有勢的人們掛在胸前用來祈福納祥、消災避邪、保佑平安、發財升官的掛件，掛在脖子上，不僅有裝飾作用，貼近人的肌膚，還能寧神安腦。佩戴上它，保佑你平安吉祥。經過他這麼一番「專業」的介紹，顧客真的動了心，忙問他多少錢，他再次自作聰明，漫天要價，經過討價還價，他以八千元的價格把那件玉器賣給了顧客。

下午師傅回來後，他還沒來得及炫耀自己的業績，就見上午購買玉器的顧客，帶著消保官進來了。

消保官把他的師傅叫到一旁，說是要檢查營業執照，有顧客舉報這家古董店有欺詐顧客非法牟利嫌疑，讓師傅說說清楚。師傅當然不明就裡，這些年他一直守法經營，薄利多銷，和很多顧客都建立了良好關係，有事沒事就會有顧客拿著所謂古董、玉器、字畫，讓他幫忙鑑定一番，他總是熱心幫忙，從沒有收過顧客一分錢，甚或抽過一支菸，怎麼會有人舉報他欺詐顧客呢？正當他感到非常冤屈，準備申辯的時候，上午那位顧客說話了，他說：「就是你們這個店員賣給我的玉器，說是什麼祈福納祥的掛件，讓我掛在脖子上。我回家的路上，正好遇到一位玉器專家，他看到我脖子上的這件東西，哈哈大笑，說這是古代死人用來塞肛門的肛塞，你怎麼掛到脖子上了？多少錢買的？八千元？八十元還差不多，地攤上就能買到，你被騙了。」說完，那位顧客從口袋裡掏出上午買走的那件東西。師傅一見，立刻羞得滿臉通紅。結果可想而知，小學徒被師傅委婉地勸回家了。

聰明反被聰明誤。當我們開始為自己的事業大展身手時，切不可貪功冒進，不懂裝懂，以免出師未捷身先死，造成不必要的損失和浪費。

知識拓展

沒有誰是萬能的，可以勝任所有的工作。所以，專精定律告訴我們，只有專精在一個領域，才能有所發展。因此，無論你從事任何行業，都要把「做到該行業的最頂尖」視為目標，唯有夠專精才會出類拔萃。

同樣，這也體現了優勢效應：一個人只能在自己的優勢而不是弱點中成功。

7. 知其不可為則不為——拉塞福定律

● 越是不知道怎樣去做的事，就越沒必要去做。

認清自己的斤兩

古人云：「知己知彼，百戰不殆。」對於任何事情，當你不知道怎麼做時，就先放一放，沒必要急著去做。拉塞福定律告訴我們，越是不知道怎麼去做的事，就越沒必要去做。這話像重錘，敲我們猛醒。

不自量力，是人的通病。不管知道不知道、能不能做、怎麼做，我們都嘗試一下，努力一番，不撞南牆，堅絕不回頭。

認清自己的斤兩，就是搞清楚自己能力，量力而行，不打無把握之仗。哪些事情能做，哪些事情自己有能力做好，必須心裡有數。勉為其難，用三分能力去做九分功力的事情，輕則頭破血流，重則粉身碎骨。

怎麼做的問題，其實就是一個人的能力和水準問題，沒有金鋼鑽別攬瓷器活。能力越強，水準越高，解決問題的辦法越多，能夠做好的事情也越多。反之，知識越少，水準越低，遇到問題時，越不知道怎麼辦。

看清別人很難，認清自己更難。人們對待自己的優缺點，都會有意無意放大或縮小，像哈哈鏡一樣，看不到真實的資訊。建立在這種變形認知基礎上的行動，不是魯莽從事，就是虛張聲勢，被困難所嚇倒。好高騖遠不可取，畏懼困難同樣一事無成。要認清自己，就要具備謙遜的態度，切忌虛榮、驕傲，別讓虛浮的烏雲遮住自己的眼睛。

一隻健康強壯的小兔被選了出來，主人把牠放養在一片荒涼乾涸、青草稀疏的荒漠上。這時有人讚美道：「多麼健康強壯的小兔啊！你應該為此感到驕傲。」「我只是一隻剛剛降臨世間的小兔而已，還沒有資格，也沒有本錢驕傲。」小兔低聲地說。小兔被放養在荒漠之後，長大了一些，更強壯了一些，狂風暴雨、飛沙走石、酷暑寒冬、兇禽猛獸，都沒有摧毀牠、消滅牠，牠堅強地活了下來。這時又有人讚美道：「多麼堅強的小兔啊！你應該為此感到驕傲。」「我只是長大了一些，身體還不夠強壯、奔跑也不夠快、精神也不夠勇敢，還沒有勇氣驕傲。」小兔輕聲地說。春暖花開的時候，原來的小兔已經長大，有著強健的體魄、飛快的速度和勇敢的精神，在荒漠上處處能見到牠飛奔的身影。這時，人們一齊讚美牠說：「多麼頑強勇敢、健康活力的一隻兔子啊！你應該為此感到驕傲。」「我已經長大，能夠在廣袤的荒漠上快樂生活、自由馳騁，沒必要再驕傲。」小兔用無聲的沉默回答了人們。

像這隻小兔子一樣時刻認清自己，知道自己什麼時候該做什麼，什麼能力能做什麼，是我們在工作、事業中必須認真把握的事情，只有把握了自己，才可以把握住別人，把握住解決問題、處理事情的主動權。

世界有多大，人的內心就有多深邃。深入自己的內心，看清自己的能力，發掘自己的潛力。知其能為者必為，知其不能為者堅決放棄，有多大鍋下多少米，有多少能力做多少事，有什麼水準解決什麼問題，只有這樣，才能夠腳踏實地，從基礎做起，從簡單做起，一步一腳印，一步一臺階，逐漸登上事業的巔峰。

只做會的

人的精力有限，不可能做所有的事情。商人不可能去賺所有的錢，士兵不可能去消滅所有的敵人。當我們初涉職場，面對眾多職位、眾多事情、眾多機會，如何選擇自己應該做的工作呢？

很多人都想做一件大事，以便證明自己的能力、展現自己的才華，取得同事和上司的認可，站穩腳跟，奠定自己在公司的地位。其實這是一個認知上的誤解。一個人剛剛開始工作，能力還沒有經過實戰的檢驗，還不能非常清楚知道哪些是自己能做的、哪些是自己能做好的。重大的事情就是一把雙刃劍，成功了當然名利雙收，一旦失敗，可能就是一敗塗地，再也沒有翻身的機會，而這種風險，顯然不是一個初出茅廬的員工所能承擔的。

那麼，應該從哪裡做起呢？腳踏實地，從最簡單的小事做起，從最有把握、以自己的能力最能勝任的事情開始。當你還不是猛虎時，不要試圖去獵殺野牛，老老實實做一些基本工作，瞪起眼睛多看，支起耳朵多聽，閉上嘴巴少說，動起手來多做。簡單的清潔工作，無人問津的瑣碎工作，就是你最應該做的，那些都是老天對你的垂青和眷顧，是留給你的敲門磚、墊腳石。

前美國國務卿鮑威爾，曾在傳記裡談到，他是一個來自牙買加的黑人。黑人找工作當然困難些，他的第一份工作是在一家大公司當清潔工，那是這種大公司留給牙買加黑人唯一可做的工作。但鮑威爾沒有灰心喪氣，他認真地去做每一件小事，總是邊做邊思考怎麼把事情做得更好。清潔工的一項重要工作就是拖地板，鮑威爾經過一段時間的工作，很快發現有一種姿勢能把地板拖得又快又乾淨，人還省力不累。老闆經常看見他認真拖地、清潔衛生，留意觀察一段時間後，認為他是個人才，可以完成更重要的任務，於是就破例提升他。你看，這就是大名鼎鼎的鮑威爾得來的第一個人生經驗：認真做好每一件事。

要想做好，前提是能做、會做，而小事情最容易做好。任何時候都不要忽視身邊的每一件小事，正是那些小事，才是你打開成功之門的金鑰匙。年輕人一腔熱血，熱情澎湃，容易好高騖遠，不屑於做日常瑣碎的小事。豈不知，上司觀察你，往往就是從瑣碎的小事開始。看似一些零散瑣碎的小事，甚至不是你份內的小事，只要上司示意了，都要充滿熱情地積極完成。只有做好了日常工作，取得了上司和同事的信任，才會有做大事的際遇和希望，莫以事小而不為，莫因事瑣而棄之。

清潔衛生、整理辦公室、準備開水這些具體的瑣事，是職場第一課，就是這些看起來不起眼的日常小事，給人的印象最深刻，也最能考驗人的意志和品格。一般情況下，上司之所以不肯放手把重要工作交給你，是因為他還不能確定你是否有獨立完成工作的實力和水準。工作、事業無小事，每一件事情都是對自己的水準、實力、素養、學識、眼界的考驗和修練。做自己會做的，從小事做起，抓住每一次提升自己的修練機會，成功的女神就會在不遠處向你招手。

摸石頭過河有風險

當你有了足夠的工作經驗，就會試圖去提升自己，做一些較為複雜的事情和工作。這時候的你也許還沒有獨當一面的經歷，沒有十足的把握能做好，如果前面有他人的經驗、事例可資借鏡，那當然是好事情，如果沒有，不妨摸著石頭過河，先試試深淺。

萬事起頭難，摸石頭過河也是一把雙刃劍。河淺了，順順當當過去，河深了，有可能會把自己淹死。面對風險，防範風險是第一件要做的事情。首先要對風險有充分的認知，做好抵禦風險的充分準備。

這是由蘑菇變靈芝的過程，能否變成靈芝，對你是個考驗，不僅考驗你的工作水準，也在考驗你的膽略和智慧。現在你要過河了，怎麼辦？馬上擬定一個計畫，計畫不必複雜，但一定要考慮充分，對各種可能出現的問題有足夠的準備，還要對不可預知的情況拿出應對策略。計畫當然包括人員的構成、任務的分配、事情的順序、進度時間表、解決的方案、推導的結果以及意外事故的防範。做好了計畫要先徵求同事的意見，然後報請上司審閱。如果上司認為計畫可行，那你可以下河了。請記住，無論你走到河的什麼位置、是否順利，都不要忘了向你的上司隨時彙報。

也許上司給你的任務就是按時過河，你的目的也僅僅是順利、安全地過河。但正當你順利走到河的中央時，一條大魚出現在你眼前，是順手牽羊先把大魚抓到手，還是心無旁騖不為意外誘惑所動，一心一意過河？抓魚，當然要耗費時間，不抓卻覺得可惜。如果你猶疑，你的猶疑可以理解，畢竟這是一次千載難逢的好機會，如果抓到了大魚，給上司一個意外驚喜，說不定上司一高興會提拔你、重用你。可是，如果因為抓魚耽誤了過河時間，沒能按時淌過河去，影響了公司的整個計畫，雖有大魚之獲，卻得不償失。面對這種情況，如果你不能判斷公司的整個計畫安排走向，不能確定上司對待大魚的態度，那麼我奉勸你放棄，一去不回頭，再大的魚也不要回頭看一眼。失去意外的驚喜沒什麼，但破壞整體的利益，不是一個目光遠大的人所為。最後，當你站在岸邊的時候，別忘記寫一份詳細的檢討報告，經驗、教訓、啟發等，一個都不能少。

你沒有為大魚所動，並且順順利利地摸到了每一塊石頭，安全過了河，完成了任務。可是檢討會上，上司並沒有表揚你，甚至沒有提到這次過河任務。你也許會失望，因為希望得到肯定和讚譽，是每個人的精神需求，尤其對一個初次出山，迫切需要認可的人來說，你也許會想，難道上司忘了？或者不滿意？其實都不是，做為一個上司，不可能對自己下屬的工作心中沒數。面對上司漠然的態度，你應該怎麼做？委屈？抱怨？處處表功？當然不能這樣，你要做的，就是默默地開始下一個工作，繼續從手頭的小事做起，保持樂觀的態度和工作的熱情，就像一名運動員奪得冠軍後，開始下一階段枯燥的訓練一樣，為下一個冠軍做好充分的準備。

過河有風險，下腳要慎重。

不打無準備之仗

經過不懈的努力，你的能力得到上司的認可，業績突出，名列前茅，公司提拔了你，重用了你，你已經是公司衝鋒陷陣、開拓疆土的一員虎將了。這時，公司決定由你掛帥，負責一個新專案，你儼然是獨霸一方的諸侯、獨挑大樑的封疆大吏了。是機遇就是挑戰，面對新的工作，千頭萬緒迎面而來，如何開好頭，起好步，踢好頭三腳？

職場就是戰場，不了解敵我雙方的態勢和戰鬥實力、兵力部署、戰略意圖、戰術特點，匆忙上陣，等敗下陣來，後悔晚矣。

充分的調查研究必不可少。上任開始，挖情報、摸情況，全面了解相關業務狀況、動態和發展趨勢。了解對方也了解自己。釐清自己公司投資新專案的戰略意圖和發展目標，以及新專案在整個公司經營戰略中的地位和作用。

接下來要實施周密的計畫。這是展開工作的重要一步，知道做什麼，還要知道怎麼做。計畫的核心是目標，計畫的主體是步驟，按部就班，循序漸進，不能憑著感覺來。

然後安排合理的人事。任何目標的實現都是由人來完成，工作都是由人去做，人是其中的關鍵。組建一個富有戰鬥力的團結隊伍，做到人盡其才，發揮人的主觀能動性、創造性，量才使用，不拘一格，不徇私情。

最後，調整好自己的狀態。要有飽滿的熱情，放鬆的心態。初次掛帥，難免心情激動、緊張，放不開手腳或者魯莽行事。所以要選擇適合自己的方式，使自己冷靜下來，用平常心審視一下自己新的職位和工作，然後採取必要的方法放鬆自己的心態、緩解緊張氣氛。要做好克服苦難的準備。首先是心理上的準備，一個新的專案必然充滿新的問題、新的困難。要有足夠的心理準備迎接這些挑戰，不能被動挨打、手忙腳亂。其次是能力上的準備，新的問題需要新的辦法，多學習一些與新工作有關的知識，多做知識儲備，是提高工作水準、解決工作問題的有效方法。

新工作開始，第一要有高度的責任感。如果自己缺乏責任感，放任自流，那麼手下就會膽大妄為，無法約束，你敢點燈，他們就敢放火。第二還要勤奮。只用雙手工作的是勞動者，而用雙手、大腦、精神工作的是領導者。開闢新領域是一項艱辛的工作，有許多困難在前面等著，有許多問題會出乎你的預料，有許多挫折會讓你無法繞過。怎麼辦？除了克服困難的決心和毅力，還要有一雙勤勞的手、一對勤快的腳、一個敏捷的腦、一顆頑強的心。

新官上任，要有一雙慧眼，具備狼一樣敏銳的目光，時刻注意工作出現的新動向、新問題。洞察秋毫，風聲鶴唳，感知秋去冬來。要有創造性，新工作必然面臨新問題，除了學習、請教，還應大膽創新，用新的辦法解決新的問題。喚醒自己的創造天賦，別出心裁、別具一格。突出重點，抓住本質。主次分明，步驟合理。要善於總結和累積經驗，增強解決問題、處理問題的能力。

一個能做大事的人，必有善於把握戰機的本領，在新的領域、在紛繁複雜的新工作面前，找到一個符合自己特點的工作方法，走出一條屬於自己的路，那麼擺在我們面前的，必將是一條輝煌的陽關大道。

知識拓展

找到理想職業的七條定律

一、榴槤定律：

「如果去問一個從沒有吃過榴槤的人，『你喜歡吃榴槤嗎？』他是無法回答的——他既不能說他愛吃，也不能說他不愛吃。」

對於剛進入職場的人而言，水深水淺還要自己試試才知道，他人的建議僅供參考而已。

二、夢露定律：

「如果你不能接受我最糟糕的一面，那麼你也不配擁有我最好的那一面。」

唯有忍受職業的風險、挑戰、以及不那麼美好的一面，我們才能夠做出成績。

三、杯子定律：

「我們選擇杯子，是為了喝杯中的東西。」

工作重要，成就感更重要。

四、油箱定律：

「一輛法拉利，性能再好，如果不加油，也會中途拋錨。」

要多問問自己，對於這份工作，到底是發動機不好，還是油不夠而讓我停下來？不想清楚這個問題就盲目跳槽的人，往往會「剛出虎口又入狼窩」。

五、賭注定律：

「不要將賭注押在那些你不可控的事情上。」

走捷徑本身就是一種彎路，欲速則不達。

六、碰撞定律：

「運氣是一種概率，你跟職業界碰撞得越多，獲得好運氣的機率就越大。」

想成功？就去拼命失敗吧！

七、迴力鏢定律：

「出來混總是要還的，逃避永遠無法真正解決問題。」

很多人企圖透過跳槽、換行來逃避本應付出的努力，逃避自己必須提升的能力，最後往往會發現很多事情還是一樣要面對的。

8.一日事一日畢——米爾斯定律

●沒有任何工作繁重到不能一夜完成。

嚴謹的工作態度

所謂工作能力，相當程度取決於我們對待工作的態度。態度決定一切，工作的性質對我們的情緒有時也會有很大的影響，而情緒的累積又會左右我們對待工作的態度。要想做好工作，嚴謹的工作態度是必須的。有些人習慣被上司推著走，上司提要求了，監督嚴格了，就多做一些，認真一些，快速一些。上司一不過問，馬上就拖拖拉拉，消極怠工，馬馬虎虎，應付了事。有些人工作隨心所欲，高興了就多做一些，做得好一些；一不高興就消磨工時，偷懶摸魚。之所以會出現這種情況，追根究底，是工作態度出了問題。工作缺乏主動性、積極性，沒有把工作放到立身之本、嚴肅認真的位置上。

要克服這種缺點，首先要端正工作態度，養成認真嚴謹對待工作的習慣和作風。每個人的能力都有大小，水準都有高低，素質都有差異。但這些都不是決定工作好壞的最關鍵因素。我們以什麼樣的態度投入工作，就會有什麼樣的工作結果。

很多醫學家為了得出精確的實驗結果，一絲不苟地投入實驗，甚至不惜拿自己的身體做實驗。大衛．普里查德是一位寄生蟲研究專家，為了研究十二指腸蟲對人體的影響，他不惜故意使自己感染這種寄生蟲。他認為，十二指腸蟲具有改變人體免疫能力的功能，對治療哮喘病和克羅恩氏病等免疫系統紊亂有一定的療效和幫助。十二指腸蟲普遍出現的地方，免疫系統紊亂的病例比較少，但是人體到底感染多少隻十二指腸蟲，才能有效地發揮治療效果，醫學界還沒有定論。為了得出準確的科學結論，以便在醫學治療上推廣應用，二〇〇四年，大衛．普里查德讓五十隻十二指腸蟲幼蟲，鑽進自己的皮膚下。經過觀察，他發現十二指腸蟲鑽入皮膚時，皮膚很癢，鑽到胃部時，會引起人們不適的反應。結果證實，五十隻十二指腸蟲太多，會引起其他疾病，要確保安全，最多只能感染十隻。後來，他們的實驗室其他人員也感染十二指腸蟲，實驗證明，這種寄生蟲存活可以長達十年，用藥物很容易清除。目前大衛．普里查德他們還在繼續進行試驗，想進一步證實、評估這種治療方法的可行性和安全性，觀察十二指腸蟲是否對多發性肝硬化患者有所幫助，能否緩解他們的病痛。

這就是科學家對待工作的態度，不僅一絲不苟、嚴肅認真，有時還要冒著損害自己健康，甚至生命的危險。有了這種嚴謹的工作態度，有什麼工作不能做好呢？米爾斯告訴我們，沒有任何工作繁重到不能一夜完成。這就是米爾斯定律。只要有嚴謹的工作態度，認真對待每一件工作，還有做不完的工作、達不成的任務嗎？不要為工作找藉口，只要你不想去做，再簡單的事情也會變得複雜，再容易的事情也會難如登天。

沒有人會被繁重的工作壓垮，卻有人會被懶惰的思想擊倒。端正我們工作的態度，以認真、嚴謹、執著、勤勤奮奮的態度，投入日常工作中，持之以恆，就一定會得到豐厚的回報。

良好的工作習慣

良好的工作習慣不僅是做好工作的保證，還會影響一生的生活和事業。有的人有理想、有才華、有能力，還有一份穩定的職業，然而他的事業卻總不能順利發展；還有的人工作勤奮努力、即時完成任務、人際關係融洽，卻遲遲得不到升遷。什麼原因造成這種後果？就是工作習慣。這絕不誇張，忽視良好的工作習慣可能會葬送自己的前程。

常常令我們頭痛的不是工作量的多少，而是不知道有多少工作要做、先做什麼後做什麼。理清思緒是第一個良好的工作習慣。當你走進辦公室，尚未開始工作之前，就應該想明白今天有哪些主要工作，哪個必須要做，哪個可以緩一緩，哪個先做，哪個後做。下班前收拾好辦公桌上的報紙、雜誌，不要讓紛雜的資訊干擾你第二天工作的思路，分散了工作精力。

查理斯·盧克曼之所以能從一個默默無聞的小職員，十二年內晉升培素登公司的董事長，絕非偶然。他說：「就我記憶所及，我每天早上五點鐘起床，因為那時我的頭腦比其他時間更清楚。這樣我可以比較周到地計畫一天的工作，按事情的重要程度來安排做事的先後次序。」周到的計畫和合宜的處理次序，是他成功的重要經驗。

美國最成功保險推銷員之一的富蘭克林·白吉爾，每天晚上都要制訂好第二天的業務計畫，他不會等到第二天一大早才計畫當天的任務。他每天給自己訂一個目標，如果沒完成，差額部分就會加到隔天，依此類推，來督促自己今日事今日畢。很多員工喜歡把白天做不完的工作拖到晚上，熬夜加班，這樣不僅會大大降低自己的工作效率，也會對自己的身體健康造成很大危害。

工作中，我們總是會遇到或多或少的問題。不管問題重要與否，如果必須做出決定，就當場決定，立即解決，雷厲風行，絕不拖延。美國鋼鐵公司董事H．P．霍華曾講述過他自己的親身經歷。在他擔任公司董事期間，董事會總要花費很長時間開會，討論很多問題，但落實的卻很少，最後每一位董事都要抱著一大疊會議文件回家看。後來，他說服了董事會，每次開會只討論、研究一個問題，然後得出結論，做出決定，形成決議，不耽擱、不拖延，清清爽爽。也許，得出結論需要研究大量的資料，但是在討論下一個問題前，這個問題已經得到解決，不會使問題累積到積重難返。這一改革的效果非常明顯，很多陳年舊帳就此得到了結，效率大大提高，董事們再也不用提著大大小小的檔案回家了。這是提高效率非常好的辦法，一事一議、一議一清。

我們既不會分身術，也不是超人，不可能做所有的工作，也不能解決所有的問題。首先要做好自己職責範圍內的事情，不要忙著為其他部門提建議、出點子，也不要忙於額外的事情而耽誤自己的本職工作。如果自己是一級主管，要學會分攤責任，提綱挈領，而不必鬍子眉毛一把抓。要學會組織、分層和監督，讓你所領導的整個團隊像一部高速運轉的機器，各司其職，各負其責，協調一致完成工作。

好的工作習慣是成就事業的法寶，壞的工作習慣則是破壞人生的利器。

扎實的工作風格

踏實的工作作風就是腳踏實地做事。從繁瑣的小事做起，不急躁，不厭煩，點點滴滴、雞毛蒜皮，都做得精精細細。我們常說，這人做事很踏實，令人放心，就是在讚揚這個人的工作作風。反之，一個人工作浮躁，就很難成就大事。馬謖失街亭，趙括紙上談兵，都是工作作風不踏實而導致失敗的最好例證。

愛迪生從小就對很多事物充滿了好奇，而且喜歡親自試驗，直到弄明白其中的道理才肯罷休，這種不折不饒、不達目的不放手的素質，使他長大後養成了踏實的工作作風，為他一心一意做研究、取得一項又一項科學發明提供了保障。他一生艱苦努力，共發明了包括電燈、電報機、留聲機、電影機在內總計兩千餘種產品，他的發明改進人類的生活方式，對人類的文明發展，產生了深遠的影響。能取得這麼大的成就，得歸功於他札實的工作作風、珍惜每一分鐘勤奮工作。

愛迪生對助手說最多的一句話就是：「浪費，最大的浪費莫過於浪費時間。人生短暫，倏忽即逝，要多動腦子，多想辦法，用最少的時間辦更多的事情。」有一次，他正在實驗室裡工作，順手把一個沒上燈的梨形空玻璃燈泡遞給助手，讓助手量一量燈泡的容量，隨後自己繼續低頭工作。過了好長時間，不見助手反應，愛迪生就問：「容量多少？」仍然沒聽見助手回答，他轉頭看去，只見助手正拿著軟尺在精心測量，由於燈泡的形狀是梨形，比較特殊，不是規則的形狀，計算斜度、周長等資料十分困難。助手一邊測量，一邊趴在桌子上計算，費時費力，準確度還有差異。愛迪生看了說：「時間，時間，怎麼費那麼長時間呢？」說完愛迪生走過來，拿起那個空燈泡，在裡面倒滿了水，然後交給助手說：「把水倒在量杯裡，馬上告訴我它的容量。」助手立刻看出了燈泡的容量。「這是多麼容易的測量方法啊，又準確，又節省時間，你怎麼想不到呢？還要去算，那豈不是白白浪費時間嗎？」愛迪生趁此機會教育開導他的助手。助手羞愧地臉紅了，愛迪生繼續喃喃自語，「人生太短暫了，太短暫了，要節省時間，多做事情啊！」務實、踏實、動腦，充分利用每一分鐘時間，成就了愛迪生一生無數的發明和偉大事業，也成就了我們今天豐富多彩的幸福生活。

無論做什麼工作，都要培養自己踏實的工作作風。首先，要養成自己的工作興趣，只有喜歡工作，才能踏實工作。其次，要努力鑽研業務，只有業務熟練，得心應手，才能游刃有餘，勝任工作。再次，要積極動腦，充分發揮自己的才智，提高工作的效率，這樣才能比別人做得更好。最後，要有頑強的毅力，肯吃苦，不怕累，長期堅持，直到純熟地完成自己的各項工作。

如果一味投機取巧，圖省事，圖輕鬆，以為靠自己的小聰明就能做好工作，把精力都用在做表面功夫，耍嘴皮子，那麼諸葛亮揮淚斬馬謖的一幕，還會在我們身上重演。求真務實，踏踏實實做好每件事情，我們的事業自然水到渠成。

不給未來留尾巴

如果一個人不能在工作中養成嚴謹的工作態度、良好的工作習慣、踏實的工作作風，那麼不僅事業無成，人生也將黯淡無光。不良的工作習氣一旦養成，要想改正就非常困難。由此導致事業失敗、身敗名裂的事例比比皆是。例如浮誇、驕傲等各種惡習，都會使我們的工作誤入歧途，為人生的未來留下隱患。

比爾．蓋茲曾說：「成功是個差勁的老師，他讓聰明人以為自己永遠不可能失敗。」微軟公司能始終保持靈活，緊跟市場，隨市場改變而改變，是因為它有一種「從不慶功」的公司文化，這使微軟充滿了生機和活力。「在微軟，我們從不強調自己有多成功。」這是微軟員工常說的話。比爾．蓋茲領導微軟的風格是：不斷指出微軟在哪些領域還存在改善空間，然後鼓勵所有人去想辦法解決問題。有一次，公司會議討論應用軟體「Word」。當時微軟已經大幅度超越以前處於領先地位的對手「Word Perfect」，但會議一開始，比爾．蓋茲馬上發現了問題——微軟在最常用電腦的應用領域，市場占有率仍然不如對手。比爾．蓋茲問道：「如果真正的使用者不用我們的產品，我們怎麼能算真正的市場領導者？」結果在一個小時的會議裡，從頭到尾，所有的人都在討論怎樣解決這個問題，而始終沒有人討論會議的另一個議題：對手究竟落後微軟多少。微軟的氣氛有助於員工養成良好的工作習氣，發現問題，解決問題，不把問題留給未來，而不是慶賀擺功，停滯不前。

美國著名教育學家曼恩說：「習慣彷彿一根纜繩，我們每天為它纏上一股新索，要不了多久，它就會變得牢不可破。」著名心理學家威廉·詹姆斯說：「種下一個行動，你將收穫一種習慣，種下一種習慣，你將收穫一種性格，種下一種性格，你將收穫一種命運。」

習慣是日積月累養成的，冰凍三尺非一日之寒，趙括紙上談兵並非一時突發奇想，馬謖失街亭也非一時衝動。古代有個差不多先生，掛在嘴上的一句話，就是「凡事差不多就好，何必太認真呢？」母親讓他買紅糖他買來白糖，一句話，紅糖、白糖都是糖，差不多。學堂老師問直隸西邊是哪裡，陝西，理由是山西、陝西差不多，都帶西字。後來到錢鋪當夥計，十當千，千當十，反正十和千差不多，只是多一撇、少一撇的問題。錢鋪當然不能用他，多一撇少一撇，進進出出，都是白花花的銀子，那可不是差不多，是差太多了。後來差不多先生得了急症臥床不起，家人急忙去請大夫，正巧東街的汪大夫不在家，就急急忙忙找來西街的牛醫王大夫，差不多先生一想，汪和王差不多，人和牛也差不多，反正都是活體，就試試吧！於是牛醫用醫牛的方法給差不多先生治病，不到一分鐘，差不多先生就嗚呼哀哉了。臨死，差不多先生還斷斷續續地嘟噥，「活人……和死人……也差……不多……」

失之毫釐，差之千里。如果像差不多先生那樣面對工作和生命，那不僅工作無法做好，可能連生命都要賠上。態度嚴謹，腳踏實地，精益求精，不斷進取，好的習慣必將帶來好的人生。

知識拓展

如果你認為只有焦頭爛額、忙忙碌碌地工作才可能成功，那麼，你錯了。事情總是朝著複雜的方向發展，複雜會造成浪費，而效能則來自於單純。

奧卡姆剃刀定律在企業管理中可進一步深化為簡單與複雜定律：把事情變複雜很簡單，把事情變簡單很複雜。這個定律要求我們在處理事情時，要把握事情的主要實質，把握主流，解決最根本的問題。尤其要順應自然，不要把事情人為地複雜化，這樣才能將事情處理好。

9. 窺一斑怎能見全豹——馬歇爾廣義冰山定律

● 任何事物只能了解到它的八分之一。

不能以偏概全

馬歇爾說，任何事物只能了解到它的八分之一。這就是馬歇爾廣義冰山定律。這個定律告訴我們，人不可能了解事物的全面，一就是一，二就是二，不能以偏概全，以點帶面。你還不了解事情的全貌時，不要輕易下結論。窺一斑只能猜全豹，而不能看見一隻豹的全部。

有位養雞場的女主人，不知為何非常討厭傳教士，認為多數傳教士口是心非，嘴上說的一套，實際上做一套，說好話，不辦好事。為此，有事沒事就到處散布傳教士的謠言，說傳教士的壞話。傳教士知道後都很生氣，一天，兩名傳教士商量好，一起來到養雞場，對女主人說要買兩隻雞。生意上門，女主人當然不能拒絕，她強忍著不快，讓兩名傳教士自己進去挑選。兩名傳教士在偌大的養雞場上萬隻雞裡挑了半天，卻挑中一隻掉了毛的瘸腿公雞。女主人感到奇怪，驚訝的問，為什麼不挑一隻最好的？一位傳教士故意提高聲調說：「我們想把這隻雞買回去養在修道院裡，當個樣品，讓大家都知道是妳的養雞場養的，為妳宣傳宣傳，擴大名聲。」女主人一聽急了，一把奪過雞，連忙說：「不行！不行！你看我們養雞場裡這成千上萬隻雞，哪一隻不是羽毛豐滿光滑、養得肥胖胖的。那麼多好看的雞你不選，偏偏選中這隻，還要拿去當樣品，你這不是給我找麻煩嗎？不行，這對我實在不公平！」另一位傳教士接過話，笑呵呵地說：「對呀！少數傳教士行為不檢點，犯下錯誤，妳卻汙衊所有傳教士，以偏概全，一竿子打翻一船人，這對我們也非常不公平啊！」女主人這才明白兩名傳教士買雞的深刻用意，羞愧地低下頭，連忙向他們道歉。從此，她改變了對傳教士的看法，再也不散布傳教士的謠言了。

以偏概全，以局部當整體，就會失去對客觀事物全面而準確的認知，得出錯誤的結論，影響我們即時而正確地解決問題。

要對事物進行準確的判斷、科學的分析，首先必須認清事物的全貌，對事物有個準確的認知。不能主觀臆測，用自己片面、局部的經驗代替整體，那樣就會鬧出盲人摸象的笑話。

幾個盲人一直想知道大象是什麼樣子，有一天，大街上來了一頭大象，盲人看不見，只好湊過去摸。第一個盲人摸到了大象的腿，就說大象像柱子；第二個盲人摸到了身軀，就說大象像牆壁；第三個盲人摸到了尾巴，就說大象像條蛇；最後一個盲人摸到了大象的耳朵，就說大象像蒲扇。幾個盲人都認為自己說的對，因為都是自己親手摸到的，為此他們爭論不休，各持己見。可惜，他們誰都沒有說對，雖然都是他們親手實踐得出的結論，但結果為什麼相差萬里呢？就是因為他們以偏概全，了解到的只是事物的局部，是事物的特殊性，而非普遍性。只有當你了解了事物的全貌，才有可能做出正確的判斷，得出正確的結論。

要了解事物的全貌，就需要開闊的視野、正確的角度，以及綜合分析問題、解決問題的能力。讓我們記住盲人摸象這個教訓，從廣義上說，我們永遠只能了解到事物的八分之一，不對不了解的事物妄下結論，進而影響我們對事物準確的判斷和處理問題的能力。

探索無窮的奧秘

有探索才有發現，才有我們對新事物的認知。大自然有無窮的奧秘，人類生活有無數的神奇。自然界對人類來說，充滿了神秘的色彩和神奇的力量，我們不可能窮盡大自然的無窮謎團，不可能熟知所有事物的發展規律。但是，隨著人類不停地探索，人們發現了一個又一個自然的規律和社會生活的法則，為我們認識自然、改造自然、更良好地適應社會發展需求、改善人類生活，提供了有力的保證和廣闊的前景。

勤於探索，善於發現，是人類不斷進化發展的動力泉源。

巴斯德是舉世公認的醫學史上最重要傑出貢獻者。他並不是第一個發現細菌的人，但他不僅提出了病菌理論，還透過大量實驗，證明病菌理論的正確性，發現很多病因是細菌引起的，防止病菌進入人體是避免生病的有效方法，因此他提出了醫療消毒法，強調醫生要使用消毒法來加強對疾病的治療。後來手術中普遍使用的消毒法，就是受巴斯德觀點的影響。巴斯德經由大量研究發現，細菌是透過食物、飲料等飲食過程進入人體，就是我們常說的病從口入。為此，他完善了在飲料中殺菌的方法，即加熱滅菌，後來被稱為巴氏消毒法。

巴斯德畢生的精力都用在探索微生物和細菌的工作上。一八八一年，他經過大量觀察研究，發現患過某種傳染疾病的動物，痊癒以後就會對該傳染病具有免疫力。他為此改進了減輕病原微生物毒性的方法，用減毒的炭疽病、雞霍亂病原菌分別接種到綿羊和雞身上，對牠們進行免疫試驗，結果獲得了成功。這個方法大大激發了科學家和醫學界的興致，紛紛擴大對人體接種免疫的研究，從此人們知道了用接種辦法可以預防很多傳染病的發生。

一八八五年，一個被瘋狗咬得血肉模糊的九歲男孩，被人們送到巴斯德那裡請求搶救。巴斯德對治療狂犬病並沒有把握，他猶豫了一會兒，就給小男孩注射了毒性減到很低的狂犬病毒提取液，之後，間隔一定時間，他再給小男孩注射逐漸加強毒性的提取液。他的目的是希望在狂犬病毒潛伏期過去之前，使小男孩的身體產生抵抗力和免疫力，抑制狂犬病發作。最後他成功了，小男孩得救了。

如今，在法國巴黎巴斯德研究所外，樹立著一座記述少年朱皮耶見義勇為和巴斯德豐功偉績的雕像。原來，一八八六年，十五歲少年朱皮耶在搶救一位被瘋狗襲擊的同伴時，也被瘋狗嚴重咬傷。送到巴斯德那裡後，巴斯德用注射疫苗的方法挽救了朱皮耶的生命，從此兩人的雕像就成了見義勇為、救死扶傷的象徵。一八八九年，巴斯德經由大量觀察、反覆試驗及其應用，發明了狂犬疫苗。它的偉大意義在於開啟了一個人類疾病預防的新時代。

這就是探索和發現的無窮魅力和巨大價值。善於探索和發現，對我們每個人來說，都有著重要的意義，探索未知，發現奧秘，認識新事物，接觸新問題，有助於我們開闊視野，增長知識，累積經驗，發現財富，實現美好的人生。

發現是成功的法寶

巴斯德獲得了重大的成就，他的成就源於他大量的觀察研究和發現。他用畢生精力證明了三個科學問題：發酵、傳染病因、免疫疫苗。每一種發酵作用都是由於某種細菌的發展，為此巴斯德用加熱方法殺滅那些讓啤酒變苦的惱人微生物，使巴氏滅菌法很快應用在各種飲料和食物上。每一種傳染病都是某種微生物在生物體內發展引起，巴斯德發現並根除了一種侵害蠶卵的細菌，為此拯救了法國絲綢業。傳染病的致病菌，在特殊的培養之下可以減輕毒性，巴斯德使這種經過培養的病菌變成了疫苗，發展預防接種技術。

經過大量觀察研究，巴斯德意識到許多疾病都是由微生物引起，於是他建立起細菌理論。在細菌學說居於統治地位的年代，他並不知道狂犬病是一種病毒病，也是由於細菌的傳播造成的。但大量的科學實驗告訴他，有侵染性的病毒物質，經過反覆傳代和乾燥，會減少其毒性，於是他將含有病原體的狂犬疫病延髓提取液，多次注射到兔子身上，再將從兔子身上提取的經過減毒的液體注射到狗身上，以後狗就能抵抗正常強度的狂犬病毒侵染。這一發現，使他對人體抵抗狂犬病充滿了希望。

一八八二年，巴斯德當選法蘭西學院院士，開始狂犬病防病研究。他透過反覆試驗，證明狂犬病病原體存在於患病獸類的唾液和神經系統中，並經由減毒法製成活體疫苗，最後接種在人體，成功地幫助人們獲得了狂犬病的免疫力。這是他最為著名的醫學貢獻——發展出一項對人體進行預防接種的技術。醫學家們按照巴斯德的免疫法，先後發明了防止若干種危險疾病發作的疫苗，成功地消除了傷寒、流感、小兒麻痺等疾病對人類和生物的威脅。

正因為巴斯德做了比別人多許多的實驗，使他令人信服地說明了微生物產生的過程。實驗中，他發現某些微生物的厭氧生活現象——某些微生物可以在缺少空氣或氧氣的環境中很好地生存，這種微生物後來被稱為厭氧菌。在研究狂犬病菌的過程中，他發現狂犬病病原物是一種可以穿透過細菌濾器的「濾過性超微生物」。

世人稱頌巴斯德為「進入科學王國最完美無缺的人」，他不僅是理論上的天才，還是個善於解決實際問題的能人。他於一八四三年發表的兩篇論文《雙晶現象研究》和《結晶形態》，開啟了對物質光學性質研究的新時代；他提出了以微生物代謝活動為基礎的發酵本質新理論，並於一八五七年發表《關於乳酸發酵的紀錄》，是微生物學界公認的經典論文。一八八〇年後，他成功研製出雞隻霍亂疫苗、狂犬病疫苗等多種疫苗，其理論和免疫法，引起了醫學實踐的重大變革，為人類防範重大疾病和傳染病做出了傑出的貢獻。不僅如此，正是他的微生物研究發現和成果，成功挽救了當時處於困境中的法國釀酒業、養蠶業和畜牧業，並為後來世界食品飲料業、動植物養殖業的發展提供了保障、注入了活力，重新煥發出強大的生命力。

有發現才有成功。學習在未知的領域裡發現新問題、新規律，對實現人生的理想、改善我們的生活，必將發揮舉足輕重的作用。

順藤摸瓜

人類的每一次進步，都是站在前人的肩膀上取得的。前人種樹，後人乘涼，其實我們不僅僅是乘涼，很多成就都是前人種樹，後人摘果，順著前人的探索和發現，在前人奠定的基礎上，進一步去探索，直到發現新的奧秘，取得新的進步。牛頓有一句名言：「如果問我成功的原因，那是因為我站在巨人的肩膀上。」道出了人類依靠知識傳遞，不斷取得進步的真諦。

所謂巨人的肩膀，就是前人的探索、發現、總結的知識結晶，為後人的探索、研究和思考提供了基礎，指明了方向，開闢了道路。那是一條條進山的小路，引領我們去發現大自然的無窮奧秘和魅力，順著小路前進，我們不會再盲目地摸索、徘徊。

一五八九年，英國牧師威廉設計了一種手動腳踏、用彈簧鉤針進行編製的機器，這就是現代紡織機的始祖。威廉生活的時代，手工編織非常盛行，他從劍橋大學畢業後，回到故鄉，開始了他的牧師生活。在他生活的周圍，到處是女孩們日夜不停的編織聲。威廉很不適應這種聲音，每當看到女孩們不停地舞動手中的兩根棒錘，聽到棒針發出的嘶嘶聲音，就感到特別不舒服。經過長期思考，他突然萌發了發明編織機的想法。於是，他參考北非牧民若干世紀以前就開始使用的編織技巧，到地毯工匠那裡學習編織地毯使用的一種框架編織技術。他用數百根小針代替手工編織的一根大針，用許多鉤子代替了原來的鐵環，經過反覆研究和試驗，努力了三年後，終於製造出第一臺手動腳踏編織機。他帶著機器到倫敦王宮拜見伊莉莎白女王，希望得到女王的認可，拿到編織機發明專利。可是女王對他的發明並不感興趣，認為編織機的發明會威脅到大英帝國的棉花產業，而且羊毛編織的襪子太土氣，沒有發展前景。為了用編織機織出細膩的絲襪，威廉又用了八年時間刻苦鑽研，製造出能夠編織絲線等精細織物的編織機。這一次，伊莉莎白女王仍然拒絕承認他的發明和專利。這使威廉處境困窘，到處尋找資助人，但沒有人對他的機器有信心。於是，他只好和他的弟弟帶著機器，橫渡英吉利海峽，來到歐洲大陸，竭力尋找對編織機感興趣的企業主，投資興辦機械編織工業。但他們仍四處碰壁，沒有人為他發明的編織機動心。一六一〇年，這位編織機的發明者在四處奔波、無人理睬的窘境下，帶著遺憾和絕望客死他鄉。新的發明並沒有給威廉帶來好運，他失敗了，但正是威廉的發明，對後來英國資本主義工業革命發揮積極的推動作用。

如今科學研究已經進入分工合作的時代，後人利用前人的成果繼續新的探索和發現，順藤摸瓜，一件件新的發明創造層出不窮，從普通的相機到數位相機，從古人的爆竹到如今的運載火箭，從算盤到電腦，人類在不斷進步，我們今天的發現可能就是後人前進的基石，我們今天種下的小苗，可能就在未來開花結果。前人種樹，我們乘涼，我們也要給子孫後代種下一片森林，讓他們有涼可乘，有果可摘。

知識拓展

一八九五年，心理學家佛洛伊德與布羅伊爾合作發表，佛洛伊德著名的「冰山理論」也就傳布於世。佛洛伊德的人格理論提出了人格的三我：超我、自我、本我，而人格就像海面上的冰山一樣，露出來的僅僅只是一部分，即有意識的層面；剩下的絕大部分是處於無意識狀態，而這絕大部分在某種程度上決定著人的發展和行為。

一九三二年，作家海明威在他的紀實性作品《午後之死》中，提出著名的「冰山原則」。他以「冰山」為喻，認為作者只應描寫「冰山」露出水面的部分，水下的部分應該透過文本的提示讓讀者去想像補充。他說：「冰山運動之雄偉壯觀，是因為它只有八分之一在水面上。」

10. 小魚翻浪花，大魚沉水底——約克基定律

●知識最少的人發言最多。

知識就是力量

知識就是力量，科技正在改變我們的生活。早在三百多年前，英國哲學家培根就說過一句家喻戶曉的至理名言——知識就是力量。在現實生活中，我們處處都能感受到知識的力量，是知識改變了我們的生活，改變了我們的命運，促進了社會的發展。

下面講一個魚和漁的故事。很久以前，一名年逾花甲的老人正在河邊釣魚，這時有個小孩走過來，蹲在他身旁，目不轉睛地看他釣魚。老人心神安定，技術嫻熟，下鉤地點合理，鉤鉤不落空，不一會兒就釣了滿簍的魚，小孩露出羨慕的目光。老人見孩子乖巧可愛，就說：「孩子，想不想要這簍魚？我把牠送給你。」小孩搖搖頭，連忙擺手說：「不要，不要。」老人驚訝地說：「為什麼不要？」小孩堅定地說：「我想要你手裡的

釣竿。」老人不解地問，「你要釣竿做什麼？」孩子高興地回答，「我要跟你學釣魚。」小孩接著說，這簍魚沒幾天就吃完了，要是我有釣竿，跟你學會釣魚，我就可以自己釣，天天釣，永遠也吃不完。老人聽了非常高興，就送給小孩一根釣竿，每天來到河邊教他釣魚，不久，小孩就掌握了釣魚的技巧，從此都能吃自己釣到的魚。古人云：「授人以魚，不如授人以漁。」漁，就是知識，小孩掌握了釣魚的知識技術，就獲得釣魚的力量，從此會有吃不完的魚。

再說一件現實中的事。大陸有家企業，由於生產設備發生故障，被迫停產檢修，自己企業的技術人員和維修人員由於知識有限，技術水準低，找不到故障的原因，因此無法維修。請了不少國內專家，他們也無能為力，只好花重金聘請國際上一位知名的專家。這位專家趕來後，圍著機器轉了一圈，只簡單地瞧了瞧，就在機器上用粉筆畫了一條線，說問題出在這裡，然後三兩下就排除了故障，使機器正常運轉起來。廠方很不服氣，說你只轉了一圈，畫了一條線，不值這幾十萬的報酬。專家聽後，有力地回答：「我為了找到畫這條線的地方，花費十幾年的時間研究它，知識的價值是用時間長來衡量的嗎？難道你們希望我花幾個月的時間修好它，才能拿這個報酬嗎？」對知識的無知，常常會今我們做蠢事。看不清知識的力量，無法發揮知識的龐大潛力，落後於人，受制於人，也就不足為奇了。

當今世界，知識正處在幾何增量的時代，科學技術發展迅猛，各種資訊迎面而來，宇宙空間探索、奈米技術、人工智慧機器人、無孔不入的網際網路，無論我們的工作還是生活，科技處處閃耀著耀眼的光芒。

這樣的時代，我們已經了解到知識的重要性，掌握知識很容易，如何運用知識，並把知識轉化成力量，成為檢驗我們生活、工作能力的量秤。一個滿腹經綸的學究，如果不能或者不善於把自己所學運用到工作和生活中，那他就是一個書呆子，知識對他來說，不僅不是力量，而且是累贅，是負擔。所以，我們不僅要學會知識，還要有充分運用知識的能力，不僅有釣竿，掌握釣魚的技術，還要親自去釣魚，親自運用釣魚的技術釣到自己想吃的魚。

學會學習

有個善使標槍的獵手，投擲非常準，每次出手都百發百中，他還養了一隻矯健迅猛的獵狗，每次出去打獵，都把獵狗帶在身邊。獵手擊殺獵物、拖回獵物，配合得非常有默契。時間久了，獵狗感覺不公平，就提意見說：「我鼻子靈敏，眼睛好，動作敏捷，奔跑迅速，每次打獵，總是我最先發現獵物，擊中獵物後，又是我奮不顧身把牠拖回，遇到危險，還是我給你發出警報。可是為什麼你睡大床，我睡草地，你吃肥肉，我啃骨頭，你人見人敬，我人見人煩？」獵人大笑起來，開導獵狗說：「那是因為我們的思維方式和學習方法不同，我學習的是怎麼投擲、怎麼擊中目標，你學習的是往回撿。撿容易，投難，投是學習，撿是本能。投得越多，擊中的越多，得到的報酬越多；撿得越多，得到的報酬越少。」獵人是靠學習吃飯，獵狗是靠本能吃飯。善於學習的人越活越好，靠本能求生越活越難。

管理大師德魯克曾經說過：「在未來，你唯一的競爭優勢就是比人學習得快、行動得快。」知識能力、學習能力，在現今社會被一再強調，沒有知識和能力就無法在激烈的競爭中站住腳，會被競爭大潮沖進萬頃波濤之中。我們所處的是一個急劇變化的時代，知識爆炸，資訊膨脹，科技日新月異，競爭日趨白熱化。處在這樣的時代，要樹立終身學習的觀念，把學習當作一種生活的方式，時時在學習，處處是學習之所，事事成為學習之機，人人成為學習之師。

一般來說，學習分為兩種，一種是維持性學習，它的作用在於獲得前人總結的知識、經驗、教訓，用來提高解決各種現實問題的能力；另一種是創新性學習，透過提高一個人接收資訊、發現問題、分析問題、提出新問題、解決新問題的能力，以便應對和處理未來生活中，變化莫測的新形勢下發生的各種難題。為此，培養我們自己發現和創造新知識的能力，是學習的莫大重點。我們必須從「學會」的思維中走出，走向「會學」的課堂。

學會學習，並不是一件容易的事情。學會學習就是要擁有學習的能力，不僅要勤奮學會各種知識，還要學會運用各種知識。時代在發展，社會在進步，新事物、新觀念、新問題如雨後春筍，層出不窮；新知識、新技術、新思想，如山澗清泉，不斷湧現。面對如此洶湧的社會發展大潮，我們必須再上層樓開闊視野，再入熔爐更新觀念，再下基層勤於鍛鍊，以適應社會發展、激烈競爭的要求。不僅要養成學習的習慣，還要學習學習的方法，學習提高學習效率的能力。

如果僅靠年輕時學校學習的那點知識，躺在上面吃老本，就會停滯不前，甚至一退千里。知識在更新，科技在發展，社會在進步。舊的知識越來越受到挑戰和清理。沒有新的知識補充，別說勝任工作、成就事業，就是生存，也會面臨威脅和挑戰。

學會學習，就是把握未來，學會學習，就是學會幸福。

學問深時意氣平

「知識最少的人發言最多。」約克基這句話活靈活現地描繪出墨水不多、夸夸其談、到處賣弄、淺薄輕佻的人士嘴臉，這就是約克基定律。用中國的話說，這種人就是山間竹筍，嘴尖皮厚腹中空。一個有著深厚學養、知識淵博的人，一定是沉靜淡定、穩如磐石的人。「學問深時意氣平」，能平意氣、心清淨、戒浮躁、不慌亂、少憤怒、善思考，必有深厚的學識做底蘊。

有個教授帶了兩個學生，一個聰明機敏，一個笨拙木訥。雖然學習一樣刻苦，但成績相差甚遠。教授經常表揚笨拙木訥的學生，卻很少提及聰明的學生。時間久了，聰明的學生不免有些抱怨。教授開導他說：「學習遲鈍的人，你不鼓勵他，給他信心，他的進步會更慢，甚至會放棄。而一個聰明的人，得到最多的應該是批評和鞭策。你得到的讚揚越少，說明你比別人優秀，你要做的就是沉下心，謙虛地接受批評，那樣才能百尺竿頭更進一步。」得到掌聲的人，恰恰不需要掌聲，越是優秀的人對讚揚和鼓勵的依賴越少。讚揚有時是對強者的獎勵，更多的是對弱者的救濟。一個富有四海的人，是不需要救濟的。所以，鞭打快牛，而落後者些許的進步都會迎來掌聲，就是這個道理。

有人曾說過這樣一句話：「上等人，有本事沒脾氣；中等人，有本事也有脾氣；末等人，沒本事卻脾氣大。」古代一個名落孫山的秀才，感覺自己的文章特別棒，就算不是字字珠璣、滿篇錦繡，也可算才華橫溢，文采飛揚了。沒有被錄取，他就大罵主考官有眼無珠，有眼不識金香玉，庸官碌才不識千里馬，耽誤國家選拔棟樑之才。他正罵得起勁，旁邊一個道士聽見了，不屑一顧地說他的文章一定寫得不好。秀才很不服氣，爭辯說：「你又沒看過我的文章，怎麼能一口咬定寫得不好呢？」道士不慌不忙、語氣沉定地說：「看你心浮氣躁、喜怒無常，能寫出好文章嗎？」道士一句話，讓秀才羞愧難當。一個人的學識修養，自然反映在文章的風骨裡，也會溢於言表。大魚沉水底，小魚翻浪花。萬事看透，波瀾不驚，何來意氣用事？不憂不懼、不驚不怵。不以物喜，不以己悲。世事洞明，任雲捲雲舒。這就是大境界，大學養，大修為。

一個人有點才華就覺得自己了不起，恃才傲物，飛揚跋扈，蔑視眾長，指指點點，誇誇其談，最後一定吃不到什麼好果子。話語蒼白淺薄、空洞玄虛、言之無物，卻好為人師，擺出一副通曉古今、無所不知的架勢，只能說明這個人沒有不善學習、懶於思考，未得人生境界的精髓。

學識是否淵博，思想是否深沉老道，不是表現在言語上，而是反映在對待萬事萬物的認知和態度上，那是人生的境界，人性的覺悟。世事洞明皆學問，心態平和，融會貫通，天人合一，物我兩忘，自然無心自達，臻於化境。孔子說，五十而知天命。人的氣質修養，必定來自學識和閱歷。累積自己的學識，修養自己的道德，錘鍊自己的品行，優雅自己的氣質。少說多做，韜光養晦，靜氣養神，自然會學問深時意氣平。那是誠意、自謙的境界，那是高山仰止的修為，是我們應該為之追求的做人準則。

活到老學到老

約翰娜．瑪克司夫人，可是西比希城大名鼎鼎的人物。她七十歲高齡時，花費六年時間讀完科隆大學教育學碩士文憑，七十九歲完成長達兩百頁的博士論文，再次拿到科隆大學教育學博士學位，而論文的題目恰巧是「如何度過晚年——學習使老人永遠充滿活力」。小鎮的市民們，無不對這位活到老學到老、孜孜不倦求知識的老人讚不絕口，評選她為該城「最偉大的女性」。後來，瑪克司夫人曾受邀參加德國著名電視主持人迪沃雷克主持的脫口秀節目，遂使整個德國有機會認識這位說話幽默風趣、有條不紊、精神矍鑠的古稀老人。

退休前，瑪克司夫人一直在一家公司工作，她活潑開朗、積極樂觀，工作、生活充滿了快樂和笑聲。退休後，生活一下子清靜下來，她不甘寂寞，打算用學習安度自己的晚年，讓學習給自己帶來愉快充實的生活。剛開始，她上了一個法語班，後來看到科隆大學招收老年大學生的消息，便鼓起勇氣報名，成為一名正式大學生，那年她已經六十五歲。畢竟年齡大了，一開始她感到很難適應，得一切從頭做起，自立自強。隨著學習的深入，她逐漸摸清了規律，適應大學學習的節奏，學習精力越來越旺盛，成績越來越好。憑著自己年輕時累積的豐富知識和打下的堅實基礎，加上刻苦用功，她的成績經常名列前茅。她雖然是六十多歲的老人，卻有一顆年輕的心，她和年輕的同學一樣，穿運動裝、牛仔褲，參加體育鍛鍊，玩各種遊戲，儼然是充滿朝氣的年輕人。學習期間，她學會了電腦操作，並不時回家操持家務，和家人共同進餐。做到了學習、生活兩不誤，既快樂又充實。

瑪克司夫人的博士論文研究方向，是老年婦女如何安度晚年。為了使自己的研究深入細緻，她曾親自前往多家養老院和一般人家，採訪了三十四名終生不忘學習的老年婦女。由於是同年齡人的緣故，她們更願敞開心扉，毫不保留地傾訴他們那一代人，二戰遺留在自己內心深處的心靈創傷和靈魂洗禮。她們進入老年後，無一例外地帶有孤獨、失落、傷感等負面消極的情緒，對生活造成一定影響。正是由於老年後，有大量空閒的時間，孜孜不倦的學習，使她們感到充實和快樂，使生活豐富多彩，有的還因此克服了酗酒、吸毒或依賴藥物打發時光的不良嗜好。

瑪克司夫人認為，人進入老年後，大腦的鍛鍊尤為重要，她建議用背誦歌詞和外語單字來鍛鍊大腦，認為那是很好的智力鍛鍊方式。她在論文中強調，每個人都會衰老，這是不可抗拒的自然規律，但是選擇什麼方式度過晚年，卻可以由自己決定。她提出了兩個關鍵，一是堅持學習，一是堅持運動。建議所有的老人至少選擇一種能力所及的運動，並長期堅持，不能只說不做。她的口號就是：堅持學習，天天鍛鍊，使自己年輕十歲，身強體健。瑪克司夫人曾接到一位三十歲少婦寫來的信，她在信中說：「聽了您的故事，我再也不怕變老了。」

活到老學到老，使瑪克司夫人充滿了生命活力和人生的魅力。

人生既然是從無知到有知的過程，那就是一個不斷學習的過程。每個人的成長、進步、事業、愛情、生活，無不與學習息息相關。古人說：「一日不讀書，心意無佳念，一月不讀書，耳目失清爽。」何況一輩子不讀書，那無疑是聾子和瞎子。

人的一輩子，學海最無涯。活到老學到老，是獲得完美人生、幸福生活的一種最好方式。

知識拓展

關於說話，美國心理學家斯坦納提出「斯坦納定理」：在哪裡說得愈少，在哪裡聽到的就愈多。只有用心聽取別人的，才能更完好說出自己的。

英國聯合航空公司總裁兼總經理費斯諾提出「費斯諾定理」：人有兩隻耳朵，卻只有一張嘴巴，這意味著人應該多聽少講。說得過多了，說的就會成為做的障礙。

第三章

萬變世界絕對不變的生活定律

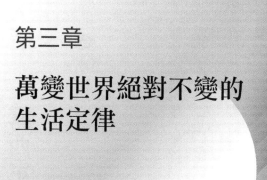

11. 憂傷使人老——露西定律

●衰老的根源是憂傷。

保持樂觀的心態

生活中，每個人都會遇到困難、挫折、苦悶和憂傷。低落的情緒、不明的酸楚、落寞的心理、煩躁的狀態，都會使生活充滿憂傷。露西說，衰老的根源是憂傷。這就是露西定律，一個道破生命玄機的真理。沒錯，憂傷使人情緒低落、心情煩躁、抑鬱寡歡，進而影響身體，損害健康。它打擊我們的心靈，磨損我們的意志，萎靡我們的精神，左右我們的行動，殘害我們的身體。所以，每當憂傷來臨，該如何面對？是消極沉浸在憂傷之中不可自拔，還是積極調整心態，擺脫憂傷，成為我們能否抓住幸福、快樂生活的分水嶺。

樂觀是一種情緒，不僅受身體的影響，更重要來自環境的作用。身體不適會憂傷，受人喝斥會憂傷，做事失敗會憂傷，擔憂前程會憂傷，掛念家人會憂傷。消除煩惱，擺脫憂傷，保持樂觀心態，進而保持精神的愉悅、身體的健康，是人生的一種修養和境界。

要想有個樂觀的心態，首先要學會微笑。微笑是緩解壓力、沖淡憂傷的甘甜雨露。對自己笑，也對別人笑。對自己笑可以給自己信心，對別人笑可以給別人愉快。英國有句諺語：「一張微笑的面孔就是一封介紹信。」輕輕一個微笑，可以換來爽朗的笑聲，融化彼此的陌生和隔閡，它給你的回報就是溫暖和快樂。

其次是時刻保持精神的自由。人不可能左右世間萬物，不可能一帆風順。正確面對失敗、面對打擊，不做物質的奴隸，也不做權威的奴隸。鼓起勇氣面對任何壓力，鎮靜自己的心神，毫無抱怨地接受失敗、承擔壓力，相信心靈的力量是無窮的，始終保持精神的自由，不為人生的挫折氣餒，不為命運的不公低頭。

然後是永遠心存感激，不要對生活些許的不如意充滿抱怨。因為沒有鞋子而哭泣的人，是因為沒有看到失去雙腿的人。我們常常不珍惜擁有的一切，直到失去後才流下悔恨的淚水，那是因為我們的眼睛總是盯著不屬於自己的東西。生活已經賜予我們太多美好的事物、太多幸福的感覺，心存感激，才能處處光明。也別忘了時時讚美，送人玫瑰手有餘香，一句讚美的話會令人開心良久，令萬物充滿祥和，會沖淡你的不快，感染歡喜的情緒。

生活在大海裡的龍蝦，身邊可謂危機四伏。在牠成長的過程中，脫殼是重要環節。當牠自行脫掉外面那層堅硬的殼時，最容易受到敵人的攻擊而成為他人口中餐。這樣的風險會一直持續到牠長出新殼，那種生存的壓力可想而知。但龍蝦並未因此而退縮，生活還在繼續，一切照舊發展。世事不可逆料，我們常常要面對不可預知的變故。不要退卻，不要躲避，兵來將擋，水來土掩。要對自己充滿信心，對生活充滿期待。

拋開雞毛蒜皮的小事，不斤斤計較、患得患失。如果一個人時刻盯著蠅頭小利，寸功必爭，寸利必得，是不會有好心情的。一不如意就勃然大怒，一絲損害就暴跳如雷，錙銖必較，見人非喜形於色，聞己過垂頭喪氣，是是非非扯不斷，雞毛蒜皮度時光。這樣的人，憂傷就會鬼魂附體，抑鬱而終。

常言憂傷使人老。快樂起來，讓笑聲充滿生活，讓身體健康長壽，讓幸福永駐人間。

善於自我調節

有個多愁善感的小女孩，趴在自家西窗看風景，這時過來一支送葬的隊伍，看到人們面帶哀慽，悲痛欲絕，她也跟著黯然神傷，流下淚來。這情景正好被爺爺看見，爺爺就把她帶到東窗前，推開東窗，她看到一戶人家正舉行婚禮。人們熱情洋溢，喜笑顏開，歡樂的氣氛馬上感染了女孩，使她破涕為笑，高興地跳起了舞蹈。人有悲歡離合，月有陰晴圓缺。有成功就有失敗，有痛苦就有歡樂，有悲傷就有幸福。要學會看見悲傷的同時，也看到幸福。

另一個小女孩，不幸在滑雪中摔斷腿，只好住進醫院。她天性活潑好動，如今躺在病床上動彈不得，令她苦不堪言，整天淚流滿面，神情沮喪。與她住同個病房的是一位慈祥的老奶奶，這位老奶奶躺在靠窗的病床上，由於傷將痊癒，每天都能坐起來，癡迷地欣賞窗外的美景。這令小女孩非常羨慕和渴望，她也多想看看外面的世界啊！可是她腿上纏著繃帶、上著夾板，不能坐起來，而且床也不靠窗子。每當老奶奶臨窗觀景的時候，小女孩都會情不自禁地問：「您看見了什麼？說給我聽聽好嗎？」老奶奶爽快地答應了她。從那以後，老奶奶每天都要給她描述窗外的美景和發生的事情。小女孩一邊聽，一邊想像那些美麗的風景和動人的故事，不僅心曠神怡，煩躁、鬱悶和寂寞也頃刻化為烏有。一個月後，老奶奶出院了，小女孩迫不及待地懇求醫生把她調到臨窗的病床上。

當她懷著激動的心情，掙扎起身，伸長脖子朝窗外望時，她霎時嚇呆了：窗外是一面高大的牆，擋住了整個窗戶，不僅看不到風景，看不到人們，連一線天空也看不到。小女孩驚訝的一瞬，豁然開朗，是老奶奶給她推開了一扇美好的心靈之窗，讓她看到了希望，看到了美好和幸福。從此，每當她遭遇挫折悲傷時，都會想起這位可親可敬的老奶奶，想起老奶奶給她描述的窗外美景，令她充滿了擺脫憂傷、戰勝困難的力量。

自從人類誕生起，生活就充滿了各種挫折、失敗、苦難和憂傷。人的心靈像春天的原野，花香撲鼻，絢麗多彩；又像雨季的天空，烏雲密布，電閃雷鳴。憂鬱孤獨、嫉妒猜疑、恐懼驚恍、顧慮重重、喜怒無常、悲憤交加，灰暗的情緒經常籠罩心頭。造成人們心理失衡的因素很多，社會變遷、事業受挫，愛情破滅、家庭變故、身體不適、生活困窘等等，都會使人陷入憂傷境地。面對憂傷，我們要學會自我調適，像那兩個小女孩一樣，把目光調向美好的窗戶，看到大好景色。

如何調整自己的心態呢？要保持樂觀的心，遇事泰然處之。生老病死是自然規律，誰也不能抗拒，養成樂觀豁達的心性，平靜自然地接受生命的安排，面對身體種種變化，調整自己的工作節奏和生活狀態，用健康的心理去適應生理變化帶來的衝擊。

站得高才能看得遠。每個人都應該經常審視自己的身體和心理狀況，不斷校正自己心理上的偏差，調節自己的情緒，以平常心看待周圍的一切，以科學的態度對待身體的健康，以樂觀的精神和飽滿的熱情投入火熱的生活。只有如此，幸福才能常伴身邊。

心病是大病

心理失衡是影響我們生活品質的重要因素。憂鬱症、情緒飢餓、資訊膨脹、灰色心理等心理疾病，正威脅著我們的心理健康和日常生活。

憂鬱症是一種常見的精神疾病，是造成精神疾患的重大原因，主要表現為心情煩躁、情緒低落、缺乏興趣、悲觀厭世、思維遲鈍、反應遲緩、缺乏主動性和自覺性、常常自責自苦、自我怨艾、厭飲食、少睡眠、擔心自己患有某些疾病、感到全身處處不適，嚴重的會產生輕生自殺的想法和行為，應該要引起人們高度的重視。

情緒飢餓與否，與人的工作、生活狀況有很大關係。工作忙碌、生活奔波的人，身體無空閒，思想有寄託，並不缺乏情緒體驗。而那些無所事事的人，生活富足，閒散舒適，無慾無求，由於長期沒有精神寄託，缺乏親情關懷，情緒起伏不定，久而久之就會心情抑鬱，疾病纏身。隨著資訊社會的到來，高速發展的通訊資訊產業，使各種知識資訊突然放量，呈幾何倍增趨勢，導致人們精神負擔加重，心理障礙加大。人對資訊的接受，如果超過了心理承受能力，就會出現大腦中樞神經功能紊亂的失眠、失憶、神經衰弱等症狀。灰色心理常常出現在中年人之中。消極頹廢、鬱鬱寡歡、悶悶不樂、焦慮煩躁、狂躁不安等不良心理狀態，一般被稱為灰色心理。這是由於中年人在生理上已由旺盛期進入緩慢的衰退期，在現代社會快節奏和高競爭壓力衝擊下，心理出現偏差，久而久之就會釀成精神方面的疾病。

能否擺脫這些不良心理狀態的困擾，走出心理失衡的陰影，避免心理失衡導致精神疾病，確實關乎我們未來的事業能否成功、生活是否幸福。

首先要合理安排生活。適度緊張而有序的工作，可以避免失落感，令生活充實忙碌，有助改善情緒和消除抑鬱的陰影。

其次要興趣廣泛。廣泛的興趣除了可以使生活豐富多彩，還有利於打發寂寞和孤獨感，驅散不健康情緒，增強生命的活力，提高生活的品質。然後是增加情緒體驗的機會，和親人在一起，和喜歡的人在一起，勤溝通，多交流，享受親人的關懷和親情的溫暖。讀喜歡的書，欣賞悅耳的音樂。好書和好的音樂，都會令人產生愉悅的心情，沉浸在快樂氛圍之中，有利於消除鬱悶，排解孤獨和寂寞。還要努力工作，與同事共同分享成功的喜悅。參加各種社交活動，品嘗人間酸甜苦辣。參加公益活動，培養集體榮譽感和社會使命感。心情寧靜，處變不驚。適當改變環境，接受新的挑戰。俗話說，樹挪死，人挪活，到新的環境體驗新的感受，激發自身潛能，有利於驅散一潭死水造成的抑鬱和煩躁。端正自己和社會的關係，不奢求，不貪婪，不抱怨，不極端。正確對待得與失，正確對待榮譽和尊嚴。

人的精神活動是人類最崇高的活動，是人類區別於其他動物的本質。肉體上的折磨可以忍受，精神上的打擊令人不堪。寧無肉，不可無精神。缺少精神生活，人必將陷入絕望的境地。古人常說，哀莫大於心死。人的心死了，無異行屍走肉。只有不斷充實知識的力量，不斷豐富精神的世界，不斷探索新事物，追求新境界，人們才會心理健康、精神愉悅，活出生命的精彩。

找到快樂的泉源

有一個少年夢想成為小提琴演奏家，像帕格尼尼那樣家喻戶曉、人人喜歡。他不分白天黑夜，利用所有空閒時間練琴，練得如醉如癡，神魂顛倒，幾乎到了走火入魔的地步。但卻不得要領，進步甚微。父母心疼他拉得太差了，沒有音感，沒有天賦，但又怕講出真話傷了他幼小的自尊心，所以不忍心打斷他，任由他繼續練下去。

少年想，自己這樣練不行，應該找個老師指導指導，於是他帶著小提琴去請教老琴師。老琴師對他說：「孩子，你先拉一首曲子給我聽聽。」少年很高興，就給老琴師拉了帕格尼尼二十四首練習曲中的第三首。一曲終了，音調雜亂，錯誤百出，嘔啞嘲哳難為聽。老琴師皺了皺眉頭，問少年，「看得出你特別喜歡小提琴演奏，為什麼？」少年不假思索地說：「我想成為偉大的小提琴演奏家，像帕格尼尼那樣成功。」老琴師聽後問道：「你快樂嗎？」「非常快樂！」少年脫口而出。於是，老琴師把少年帶到花園裡，看著一朵朵鮮豔的花朵，漂亮芬芳，就對少年說：「孩子，你看這花朵，盛開了，美麗了，就是成功。你非常快樂，說明你已經成功了，為什麼非要成為帕格尼尼那樣偉大的小提琴演奏家呢？在我看來，快樂本身就是成功。」少年聽了老琴師的話，深受觸動和啟發，一下子明白過來，原來快樂是人世間成本最低、風險最小的成功，也是最珍貴的成功，給人一生受用無窮的財富。倘若捨此他求，就是捨本逐末，緣木求魚。少年心頭那團狂熱之火漸漸冷靜下來，開始客觀地審視自己，面對自己在小提琴演奏上存在的先天缺陷，毅然放棄了成為帕格尼尼那樣偉大演奏家的夢想。他還照常拉琴，這時候的他，全然沉浸在拉琴的快樂之中，沒有功名之想、虛榮之累。這個少年，就是在另一領域獲得空前成就的偉大科學家愛因斯坦。他一生喜歡音樂，經常參加音樂會，經常拉小提琴，雖然還是拉得不高明，但不是為了演奏，不是為了成名，而是自得其樂，享受快樂。

塞尼加說過：「沒有人能夠負載重物游到岸邊。」在生命的長河裡，不遂心事處處有，不如意事常八九。要做一個勇於捨棄的人，不為名所累，不為利所拖。開朗樂觀，豁達生活，以道德為修養。修養求寧靜，人就會內心安寧，心情愉悅。

一個人要想快樂，就要做個胸懷寬廣的人。為多大的事情憤怒，就有多大的胸懷，這話說得一點不假。擁有了天空，就不會計較浮雲，擁有了大地，就不會在意雜草。擁有了良好的素養，就不會耿耿於懷蠅頭小利的損失。學習知識，飽讀詩書，有了淵博的知識修養，人就會氣定神閒，心無雜念，快樂也就常伴身邊。不以善小而不為，不以惡小而為之。做一個善良人，多做好事，善待他人，自然心神不受侵擾，半夜敲門心不驚。

修養是冬天的陽光，春天的雨露，溫暖著自己，照耀著別人；滋養著別人，感染著自己。讓我們用車爾尼雪夫斯基的話激勵自己，做一個有修養、尋找到快樂泉源的人：「啊，有修養的人多快樂！甚至別人覺得是犧牲和痛苦的事，他也會感到歡快滿足，他的心隨時都在跳躍，他有說不盡的歡樂！」

知識拓展

人大都是情緒化的。再理性的人，思考問題的時候，也會受到當時情緒狀態的影響。「理性思考」本身就是一種隨緒狀態，所以說人是情緒化的動物，任何時候所做的決定也都是情緒化的決定，這就是所謂的「情緒定律」。

情緒雖然有積極和消極之分，但我們要明白，消極的情緒和積極的情緒一樣對人有幫助，所以不要費盡心機地排除消極情緒。

無論壞情緒本身如何令人不愉快，我們都要認識到每一種情緒都有不同的用途。比如，痛苦能讓我們回到此時此地的現實之中；內疚能讓我們重新檢查自己的行動目的；悲哀會讓我們重新評價目前的問題所在，並改變某些行為；焦慮能提示我們多做準備；恐懼則能動員全身心，使之行動起來，應付險情。

當然，誰都會被這些消極情緒弄得手足無措，而且，這些情緒也並不一定都能發生積極的改變。不過，要記住的是，即便在最令人不快的情緒中，也潛藏著變好的可能。而對這種可能，我們應加以利用。比如，不慎掉進了河溝裡，你可以想想也許有一條魚會游進你的口袋；如果你不是老想著自己是否幸福，你就是幸福的；有人站在山頂上，有人站在山腳下，雖然所處的地位不同，但在兩者眼中所看到的對方確實是同樣大小；失敗並不意味著浪費時間和生命，卻意味著又有理由去擁有新的時間和生命。

12. 笑到最後才最美——魯尼恩定律

● 賽跑時快的不一定贏，打架時弱的不一定輸。

小心無大錯

我們常說：「淹死會水的。」魯尼恩再一次闡明這個道理，他說，賽跑時快的不一定贏，打架時弱的不一定輸，後來人們稱之為魯尼恩定律。這個定律最典型的例子，應該是《三國演義》中關羽大意失荊州。

當然，關羽的大意不是一次大意，而是處處大意，所以失荊州，走麥城，父子雙雙斃命，也就不足為奇了。小心無大錯，人不是神仙，不可能做事天衣無縫，毫無紕漏。但一味大意，就會貽害無窮了。以史為鏡，讓我們看看關羽是如何大意而失荊州。

劉備能立穩腳跟得力於與孫權結好，得到了孫權的支持，借荊州，入巴蜀，三分天下，復漢大業指日可待。可惜錯把關羽留在荊州鎮守，從此留下與東吳孫權交惡的隱患，壞了諸葛亮匡扶漢室的好計，六出祁山均腹背受敵，只好草草作罷。

先看關羽的第一個大意，蔑視東吳。關羽坐鎮荊州時，孫權曾託媒人向關羽求親，要迎娶關羽的女兒做自己的兒媳婦，這可是和親結盟的大好時機，劉備能娶孫尚香，孫權的兒子娶關羽的女兒當然也未嘗不可，門當戶對，一石二鳥，既解決了女兒的婚姻大事，又鞏固了兩國的同盟關係，何樂而不為？但是關羽就不為，不僅不為，還破口大罵，罵使臣，罵孫權，除了留下一個膾炙人口的典故「虎女焉能嫁犬子」外，就是留下一句「大意失荊州」的成語。如此大意還不算，跑到孫權地盤搶糧，就是按律當斬的事了。兩國修好，和約在手，竟然公開入境搶劫，無疑公開挑釁宣戰了。但關羽根本沒當回事，我缺糧，你滿倉，不搶你搶誰，我總不能餓著肚子鎮守城池吧！關羽此舉，等於撕毀了和約，給孫權出兵的藉口，孫權派兵討伐，也就沒什麼可說的了。東吳大軍趁機給了關羽致命一擊，丟掉了荊州，為敗走麥城埋下了伏筆。

接著的大意，是喜歡阿諛逢迎，輕敵冒進。以吳下阿蒙聞名的呂蒙駐守荊州前線時，為了迷惑關羽，就寫信對他歌功頌德逢迎拍馬一番，暗示自己仰慕英雄已久，欲來投靠之意。關羽看信，心花怒放，自以為天下第一，秋毫難犯。認為靠自己的威名就能鎮守後方，於是率領大軍北伐，致使後方空虛，給呂蒙可乘之機。

這還不算，更大的大意還在他用人不當。關羽率大軍北伐，卻把自己的基地江陵，留給無能的傅士仁等人把守，這些人供應前方軍需都常常供應不上，何能擔此重任？關羽不僅沒有立刻更換人員，還動輒嚇唬他們軍法伺候，致使兩人遂生叛逆之心，從內部瓦解了關羽的力量。萬事俱備，只差呂蒙，呂蒙一到，不費吹灰之力，一戰未打，一卒未損，就輕易地拿下了關羽的基地江陵。

最後的大意就是托大。呂蒙拿下江陵後，關羽不僅沒有命令大軍急行軍趕回奪回基地，反而帶著大軍，緩慢地一路行來，如同遊山觀景的遊客。還天真地派使者和呂蒙談判，致使呂蒙抓住機會安撫百姓，策反軍隊，令關羽軍隊軍心渙散，邊走邊逃的士兵絡繹不絕，最後剩下關羽父子，只好敗走麥城了。

還是那句話，小心無大錯，大意失荊州。人生之路，複雜艱難，小心地做事，小心地為人，不出錯或少出錯，才能一步一腳印，堅實地走好人生之旅。

驕兵必敗與哀兵必勝

為什麼魯尼恩會說「賽跑時快的不一定贏，打架時弱的不一定輸」呢？首先，決定勝負的因素很多，例如跑得快的搶跑了、半路摔倒了、腿抽筋了、飛來磚頭砸中頭了等等不可預料的因素。其次，跑得快的人心態或許會出問題，一驕傲，一鬆懈，沒有發揮最好的水準，結果被跑得慢的趕過去了，例如龜兔賽跑。這裡就潛藏了一個驕兵必敗與哀兵必勝的問題。驕兵為什麼必敗？因為無情的歷史證明了，比如關羽。當然，這裡說的不是打仗，是在談生活。生活的道理也是這樣，驕傲的人必定有失敗的生活。而哀兵必勝的道理，更值得我們品味一番。

美國維吉尼亞有個亨廷頓小鎮，小鎮具有最悠久的橄欖球歷史和傳統，鎮上唯一的大學馬歇爾大學，擁有全美國大學中最好的橄欖球隊。馬歇爾大學橄欖球隊的教練、隊員、球迷和家屬們，幾十年來經常聚在一起，歡呼慶祝自己的「猛獸陣容」所向披靡，贏得一場又一場勝利。橄欖球在亨廷頓小鎮，不僅是一項運動，而且已經融入人們的生活，成為生活中不可或缺的一部分。人們總是津津樂道自己的球隊，感到無比驕傲，然而不幸的事件發生了。

一九七〇年一個夜晚，當球隊參加完北卡羅萊納州的一場比賽，乘坐飛機返回途中，飛機發生事故墜毀，球隊大部分隊員、教練和後勤人員在事故中遇難。馬歇爾大學橄欖球隊遭受滅頂之災，幾乎全軍覆沒，哀痛和悲傷一時籠罩了小鎮的天空，人們沉浸在失去親人的痛苦之中。馬歇爾大學校長唐納德．戴德蒙和董事會經過研究，不得不做出痛苦的決定——解散球隊。消息傳到球隊隊長，也是這次空難的倖存者之一奈特那裡。奈特去見校長和董事會，認為悼念球隊、走出悲痛的最好辦法，是重建球隊，學校不應解散球隊，而該在不幸的廢墟中站起來，重新打造球隊的「猛獸陣容」。他的這一想法，得到了失去親人好友而沉浸在悲痛中難以自拔的小鎮人們支持，校長和董事會被感動，接受了奈特的建議。然而，面對災難的廢墟，沒有人願意接受聘請，成為元氣大傷的球隊教鞭，球隊發出的邀請被一一婉拒。

來自他鄉的陌生人、年輕教練傑克．萊傑爾看到這則消息後，被球隊的精神所感動，非常想幫助這支球隊重新樹立戰勝困難的勇氣和信心，於是他義無反顧地自願擔起球隊教練的任務。在傑克和助理教練瑞德的帶領下，小鎮重新燃起了必勝的信心和希望，獲得了勝利的力量。他們決心挑戰不可能，重新打造一支無堅不摧的勇猛之師，振奮人們的精神，幫助小鎮走出一蹶不振的陰霾。哀兵必勝，球隊重新組建後的第一場比賽，他們就獲得勝利。經過刻苦的訓練，他們不久就成為大學聯賽中一支勇不可當的鋼鐵之師，成績始終名列前茅，甚至超越了空難前那支球隊的戰鬥力。他們用勝利告慰遇難的戰友，用堅強不屈的意志書寫了永不言敗的壯麗篇章。

決定人生成敗的，不僅僅是優越的條件、突出的特長，還要有堅強的精神素質和永不言敗的鋼鐵意志。人生就是戰場，狹路相逢，勇者勝。打造自己堅強的素質，鍛鍊精神意志，不怕挫折，勇於勝利，就沒有什麼克服不了的困難、戰勝不了的神話。

天時、地利、人和

人的生活離不開環境，包括自然環境和社會環境。所謂天時、地利、人和，就是指人生活在一個最優化的環境裡，自然環境有利，社會環境健康。這顯然是一種理想的狀態，但就某一件事情來說，恰好順天時、得地利、贏人和，進而一舉獲得圓滿成功，並不是沒有可能，也是我們謀事做人的追求。

環境決定人的命運。優越的自然條件，健康的社會環境，當然有利人的健康成長。但是，自然千變萬化，社會錯綜複雜，我們可以改造環境、適應環境，但不能更換環境。

環境的影響潛移默化，進而養成個人的生活習慣、道德品行和對待客觀事物的態度。不同的環境給人的影響也不同，一方水土養一方人。

先不論自然環境因素，生活在如今的社會，面對錯綜複雜的環境，如何協調自身和社會的關係，順應社會發展，造就美好人生，是我們必須認真思考和對待的問題。順者昌，逆者亡，在環境面前，我們都不是鬥士，我們能夠透過自身的能量修飾環境，但不可能戰勝環境，如果非要跟環境對抗，無疑會碰得頭破血流。孟母改變不了環境，所以選擇了逃離，淮南之橘遷到了淮北，被迫變成枳。如果非要做那個光鮮體面的橘，就只有死路一條。我們佩服橘的勇氣和機變，更佩服孟母的抉擇。但一味被動地去選擇，像袋鼠一樣跳來跳去，最終可能連落腳處都找不到。怎麼辦？我們常說，主動適應，但說起來容易做起來難。陶淵明隱居南山才得淡泊，梭羅棲身瓦爾登湖換來靜謐，雖然可敬可愛，但一點也不可學，當今社會，隱無可隱，透明公開，連自己的內心都已藏不住自己，哪裡還有世外桃源？所以退隱一招顯然已經過時，我們無法試，也不可試。不退則進，主動入世，世為我用，乃是上上策。

有個主動適應環境的小事例。年輕時，富蘭克林很有個性，我行我素，放任自流，爭強好勝，處處要占上風。突然有一天，他發現自己正逐漸失去朋友，為環境所不容。他立即警覺起來，每當一件事情做完，他就坐下來列個清單，把自己生活、工作中出現的缺點、錯誤全部列在上面，從致命的大缺點到微不足道的小毛病，一個不漏的寫清列全，按順序排好。他下定決心要改掉這些毛病，所以平時無論工作還是生活，他都會時刻注意，凡是容易犯錯誤的地方，他就格外小心，認真改正。每改掉一項，他就在單子上畫掉一項，一時改不掉的，還留在單子上，時刻提醒自己，直到最後畫完為止。富蘭克林改掉了自身的毛病，慢慢贏得朋友的信任，朋友們紛紛回到他身邊。就這樣，富蘭克林贏得了美國人民的心，受到大家的尊敬和愛戴。獨立戰爭期間，當殖民地十三州需要法國援助時，人們理所當然想到了富蘭克林，派他前往法國。由於富蘭克林行事得體，待人誠懇，謙虛有節，給法國人民留下很好的印象，對美國的獨立戰爭給予了很大的支持。

主動適應環境，順應環境的需求，富蘭克林不僅完善了自己的人生，也為美國歷史留下一筆重彩。「蓬生麻中，不扶而直；白沙在泥，與之俱黑。」我們不能隨心所欲挑選環境，但可以適應環境，主動爭取天時、地利、人和，營造美好的生活。

尊敬每個對手

物競天擇，適者生存。有差異就會有競爭，有競爭就會有對手，人生如同戰場，處處潛伏對手。沒有競爭對手的生物，是沒有生機和活力的生物，是命運脆弱的生物。每個人都希望生活風和日麗，安逸舒適。但一味沉緬安逸，沒有競爭，缺乏對手，就會喪失鬥志，甘於平庸，碌碌無為。而且隨著社會的發展、科技的進步、資訊的開放，競爭只會更加激烈，人已經無法擺脫競爭隱居南山了。有了競爭和對手，才會有危機感、上進心，才會有競爭力和生命力。

人不能消滅對手，只能追趕對手，超越對手。為此我們必須尊敬對手，向對手學習，懷抱一顆感恩之心，與競爭對手互為依存，互利雙贏。有差異才有競爭，尊重對手與自己的差異，就是為自己找到提升的空間。

尊重對手，不是要求對手順從我意，事事以我為中心，而是找出與對手的差距，從對手欣賞的角度欣賞對手，從對手的需要去接受對手。如果「英雄所見略同」，那這種「同」只是一種鼓勵，而不會激發因差異而產生的創造力。尊重對手，以誠相待。依靠欺騙的競爭，不僅不能取得成功，反而因為失信於人而遭到眾人的唾棄，把對手推到民心所向的一方，自己失去民心的支持。微笑面對，和諧相處。人與人之間既存在競爭又互相依存。對手不是敵人，他在超越你，也在協助你，既競爭又合作，既有矛盾也有友情。所以，給對手微笑就能贏得對手的微笑，營造快樂的氣氛，緊張地競爭，輕鬆地相處。彼此促進，互惠共贏。人和人相互競爭的同時，又相互依存，唇亡齒寒，兔死狐悲。就像鱷魚和燕千鳥，誰也離不開誰，鱷魚不能閉口把燕千鳥吃掉，燕千鳥也不能不入鱷魚口餓死。馬拉松是大家一起跑，只是看誰跑得快，並不是為了半路使絆子、背後捅刀子消滅對手。互相鼓勵，互相加油，衝過終點可以分先後，跑的路上卻要彼此照應。有第二才有第一，失去了對手，一個人散步，還叫什麼比賽？鷸蚌相爭，漁翁得利，彼此拆臺，兩敗俱傷，只有互相促進，才能互惠互利，互補雙贏。

古希臘有兩位著名的畫家宙克西斯和帕爾哈西奧斯，他們既是好友，又暗暗較勁。由於他們互相學習，彼此砥礪，竟然很難分出高下。一天，兩個人又在討論作品，由於見解不同，互不服氣，兩人爭辯起來，最後約定各自畫一幅，到雅典廣場公開展出，讓觀眾評價優劣。宙克西斯畫了一個小孩頭頂一筐葡萄，人物逼真，栩栩如生，葡萄鮮豔欲滴，引人垂涎。畫好後，他覺得非常滿意，便用畫布遮住了畫架。帕爾哈西奧斯不知道畫的是什麼，展出的時候，只見他的畫架一直被擋布遮著。展出時間到，廣場上擠滿了人，當宙克西斯揭開擋布，人們一陣歡呼，報以熱烈掌聲，讚嘆不已，簡直巧奪天工，宙克西斯洋洋得意。這時人們再看帕爾哈西奧斯的畫架，還用擋布遮著，莫非是自愧弗如，羞於展示？人們狐疑著。宙克西斯催促帕爾哈西奧斯趕緊揭下擋布，催了幾次，帕爾哈西奧斯仍然無動於衷，宙克西斯就伸手去扯擋布。他的手觸到擋布時，一下子嚇呆了，等他回過神來，立即大聲向觀眾宣布：「我輸了！」原來，帕爾哈西奧斯畫的就是一塊擋布。

多麼精彩的競爭，雖然分出了勝負，但沒有分出失敗，彼此都獲得極大的成功。這是雙贏的智慧，提高了技藝，獲得了掌聲，加深了友誼，昇華了境界。

知識拓展

魯尼恩定律和「適者生存」法則有相似之處。這一法則是生物學家達爾文，經過多年的苦心鑽研得出來的重大研究成果。它的本意是講「不能適應競爭進化的物種會遭到無情淘汰」，但幾乎從理論一出世，就被引申解釋各種社會現象，經濟領域尤其是如此。商場如戰場，在這無休止的廝殺當中，想生存下來就必須學會適應周圍環境，找到自己的生存法門。

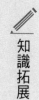

13. 無所適從——手錶定理

● 一個人有一隻錶時，可以知道現在幾點鐘，而當他同時擁有兩隻錶卻無法確定時間。

只挑自己喜歡的

手錶定律告訴我們，「一個人有一隻錶時，可以知道現在幾點鐘，而當他同時擁有兩隻錶時卻無法確定。」原因是什麼？因為選擇多了，多一種選擇就多一份誘惑，多一份貪婪，顧此又不想失彼，拿起這個捨不得那個，拿起那個又放不下這個，翻來覆去，最後不敢相信哪個最好而兩手空空。貪心不足，人累死。

要使人墮落，就給他額外的貪婪。古代有個農夫，家裡很窮，但日子過得很幸福。老魔鬼知道後心有不甘，就想辦法進行搗亂。他先派一個小鬼偷走農夫的食物和水，農夫不急不惱，重新打水做飯。老魔鬼見一招不靈，又生一招，這次他派小魔鬼使農夫新耕的土地硬結，禾苗枯死。農夫見狀重新耕種，澆水施肥，更加勤勞，一邊工作一邊哼著山歌，反而充滿了歡樂。老魔鬼無計可施，氣憤難當。這時一個小魔鬼站出來獻計說，我有辦法讓他變壞，讓我試試。於是老魔鬼派小魔鬼去搗亂。小魔鬼想盡辦法和農夫做了朋友，取得了農夫的信任。他告訴農夫來年會大旱，讓農夫把水稻種在低窪的水田裡，農夫聽從了他的建議，結果第二年真的大旱，別人顆粒無收，農夫卻囤圓倉滿。小魔鬼又教導農夫做生意，囤積居奇，賤買貴賣，農夫言聽計從，很快腰包鼓了起來。

小魔鬼出去很久，不知道結果如何，老魔鬼放心不下，就親自來看看。他找到小魔鬼，小魔鬼告訴他：「我已經做好了準備，馬上給您展示我的成果。您看，農夫身上已經湧動著豬的血液了。」這時，老魔鬼看到農夫購買了豪宅大院，娶了三妻四妾，雇請了丫鬟和僕人，身著綾羅綢緞，出入騎馬坐轎，一副貴族的派頭。不久，農夫大宴鄉里，達官貴人、豪紳富賈雲集，山珍海味，瓊漿玉液，奴僕穿梭，窮奢極欲。眾人花天酒地，鋪張浪費，農夫得意忘形，貪杯盡歡，醉得不醒人事，變得像頭肥胖愚蠢的豬，醉生夢死，早已失去了耕田種地和三首小曲的怡然自得。

小魔鬼接著對老魔鬼說：「您還會看到他的心腸已經被兇殘的蛇蠍吞噬。」恰巧這時，一個丫鬟端著茶水進來，不小心摔倒，跌破了杯盞。農夫大怒，對著丫鬟甩了兩個耳光，嘴裡大罵：「賤奴才，做事這麼毛躁，再不用心，小心我剝了妳的皮！」丫鬟嚇得跪在地上磕頭求饒。老魔鬼見狀大驚，高興地誇獎小魔鬼：「太了不起了，你是怎麼做到的？」小魔鬼得意洋洋，慢條斯理地說：「我只不過想辦法讓他擁有了超出他需要的東西，引出他人性中的貪婪而已。」

人心不足蛇吞象。面對人生的各種誘惑，選擇自己喜歡的，不貪多，不求全，一心一意追求自己的目標，才能內心堅定，目的明確，果斷抉擇。只看一隻錶，以看清幾點為原則，莫管其他的錶是不是更漂亮、更時髦。

有人說，金錢是貪婪的空氣，權力是貪婪的手杖。農夫因為金錢失去了原有的善良、勤勞和質樸，也失去了人生的快樂。擁有兩隻錶的人，因為想得到更準確的時間，反而不知道準確的時間。想得到的東西越多，失去的也會越多。只挑自己喜歡的，心無旁鶩，才能不被貪婪的尖刺扎到，不被貪慾的無法滿足刺痛和折磨，才會有安寧幸福的生活。

先買最需要的

人生有很多需求，就像逛商場，琳瑯滿目的商品都在引誘著自己，恨不得全部搬回家去。面對眾多的誘惑和需求，當你難以抉擇時，請記住，就像商場購物，直奔目標，先買最需要的東西。如果你感覺什麼都需要，看見這也買，看見那也買，最後你買的可能是一堆廢物，等到要買真正需要的東西時，你可能會發現錢不夠了、拿不動了、商店關門了。我們總是為些可有可無的需求忙碌著，為無關緊要的事情奔波著。人的精力有限、知識有限、財力有限、資源有限，不可能做所有事情，也不可能做好每件事情，滿足所有需求。認清什麼是自己最需求的，不貪婪，不求多，一個一個目標去完成，永遠做最需要做的，最後就會有所成就。

美國西部淘金熱時，一名富人幫助土著做了些事情，為了感謝他，土著酋長對他說：「從這棵樹開始向前走，想走多遠走多遠，不想走了就折回來，這中間的土地都歸你了。」富人聽後很高興，奔跑著上路，從此再也沒有回來，也許直到今天，他還在拼命往前走。應該說，土地是他需要的，但他需要的肯定不是所有的土地，而是根據自己的能力所及，先種好一塊，再謀下一塊，不至於一去不回，永遠有占不完的地，又永遠沒地可種。

一個缺乏關愛、孤獨寂寞的女人，做了個有趣的夢，夢見一家商店新開張，就好奇地走了進去。進去後她大吃一驚，站在櫃檯裡的售貨員竟然是神秘的天使，於是她激動地問：「這裡賣什麼東西？」天使微笑著回答：「妳心中想要的一切。」「真的嗎？太好了！」她高興得跳了起來，簡直不敢相信自己的耳朵。她沉思了一會兒，經過認真仔細的考慮，小心地說出了自己的心願：「我想要愛、快樂、滿足，還想買一點智慧。」天使說：「沒問題，就這些嗎？」女人興奮極了，連忙說：「有足夠的現貨嗎？我想多買一些，因為我的親人和朋友也肯定需要。」天使聽後，溫柔地說：「對不起，女士，我想妳弄錯了，我們這裡只賣種子，不賣現成的果實。」是的，女人需要愛、需要關懷、需要快樂和滿足，但是她最需要的，應該是一顆充滿愛的心。有了愛心，快樂、滿足的種子就會發芽、成長、結果，帶給她甜美的幸福。

先買最需要的，就得拒絕誘惑。有一顆淡定的心、堅定的目標，和為實現目標的決心及毅力。權力、金錢、美女、榮譽、尊嚴、地位，無不誘惑人們蠢蠢欲動，前仆後繼，多少人為之耗盡心血，甚至付出生命的代價。人生眾多的需求要滿足，而人又沒有三頭六臂，沒有那麼多的精力和實力一一求取和實現。先買最需要的，就是抓住了問題的關鍵，解決主要的矛盾。解決了最重要的問題，其他問題就可以從容面對了。

你知道自己最需要什麼嗎？學會剖析自己，反省自己，根據自己的需要，為自己的生活和事業開列詳細的購物單，從無關緊要的東西開始，一件一件刪去，最後剩下的，就是你最需要的。一旦認準，目不斜視，直奔主題，再大的誘惑也不為之所動，那你一定能買到你最想買到的東西，你的人生才得以向理想目標邁進一步。

盲從與跟風要不得

老師帶領孩子們做迷宮遊戲，每人一支鉛筆，一張畫有迷宮的畫卡，誰最先畫出走出迷宮的線路，誰將得到老師的獎勵。孩子們各個神情專注，在畫卡上畫來畫去，左衝右突，始終找不到出路，只有一個孩子例外。當別的孩子還在苦苦摸索的時候，他已很快找到了走出迷宮的捷徑，並用鉛筆清晰地畫出來。老師感到奇怪，就又給了他一張畫卡，這張與那張的迷宮有很大不同。結果這孩子依然不費吹灰之力，輕鬆畫了出來，速度快得驚人。老師連忙問他為什麼畫得這麼快？他若無其事地回答，我是倒著畫的。沒錯，這孩子沒有像大多數孩子那樣，順著走出迷宮的方向畫，而是獨闢蹊徑，從入口處開始倒著畫，走出迷宮的路只有一條，找到了出口，那條道路自然與入口相連。即便倒著的路上偶爾出現岔路，也不會偏差太多。墨守成規，盲從教條，就會在一條一條死胡同轉來轉去，空耗生命的光陰。

遇事不進行理性分析，沒有自己獨立的思考，盲目從眾，人云亦云，就會無所適從，無法辨明是非，無法找到符合自身特點的解決問題之道，甚至因為盲從和跟風而使自己陷入錯誤的泥沼，越陷越深。

講個笑話，看看跟風和盲從的危害。約翰炒了一輩子股票，終於經不起股市的跌宕起伏、風吹浪打，心臟病發作，早早去見了上帝。見到上帝後，上帝問他：「約翰，你想住哪裡？」約翰毫不客氣地說：「還用問，當然住天堂啊！」「可是，天堂裡已經擠滿了人，再無立足之地，連我都被擠到了門外站著，」上帝可惜地說：「只能安排你去地獄住啦！」約翰從門縫望去，確實見天堂裡黑壓壓擠滿了人頭，無奈，只好嘆口氣，對上帝說：「好吧！但我有個請求。」仁慈的上帝滿口答應：「可以，說說吧！你有什麼要求？」「我想下地獄之前，在天堂門口說句話，可以嗎？」上帝點點頭：「可以。」約翰馬上來到天堂門口，對著裡面大喊：「地獄發現了金牛股，剛剛殺出一匹大黑馬！」只聽轟的一聲，人們霎時擠破門，衝進了地獄，天堂裡頓時空落落，冷清了許多。上帝哈哈大笑，對約翰說：「約翰，現在你可以放心地住進天堂了。」這時約翰搔了搔頭皮，若有所思地說：「謝謝上帝！這麼多人都衝進地獄，說不定真有金牛股、大黑馬，我可不能錯過這千載難逢的機會，我還是下地獄吧！」不等說完，一頭向地獄栽去。

看了這個笑話，我們不能只是笑笑而已，其中隱含的道理，很令人深思。盲從的約翰就算到了天堂，仍然缺乏對事物理性的認知，甚至連自己編造的謊言，只因為眾人相信，自己也會盲從，進而失去進入天堂的機會，可謂是自己送自己下了地獄。

要克服盲從的毛病，必須認清自己，樹立自信。盲從的人常常感覺自己孤獨無助、軟弱可欺、心無縛雞之膽、身無縛雞之力。害怕、多疑，認為只有多數人做的，才是對的、安全的。自己沒有主見，遇事一籌莫展，不敢單獨面對和處理，總是認為別人比自己優秀、比自己高明，寧可把問題交給別人去處理，依賴別人，聽從別人。有了自信心就會充分相信自己，不過分依賴他人，遇事明辨是非，果斷抉擇，而非良莠不分，人云亦云。有自信就能堅持原則，理性處事，把握住自己的命運。

無慾則剛

每個人都會有各種慾念，只是多和少的差別，或者有的人能很好的控制，有的人恣意放縱。慾念存於人的內心，左右人的思想和行動。大風起於青萍之末，慾念來自人的心動。

人們常說：「百善孝為先，在意不在行，在行天下無孝子；萬惡淫為首，在行不在意，在意世上無完人。」淫是人難以遏制的慾念，所以衡量一個人好壞時，常常看他對慾念的把握程度。人的內心表面看去風平浪靜，深入其中，慾海翻騰。無慾則剛，當然不是萬念俱灰。一旦心如死灰，人就消極悲觀，失去生活的信心。而無慾則剛是說人如果無慾無求，就會品德剛強，在各種慾望誘惑面前不為所動，經得起誘惑的考驗。

禪宗六祖惠能，曾於唐高宗儀鳳元年到過南海法性寺。一天傍晚，颳起一陣疾風，吹得寺中剎幡不停晃動，兩個僧人看見，一個說是風動，一個說是幡動，各持己見，不免爭論起來，誰也說服不了誰，去找慧能評理。慧能聽後，淡定言曰：「不是風動，不是幡動，乃是心動。」萬事萬物互為因果，常於變化，作用於我們的內心，進而喚起我們的各種慾念，能守住自己的心性，不為風吹而草動，那自然就冰清玉潔了。

生命就是不停探索、不停獲取的過程，酸甜苦辣，成功失敗，無不是慾念的推動，這也是生命力的體現。人們忙碌終生，渴望的東西很多，追求的東西很多，財富、地位、尊嚴、愛情、歡樂、幸福等等，有的人如願以償，幸福美滿；有的人兩手空空，黯然神傷；有的人淡看春花秋月、世事無常；有的人墜入紅塵、萬劫不復。慾望之火是一把雙刃劍，既可燎原焚毀萬物，惹火燒身，又可以給人溫暖，催人奮進。人總想成為萬物的主宰，駕馭驅使他人，是人的本性。其實人最難駕馭的不是萬物、不是他人，乃是自己的內心。我們不甘於平凡，卻不得不面對平凡。平凡不能給我們絢麗，但能令我們踏實。解除煩惱的困擾，恩恩怨怨付之一笑，燈紅酒綠視若過眼雲煙，修身養性，守住內心的單純和清明。

無慾無求不是人。一個人能做到心胸寬廣，包容萬物，不記人非，正直守節，已經難能可貴。如果做到剛毅果敢，無所畏懼，勇於向邪惡挑戰，勇於為正義赴死，那他就是一個值得世人尊敬的英雄了。

孔子曾經感嘆說：「我還沒有見過真正剛直不阿、寧死不屈的人啊！」顯然，孔子所說的剛，並非常人理解的敢衝撞、不怕死，而是寧爭一理、不怕捨身的剛。爭強好勝不是剛，蠻橫鬥狠不是剛，盛氣凌人不是剛，那是好勝慾在作怪；恃才傲物不是剛，強硬霸道不是剛，殘害生命不是剛，那是邪惡之心在作祟。剛是一種克制的修養，一種內斂的定力。不違天理，不越人倫，不賤道德，不損萬物。始終如一，守身如玉，才是真正的剛。

當今社會，物慾橫流，人心思動。人們很難做到不以物喜，不以己悲。所謂無慾則剛，就是「君子愛財，取之有道」、「路見不平，趕緊舉報」、「不貪不占，杜絕紅包」、「尊重生命，愛護花草」，做一個安分守節、克制內斂、充滿愛心、熱愛生活的人，那麼你就會有美好的形象和幸福的生活。

知識拓展

兩隻錶並不能告訴一個人更準確的時間，反而會讓看錶的人失去對準確時間的信心。你要做的就是選擇其中較信賴的一隻，用心校準它，並以此做為你的標準，聽從它的指引行事。

這一定理在企業經營管理方面給我們的啟發，就是對同一個人或同一個組織的管理不可同時採用兩套方法，不可同時設置兩個不同的目標；甚至一個人不能聽命兩個人同時指揮，否則將無所適從。手錶定理所指的另一層含義在於：每個人都不能同時遵循兩種不同的價值觀，否則，你的行為將陷於混亂。

14. 一好百好，一錯百錯——暈輪效應

● 最初的第一印象將會影響到日後相關的判斷。

瑕也掩瑜

美國著名心理學家愛德華．桑戴克經過研究發現，人對事物和人的認知判斷往往從局部出發，推及整體而得出全面的印象和結論，就像月亮的暈輪一樣。他由此提出：「你對任人或事物留下的最初印象，將會影響到你對此人或此事件其他方面的判斷。」這就是心理學上經常說起的暈輪效應，以點概面，以偏概全是這種認知和判斷的主要特徵，結果常常是瑕也掩瑜，一隻老鼠壞了一鍋湯。

美國心理學家凱利，曾在麻省理工學院的兩個班級做過一個有名的試驗。他臨時請了一名研究生給學生上課，上課前，他在兩個班分別介紹了這位研究生的情況。在第一個班，他介紹說這位研究生熱情、勤奮、務實、果斷；在第二個班，他將熱情換成了冷

漠，其餘各項沒變。下課之後，兩個班的學生對待這位研究生的態度迥然不同，反差強烈。第一個班的學生與研究生一見如故，熱烈交談，氣氛相當融洽。第二班的學生恰恰相反，對研究生敬而遠之，冷淡迴避，形同陌路。僅僅一詞之差，學生對人的整體印象竟會發生那麼大變化，不得不令人感嘆。

以點帶面，從某個特徵推導出一連串其他未知的特徵，因局部特點得出整體的印象，而對人做出判斷，產生整體的態度，反過來再由這些整體態度影響到對這個人具體行為的判斷，是我們為人處世常常不自覺的做法。愛屋及烏，恨烏鴉拔大樹，都是暈輪效應的鮮活例子。古代衛靈公喜斷臂，好男風，弄臣彌子瑕年輕英俊，油嘴滑舌，贏得衛靈公的寵幸。一天，彌子瑕的老娘病了，彌子瑕聽說後，偷偷坐著衛靈公的馬車趁夜跑回家看母親。按照衛國當時的法律，偷乘國君的專車辦私事，是要被砍掉腳丫子的，但衛靈公全憑個人喜好，不僅沒有問罪彌子瑕，還通令嘉獎彌子瑕孝心仁厚，號召大家向他學習。還有一次更噁心，彌子瑕陪同衛靈公去農家樂的桃園旅遊，彌子瑕偷偷摘了一顆桃子，咬了一口，覺得很甜，就把咬過的桃子獻給衛靈公。先不說有沒有傳染病，單說這種大不敬的行為，也應該痛打二十大板，衛靈公不僅不反感，還誇獎他愛君之心，可追日月。後來彌子瑕年老色衰，逐漸讓衛靈公感到厭惡，就把彌子瑕做過的這兩件事當成罪過，以欺君罔上之罪打發了他。可真是一好百好，烏鴉變鳳凰；一錯百錯，美玉成糟糠。

一個人一旦被認為是好人，貼上好人的標籤，就會得到人們的認可，一切好的素質也會加到他的身上，成為完美典型，容不得再犯半點差錯，暴露半點缺點，否則就會讓人難以理解，被人痛斥為變質墮落。而一旦被認定為壞人，就會一無是處，再努力也改變不了人們的觀點和看法，就會被打倒在地，再踏上一萬隻腳，永世不得翻身。所以一般人總是拼命維持自己的形象，甚至不惜弄虛作假，文過飾非，掩蓋罪惡，費盡心機往自己臉上塗脂抹粉，極盡偽裝之能事，目的不過是為保持一個良好的形象，獲得人們的信任。滿口道德仁義，滿腹男盜女娼，古人總結的非常精闢。

可見，冷靜客觀地看待第一印象，深入了解一個人的行為思想，克服暈輪效應，對我們為人處世、正確處理人際關係，有著多麼重大的意義啊！

為什麼會破罐子破摔

說你行你就行，不行也行；說不行就不行，行也不行。這就是暈輪效應的作用。我們一旦對人產生偏見，就會不斷地尋找證據證實自己偏見的「正確性」。你對某個人有了懷疑，就會用懷疑的眼光去看他，用不信任的方式去處理和這人的關係，時間久了，對方自然察覺，也會對你失去信任，產生疏離和戒備，開始離心離德。而對方這種不信任的表現，反過來又加深你對他最初的印象和判斷，使你對自己當初的結論深信不疑。這就陷入了一種惡性循環，雙方互相推動，又互相印證，一方的感情偏失導致另一方感情偏失，而另一方的感情偏失反過來又加深了一方的偏失。久而久之，就會給人破罐子破摔的感覺。我們說三歲看小，七歲看老，就是暈輪效應在影響我們看待他人的態度。人的一生受各種因素影響，會發生很大變化，不可能一成不變，好孩子自然長成模範，壞孩子就一定長成壞蛋。人們每見犯了錯的人都會說：「浪子回頭金不換。」其實浪子真回頭了，我們又往往視而不見，不相信浪子真會回頭，反而相信「狗改不了吃屎」，這一先入為主的成見。這就提醒我們，當我們對某人有成見，陷入暈輪效應的時候，首先要檢討一下自己，看看自己的態度是否客觀端正，看問題是不是全面。其次要留給自己時間，從多角度、多方面，深入去了解一個人，多聽聽別人對這人的看法和評價，以便糾正自己認知上的錯誤，改變自己不恰當的行為做法。

日常生活中，我們常常會遇到「門縫裡看人，把人看扁」的現象，例如某個上司對年輕人的生活習慣、衣著打扮、言行舉止看不順眼，就會把他貶得一無是處，認為工作也不可能做好，有工作也不肯放心讓他去做。相反，看某人中規中矩，寫一手好字，就認為這人思路清晰，沉穩幹練，而把重要的工作放心交給他。這樣的偏見往往影響到年輕人的事業和前程，把他們推向相反的兩條人生之路。推物及人和推人及物，愛屋及烏，會不知不覺促使好的人更好，壞的人更壞。

「人們見到的，正是他們知道的。」歌德這句話一語道破了天機。大文豪普希金很早就聽說有「莫斯科第一美人」之稱的娜坦麗美麗無雙，一見果然名不虛傳，娜坦麗之美無人可及，羞花閉月，沉魚落雁，普希金瘋狂地愛上了她。在普希金看來，容貌美麗的女人也一定有顆善良的心、非凡的智慧和高貴的品格，一定能和自己志同道合，相濡以沫，共度美好人生。但娜坦麗不喜歡文學，也不喜歡普希金的寫作，每當普希金把寫好的詩作讀給她聽時，她都會捂起耳朵連連搖頭：「不聽！不聽！」弄得普希金很尷尬和失落。娜坦麗只喜歡社交和娛樂，她常常要求普希金陪她出入遊樂場所，參加豪華的宴會和大型舞會，弄得普希金不得不放棄創作，到處舉債供娜坦麗消費、娛樂，最後債臺高築，文思枯竭。而娜坦麗並不領情，頻繁的社交活動讓她結識了眾多王公貴族、富家子弟，迫使普希金為她決鬥而死，不僅毀掉了文學事業，還為此付出了寶貴生命的慘重代價。

習慣成自然，自然不一定正確，偏見害死人。把破罐子補好，說不定會有非凡的價值。認清暈輪效應的弊端和危害，讓壞人變好，允許好人犯錯，是我們處理好人際關係的必修課。

一輩子不做壞事很難

人無完人，好人和壞人只是相對的。好與壞，善與惡，並存於人的內心之中。卡爾維諾的小說《分成兩半的子爵》，具體而深刻地揭示了人性中善與惡的較量對人生以及社會的意義。

一場戰爭中，梅達爾多子爵被炮彈炸成兩半，一半變成好人，一半變成壞人。壞人只做壞事，弄得當地人們苦不堪言，怨聲載道，都盼望好人快點到來拯救他們。當好人來到，他不做壞事，只做好事，並不停地要人們改掉惡習，放棄低級趣味和自私自利，追求高尚快樂的生活。由於好人做好事近乎不近人情，因此好人和壞人一樣，逐漸讓人們失望，甚至產生了厭惡心理。例如，好人讓人們降低糧價救濟遭受冰雹災害的窮人，就遭到人們的提防和排斥，好人的說教也令痲瘋病人討厭。結果好人的善舉沒有得到人們的理解和支持，沒有給自私自利的教徒和痲瘋病人帶來任何有價值的道德觀和值得期待的幸福，反而招致人們的抱怨：「在這兩個半邊的人中，好人比壞人更糟。」人們的生活變得更不堪，感情變得麻木灰暗、死氣沉沉、失望悲觀。好人的到來，使人們處在不近人情的邪惡與道德之間手足無措。後來好人和壞人因為爭奪愛情，拼得你死我活，各自傷殘，只好請大夫把他們縫合一起，梅達爾多子爵重新成為一個完整的人。

這部小說深具啟發性，那就是怎樣才能算個完整的人呢？一輩子不做壞事就是完美的人生嗎？顯然不是。善惡並存，抑惡揚善，使自己少犯錯甚至不犯錯，就像兩個重新合起的人，因為他們各自有了善惡的經歷，而變得更加明智和人性，更加接近人們的心靈。兩個半身的各自經歷，就是人天生具有的邪惡和善良兩種素質，協調了這兩種素質，才能使人趨善避惡，明智豁達，包容理解，習性靈動，感情豐滿。否則要嘛變成好心辦壞事的好人，要嘛變成無惡不作、窮兇極惡的壞人。

百分之百的完人是沒有的，不完滿就是人生。或多或少的缺憾正是人生不可或缺的部分，人們在不完滿中不斷去感悟，去追求，去彌補，去矯正，這個過程才體現了人存在的價值和生命的意義。

沒有天生的好人，也沒有天生的壞人。成長的環境、所受的教育，無不影響著人的人生觀和價值觀。人們在環境和教育的影響之下，慢慢形成自己的價值取向，並在一生中透過自身的修養，不斷修正、補充和完善。人們不停地在善惡之間尋找生命的價值和意義，好人也會做錯事、做壞事，壞人也會做好事、行善舉，關鍵是要看人的主觀意識和道德修養。除惡揚善，棄惡從善，都是人生的課題。好人、壞人都難做，人生最大的敵人是做一個不好不壞的庸人。對善惡沒有辨別力，對真假不屑於理清，對高尚和卑微失之探索，渾渾噩噩，混天聊日，沒有責任，不思進取，在惡的面前麻木不仁，任其氾濫；在善的面前無動於衷，缺乏熱情，致使世風日下，善惡不辨，惡人當道，好人受辱。

這才是社會的悲哀，人生的悲哀。

理性看待人的善惡，不誇大善，不姑息惡，不以善替惡，不以惡掩善。善惡分明，才能使自己成為一個明事理、懂人倫、愛恨分明、品行端正的人。

百年樹人

品德修養是一個人一輩子的功課。良好品德的形成，非一朝一夕，需要終生的磨礪和錘鍊，終生的薰陶和修為。愛因斯坦曾說過：「大家都以為造就一位偉大科學家所需要的是智慧，他們都錯了，其實最重要的是品德！」一個人只有具備了良好的品德，才能有道德感和責任心，散發人格的魅力和光輝，而成就一番事業。品德修養是自我約束、自我克制的過程，需要堅定的意志力和良好的道德環境薰陶。

林肯出生在一個非常貧窮的農民家庭，沒有機會上學，每天跟著父親在荒原上開荒勞動，耕地糊口。但林肯勤奮好學，在農田裡勞動的時候，懷裡也總是揣著一本書，趁休息的機會趕緊看幾頁，常常一邊啃著冰涼的麵包，一邊看著書本。有疑問就記在腦子裡，只要有機會，就向別人請教。他十幾歲時，在村裡當雜貨店售貨員，一次，顧客多付了他幾分錢，他走了十幾里，一直把錢送到顧客手裡才安心地回來。還有一次，他發現顧客情緒低落，交談過後得知顧客跟妻子吵架了，心情很不舒暢，他就開導顧客，替顧客排解心中的鬱悶，顧客很快心情舒暢起來，跟妻子重歸於好。他什麼工作都做過，打過零工，當過水手、店員、郵遞員、測量員，還幹過伐木工等粗活，這些工作磨礪了他的意志，鍛鍊了他吃苦耐勞、誠實守信的品德。當水手期間，看到南方奴隸所受的非人待遇，激起他的憤怒，使他發誓要為解放黑奴而抗爭。

後來他當上律師，為人辯護的唯一條件，就是當事人必須是正義的。當時許多美國人不像現在這麼富有，也沒有現在這麼好的社會保障制度，沒有國家司法援助一說，許多貧窮人沒有錢付給他律師費。但只要林肯經過調查了解這人是處於正義一方，就會免費為其辯護，討回公道。有一次，一個有錢人找到他，請求他幫助辯護，他聽了當事人的陳述，發現當事人有偽造證據、栽贓陷害之嫌，就對那人說：「對不起先生，我不能替您辯護，您的行為並非正義，有違我的原則。」「律師先生，只要您能幫我打贏這場官司，您要多少酬勞都可以。」那人試圖說服他。他嚴肅地回答：「只要我使用一點點法庭辯護技巧，您的官司很容易勝訴，但是我無法面對自己良心的正義審判，我會對自己說：『林肯，你在撒謊。』謊話只有良心掉在地上的時候才能說出口，失去公正的時候才能脫口而出。做為一個維護公正的律師，我不能丟掉良心、失去公正而大聲說出謊話。還請您另請高明吧！我對您的案子無能為力，原諒我不能為您效勞。」那個人聽了，受到很大的震憾，默默地離開了林肯的辦公室，並且主動敗訴，還給案件一個公正公平的結果。正是因為林肯有一顆善良公正的心、良好的品德和修養，才使他當上總統後，能夠帶領美國人民打贏南北戰爭，解放了黑奴，使美國逐漸走上自由、民主、平等之路。

一個人的品德是以善惡為標準，揚善抑惡，是品德修養的精髓，只要人的慾望存在，善惡的較量就不會停止，品德修養就不能放鬆。消除暈輪效應，因勢利導，使善者更善，使惡者棄惡從善，不僅是個人的百年功業，也是人類永遠不會放棄的追求。

知識拓展

對暈輪效應有重要影響的是刻板效應。

刻板效應，又稱刻板印象，它是指人們用印刻在自己頭腦中的固定印象，作為判斷和評價依據的心理現象。

前蘇聯社會心理學家包達列夫，做過這樣的實驗。將一個人的照片分別給兩組受試者看，照片中的人五官特徵是眼睛深凹、下巴外翹。他向兩組受試者分別介紹，給甲組介紹時說「此人是個罪犯」；給乙組介紹時說「此人是位著名學者」，然後，請兩組受試者分別對此人的照片特徵進行評價。

評價的結果，甲組認為此人眼睛深凹表明他兇狠、狡猾，下巴外翹反映其頑固不化的性格；乙組則認為此人眼睛深凹，表明他具有深邃的思想，下巴外翹反映他具有探索真理的頑強精神。

為什麼兩組人對同一照片的面部特徵所做出的評價，竟有如此大的差異？原因很簡單，人們總是受到刻板印象的左右。

15. 滿弓易折——波爾森定律

●任何東西使用到其潛能極限時都會崩潰。

合理分配精力

波爾森定律告訴我們，任何東西使用到其潛能極限時都會崩潰。人體也是如此。弓弦繃得太緊容易折斷，人體消耗過度容易出現毛病。要想保持身體健康，就要合理安排自己的精力。善於安排自己的精力，生活就會輕鬆，心情就會愉快，體力就會充沛，熱情就會飽滿。人不是不知疲倦的永動機，不可能時時保持旺盛的精力和飽滿的熱情，精力畢竟有限，過度使用就會帶來很大的危害。

生活和工作中，如何分配精力才合理呢？

堅持「二八原則」，每天一早，就理清一天要做的事，然後以二八的比例原則，在合理的時間內，集中精力重點解決百分之二十的重要部分，然後根據精力狀況依次解決剩餘百分之八十的事情。根據事情進展，隨時做出標記，分清主次，擇要處理，巧妙安排，提高效率，既節省精力，又能使工作順利完成，事情圓滿解決，做到良性循環，步步提升，游刃有餘。

在有限的時間裡激發自己的工作和生活熱情，以飽滿的熱情投入到工作和生活中，這樣能夠激發人的創造潛能，在精神上聚精會神，在技術上充分發揮，在情趣上其樂無窮，就能消除對事情的厭倦感和疲勞感，進而放鬆心情，愉快地解決問題和完成工作。

注意體力勞動和腦力勞動相結合，對於重度勞動要合理分配體力，不求急，不求快，要使體能分配急緩有度，不超支，不過猛，適當休息不宜間隔太長。腦力勞動要注意精神愉悅，思路清晰，用幽默詼諧的語言圖片激發思維靈感，保持心情放鬆，適時轉移一下注意力，做做腦部保健操，做到情緒不緊張、壓力不過大、不過分思考、不情緒急躁、不被事情和工作搞得暈頭轉向、不帶病堅持工作。

養成兩個習慣：「一事一畢，限期完成」的習慣和「一氣呵成，避免歸零重來」的習慣。不要半途而廢，下次從頭開始，還得重新熟悉情況，重新尋找思路和辦法，造成分散與浪費大量精力。養成一次做一件事，做一件完成一件的習慣，使精力集中使用提高效率。減少會議或者壓縮會議時間。冗長的會議使人精疲力倦，喪失工作熱情，對人的精力造成極大的浪費。

選好自己的角色，定好自己的位置，量力而行，做好自己能力所及的事情，不做能力不逮、勉強而為的事情，無論工作上為上司為下屬，家庭裡為人父為人子、為人妻為人母，社會上為人友為人敵，都要與人為善，與人共樂，不計小利，不責小過，不議人非，只有這樣才能使自己保持愉悅的心境、良好的心態，免受煩惱困擾，遠離不良情緒，避免心情鬱結，保持精神健康，不患精神疾患。

勞逸結合，適時娛樂，有節制的、健康的娛樂享受，可使身心放鬆，消除疲勞，快樂身心。過分沉緬於享樂則會耗損精力，消磨意志，萎靡精神，損害身體。

不可過分貪心，金錢、物質、名利都是身外之物，貪多就會成為精神的負擔，增加煩惱。保持心性的淡定，善於克制和內斂，做到寬大為懷。

無仇無恨，心無負擔。古人說，為人不做虧心事，半夜敲門心不驚。不記人仇，與人為善，定能耳根清淨，睡覺安穩，自然氣定神閒。

身體是生活和事業的本錢，合理安排好我們的精力，保持健康的體魄和矍鑠的精神，才能充分享受美好生活和美麗人生。

身體要時刻保養

擁有健康就擁有幸福。健康是生命的存摺，是保障生命正常運轉的加油站和維修師。生命只有一次，不可替代，不可購買，不可重複，生命是人生最寶貴的財富，沒有了生命就沒有了一切。所以，健康的體魄對生命來說，至關重要，它決定了生命的長短和生命的品質，是一切生命活動的基礎。怎樣才能擁有一個健康的體魄呢？就像機器要時刻保養，我們也要時刻保養好自己的身體。

人與機器不同，機器的保養必須依靠人類幫助，而人類的保養除了靠醫生，還要靠自己，因為我們的身體有著強大的自我修復功能，例如傷口會自動癒合，瘀血會自我吸收等等。根據人的這個特點，一般可以透過兩個有效途徑對身體進行保養。首先要給身體均衡的營養，俗話說病從口入，言外之意，健康也要過「口」這一關。其次是透過身體調理，啟動和加強人體的自身修復功能，自我修復、自我完善，使機體各方面始終處於正常狀態，以此維持生命的運轉。

要合理膳食，為身體供應全面均衡的營養。人有五臟六腑、骨肉髮膚，不同的組織器官需要不同的營養物質。羊吃青草狼吃肉，小雞啄米狗啃骨頭，需要什麼供應什麼。人體需要二六〇種營養物質，這二六〇種營養物質多數來自食物和飲水。只有全面獲得這些營養，才能保證每一個組織、每一種功能正常發揮作用。這些營養物質大多從五十種日常食物中獲得，因此，合理搭配，多吃各種食物，以便保證各種營養物質的供應，尤其是微量元素的攝取。隨著科技的進步、經濟的發展、生活水準的提高，人們的膳食結構發生了很大的變化，吃得越來越好、越來越精、越來越能滿足人體需要，這是人類生活的進步和飛躍。但同時，也伴隨著一些問題發生。高熱量、高脂肪、高蛋白三高食物大量增加，雜糧粗食、蔬菜水果減少，化肥、轉殖基因技術的使用等，使我們的飲食出現偏差，進而導致大量富貴病、文明病的發生，例如高血壓、心血管變異、糖尿病、痛風、肥胖症等等，成為威脅我們健康的最大敵人。

二六〇種營養物質，有的需求量大，有的需求量小，所以對這些營養物質的供給要適量，就像建造房屋一樣，沒有材料不行，材料不夠不行，但材料多了也是浪費。人體需要的營養都有一定的限度，保證供應，不能過剩，營養過剩也會導致身體不適，甚至產生新的疾病，肥胖症就是營養過剩的直接惡果。化肥等科技方法的大量使用，也使食物中所含營養物質種類大大減少和下降，使營養的天然均衡遭到破壞，為此，我們得採取其他方式進行補充。

由於遺傳、疾病、細胞流失等種種原因，人體會喪失部分自我修復、自我平衡的功能。於是，我們必須經由保養，來啟動這些功能，例如補充酶類、黃酮類、生長因子、多醣類物質。當人體處於亞健康、得了慢性病，均可透過調理，恢復自我修復功能，改變健康狀況，輔助治療疾病。

在合理提供營養的同時，良好的心態、適當的運動、充足的睡眠，也是我們保養身體必不可少的有效方法。遠離菸酒，摒棄惡習，良好的生活習慣是健康最有力的保障。學會時刻保養自己的身體，擁有健康的體魄，使生命之樹長青，幸福生活常在。

不過度縱慾

當整個世界都在用加法時，健康是需要用減法的。這句流行話，說明了節制對健康的重要意義，尤其是性生活節制與否，對人們的健康影響越來越大。性是人的自然本性，也是人類文明的結晶，它不僅具有傳宗接代、繁衍子息的功能，還是人類交流情感、排遣寂寞、消解緊張情緒的重要管道。和諧的性生活會給人帶來心曠神怡的歡樂和滿足，是幸福生活的一部分。性滿足是人的正常需求，但過分放縱性生活，就會對身體健康造成極大危害。要保持身心健康，和諧的性生活是不可或缺的，但物極必反，恣情縱慾除了在精神和心理上造成危害以外，對身體的傷害也很大。不僅會引起精神萎靡、腰背痠痛、四肢乏力、神經衰弱，導致陽痿、早洩等性功能障礙，甚至產生性厭惡和性冷感外，還會造成縱慾後遺症、胃痛、腰痛、頭痛、射精痛、肛門痛、肌肉痛等很多身體疾病。例如很多男女正兩情繾綣、歡洽情濃時出現的頭痛、腰痛、射精痛、女性腹痛等症狀，就是由於性生活頻繁或性生活不和諧造成的，久而久之，成為縱慾後遺症。

良宵苦短，人們常常不由自主沉緬於兩情歡愉之中不能自拔。如何判斷性生活是否過度？醫生常說：「今日性明日斷。」如果當天性事過度，就會在第二天或未來幾天出現不適症狀，如精神萎靡、不能集中精力，這已經表示性生活過多，需要一定程度節制，如果隨之而來頭暈目眩、氣短乏力、虛汗淋漓、失眠多夢、食慾不振，吃不下睡不著、工作效率下降、記憶力減退，慢慢出現體力不濟、抵抗力下降、容易感冒等等現象，那說明性生活嚴重超標，需要及時中止並進行適當的調養和治療了。

有詩云：「色刀慾劍斬凡夫，暗裡摧人骨肉枯；一旦身陷慾海中，病入膏肓悔恨遲。」一盲目單純地追求性滿足，放縱私慾，導致身體疾病甚至身體衰亡的事例很多。男歡女愛，人之常情。男女相識，隨著交往增多，了解加深，互相傾慕，互相愛戀，產生美好的情感，進而互訴心曲，心心相印，身心結合，共享美好愛情，是一個人的理想追求。享受愛情是天長地久的事情，慢慢品味，方顯甘醇。不能一晌貪歡，暴殄天物，留下終生遺憾。

有對新婚夫婦，郎才女貌，感情融洽，兩人整日沉緬於愛慾之中，不知節制，婚後一年多，丈夫得了虛損症，身體虛弱、食慾不振、久咳不止、咳中帶血，一病不起。多處求醫後，遵醫囑夫妻分房，經過長久調理治療，才見好轉。又經過一段時間的治療修養，感覺已經康復，於是又恢復以前同床而眠的生活，如同久旱逢甘霖，夫妻兩人又開始了頻繁的魚水之歡。結果沒過多久，舊病復發，再難治癒，面容枯槁，骨瘦如柴，空留下一副病懨懨的身子，別說夫妻歡愛，就連基本的工作也無法再做，只能整天躺在家裡療養休息。久而久之，年輕的妻子忍不住寂寞，紅杏出牆，又引來一場殺身之禍，被妻子的情人掐死在睡夢之中。

這樣的故事，古今中外比比皆是，不勝枚舉。色字頭上一把刀，要做到適度和諧，就要培養個人的高尚情操，豐富自己的興趣與愛好。西方有句名言：「勝情慾，乃勝最大的敵人。」克制而不放縱自己的情慾，做到不枯不竭、不滿不溢、合理安排、和諧有序，才能既享受美妙的肉體之歡，又保養健康的體魄，使愛情之花久開不謝，使生活更加美滿幸福。

精神矍鑠體質健

美國心理學家艾馬爾，曾做過一個有趣的試驗，他把金屬管插進澄清透明的冰水裡，然後讓人們往裡吹氣。心平氣和的人，氣流平緩，氣泡緩緩冒出，冰水澄澈透明；悲傷痛苦的人，氣流沉滯，氣泡咕嘟咕嘟冒出，迅猛有力，冰水裡出現白色淺淡的沉澱物；懊惱悔恨的人，氣流急促，氣泡雜亂，大珠小珠混一團，水中的沉澱物顏色變深，如同乳白色的蛋清，絲絲縷縷；生氣發怒的人，氣流濁重，氣泡暴跳翻滾，如沸一般，冰水裡沉澱物變成紫色，稠結黏連。艾馬爾把這種紫色沉澱物提取出來，注射到大白鼠的腹腔內，導致大白鼠漸漸死亡。艾馬爾經由試驗證明，人的情緒變化影響新陳代謝，進而產生一些有毒物質，毒害人體健康。科學家也透過其他大量試驗證明，人的精神狀況直接影響身體健康。

保持心理健康、精神健康，是保持身體健康的重要基礎。修身養性，修身就是修養身體，養性就是保持精神健康。

不能把精神健康片面理解為僅僅沒有痛苦，精神健康更指人在應對突然的變化、創傷、損失、打擊等等情況的刺激時，能夠以理性和有邏輯的思維進行判斷處理，保持情緒的穩定和克制，以利於身體健康和成長。精神健康的人，能夠根據自身的價值，客觀看待事物、對待事物，承認自己的能力和侷限，按照自己的能力從事勝任的工作，擔負自己的責任，透過自己的努力獲得成就感和人們的尊重。人活著就有壓力，就要面對各種突發的變故和不幸。雖然多數人大部分時間裡生活安穩，內心平靜，但也免不了承擔來自各方面的壓力。婚姻戀愛、親人亡故、子女就業、生活拮据、突患疾病等等時有發生，使我們的精神受到損害。這些問題大多不會導致人們精神失常，但或多或少會影響到身體健康。我們既然無法避免壓力對心理的衝擊，就有必要建立一道保護精神不受傷害的心理防禦機制，不至於壓力來臨時，由於無法應對造成精神失調，導致身體患病。

不管人的身心多麼健康，都會在壓力引起的危機中，出現心理的波動，造成情緒起伏。如何平定情緒、保持情緒穩定呢？保持自信，相信自己不管面對什麼困難和打擊，都有能力堅持和妥善處理。集中精力解決眼前發生的事情，有能力解決就解決，沒有能力就先放著。不沉緬過去，不空想未來，不去為無法控制和解決的難題煩憂。一事一清，不分心不多慮，一個問題一個問題處理，不增加心理負擔。把所有問題堆在一起，就會感覺紛亂如麻，不知從何下手。多跟家人和朋友交流，分享快樂，排解煩憂。多參加娛樂和公益活動，娛樂身心又能培養自豪感。勇於承擔責任，不推諉、不抱怨，這樣才能不氣、不惱、不記仇。最重要的是，遇到突發變故時，要相信太陽明天還會照常升起，生活還要照舊繼續。該怎麼吃飯怎麼吃飯，該怎麼睡覺怎麼睡覺，世界末日沒有到來，未來生活依然美好。這種熟悉的生活感意義重大，它會帶給人生活下去的勇氣和力量。

保持精神健康，只要生命之火不熄，生活就充滿溫暖和希望。

知識拓展

「君子之澤，五世而斬；小人之澤，亦五世而斬。」這句話出自於《孟子．離婁篇》，意思是不管君子的功名，還是小人的操守，經過了五代就不會繼承下去了。我們民間也有「貧不過三代、富不過三代」的說法，意思是說，富貴、貧窮是可以相互轉化的。

其實解釋上面這條定律說簡單也簡單，中國有句古話叫做「月滿則虧，水滿則溢」，什麼事情做滿了，自然會向相反的方向轉化，這與滿弓易折意思是一樣的。

第四章

萬變世界絕對不變的人際定律

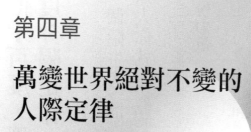

16. 眾裡尋他千百度，那人卻在不遠處——六度分隔定律

● 你和任何一個陌生人之間的間隔不會超過六個人，也就是說，最多透過六人你就能夠認識任何一個陌生人。

多一個朋友多一份力量

友誼不僅是鮮花、力量、認可和激勵，更是精神空間的拓展、提升生活品質的契機。為此，人們不停地尋找友誼、結交朋友。一個陌生人和另一個陌生能夠在一起成為朋友，令我們常常讚嘆緣分的神奇，但不知道你想過沒有，一個人離另一個人到底有多遠？透過幾個人才能找到世界上你想找的人？眾裡尋他千百度，那人卻在不遠處。美國哈佛大學社會心理學教授史坦利．米爾格蘭姆，給了我們一個比較合理的答案：「你和任何一個陌生人之間所間隔的人不會超過六個，也就是說，最多透過六個人你就能夠認識任何

一個陌生人。」這就是著名的六度分隔定律，這個理論明白告訴我們友誼的最遠距離。

一九六七年，米爾格蘭姆從內布拉斯加州和堪薩斯州招募的志願者中，隨機選擇了三百名進行試驗。他請這些自願者郵寄一封信函，信函的最終收件人是他指定的一個住在波斯頓的股票經紀人。他要求對經紀人毫不知情、無法直接寄達目標的自願者參加。他讓自願者把信函寄給自己認為最有可能接近目標的親友，並要求每一位轉寄信函的人都回發一封信函給他。結果出乎他的意料，有六十多封信最終到達了經紀人手裡，並且這些信函中間經手轉寄的人數平均只有五個。由此他得出結論：陌生人建立聯繫的最遠距離是六個人。這就是六度分隔理論。這個理論告訴我們，只要你願意，你可以和世界上任何人建立聯繫，成為朋友。

我們為什麼熱衷於尋找朋友、建立友誼呢？心理學告訴我們，人是自覺的動物，自覺生命的存在和死亡。生命的美好和死亡的威脅，使人充滿了對未知的希望和恐懼，孤獨感、寂寞感、恐懼感，時時吞噬著人們的心靈。如何消除這些與生俱來的情緒？人類經過漫長的進化，早已找到了完善、合理的方法，那就是建構社會，成立家庭，集體生活。而友誼在維護社會關係、家庭穩定和群體團結方面具有舉足輕重的作用。更為重要的是，生活在群體中的人，雖然有了生命的安全感，但孤獨、寂寞、恐懼會在不經意間時時襲來。

精神的需求是人類尋找友誼的主要動力，物以類聚，人以群分，不同的需求會使人尋找不同的朋友，建立不同的友誼。我們常說，酒肉朋友不可交，但是我們大多數朋友就是酒肉朋友。為什麼我們對於結交酒肉朋友樂此不疲呢？因為酒肉朋友能滿足人的精神需求，解決人的心靈問題。只有君子之交淡如水，因為君子已經超然物外，物質很豐裕，安全有保障，精神有寄託，吃喝不用愁，精神生活很充實，又因為超然物外，沒有對死亡的恐懼感，精神不空虛，肉體無慾求，所以一杯清水就能打發友誼。而我們一般凡人，經由酒肉吃喝，可以獲得如下的滿足。首先是對食物的滿足感，其次是群體的吃喝能消除寂寞和孤獨，再次能倚仗群體的力量獲得生命安全感。朋友相聚，人的煩惱就會減少，快樂就會增加，就能增進彼此的信任，獲得他人的幫助。所以，無論什麼形式的友誼，都是精神生活的內在訴求，都有其內在的力量價值。

學會交友，就是學會尋找人生精神的力量。人海茫茫，友誼如帆，多一個朋友多一份力量，那不僅是鮮花和掌聲，還是生活的機遇和運氣。愛護朋友吧！就像愛護我們的食物。

友誼的接力賽

在漫長的人生道路上，人們不停結交朋友，透過朋友結交新的朋友，進而形成友誼鏈，建立起覆蓋生活各個方面的人際網路。在結交朋友過程中，人們會根據生活的不同需求，形成不同的交友原則，並以此為標準和依據，找到自己的同路人。所謂「志同道合」，不外是符合了彼此的精神需求罷了。

什麼是真正的友誼？我們常常說，真正的友誼超越民族、超越時空、超越語言的隔閡、超越貧富的差異、超越地位的懸殊等等，但無論怎麼超越，友誼都超越不了彼此共同的精神需求。友誼的接力棒之所以能傳遞下去，是因為人總能找到一群精神需求相近的人。志不同道不合，找不到共同需求點，人們難免會分道揚鑣而成為陌路人。有人以品德交友，有人以事業交友，有人以興趣交友，有人以愛好交友，有人以生活交友，不同的原則會有不同的朋友，也會失去不同的朋友。

三國時，管寧和華歆曾是一對朋友，後來因為割席事件而反目，原因就在管寧對友誼的需求與華歆相差太遠，管寧需要道義，華歆貪圖名利。華歆怎能滿足管寧的需求呢？於是管寧就把席子割成兩半，他和華歆一人一半，意思是不與華歆同席而坐，表示要絕交的意思。這是一條斷裂的友誼帶，從此友誼的接力棒就不會在各自的手中傳下去了。究其原因，就是在沒有弄明白各自需求的情況下，盲目建立了友誼。所以在交友前，最好能找到「道」相同的人做為起點，以志趣相同的群體做為發展友誼的對象。人們常常調侃：「我總算找到組織了。」組織是什麼？就是目的相同、方向相同的一群人組成的團體。

當然，不同的朋友會對人生產生不同的影響，你想走什麼路，就會交什麼樣的朋友，所謂交友不慎，遇人不淑，不單純是自己的眼光問題，而是自己內心潛在的需求在驅使自己，擇其一點不計其餘，或者內心就存在與對方相似的內心需求。友誼是利益的妥協，就是這個道理。沒有必要抱怨對方，多從自身找原因，才能使自己的友誼之樹長青。

友誼和競爭一直都是一對孿生兄弟。當一個朋友在某些方面獲得成功，我們的內心會升起嫉妒的情緒。所以我們必須努力從多方面找到平衡點來消除這種情緒，否則就會威脅到友誼。我們必須在友誼的氛圍中降低自己的個性，學會妥協和迴避。不能動輒管寧割席，那割的不是席，而是生活之鏈，是割斷了生活的一個契機，關上了一扇通往廣闊天地的窗戶。欣賞和尊敬朋友，是維持友誼的起碼要求。分享朋友的快樂，分擔朋友的憂愁，其實就是在為自己尋找快樂，為自己排解憂愁。

尊敬來自品德的修養，而信任來自生活的磨礪。無論你結交多少朋友，真正能與你保持長期親密關係的朋友往往屈指可數，原因是共同磨礪的機會並不是太多，沒有共同的生活磨礪，你無法產生對一個人的信任，進而就會削弱你和這位朋友交往的慾望。擇其善者而從之，擇其不善者而遠之。積善為公，得善於後。

保持自己的性格，學會與人為善，不苛責，不挑剔，存大同求小異，不因小錯而輕易丟掉友誼的接力棒，不因一己私利，陷朋友於不義。培育好友誼的土壤，選好友誼的種子，適時播種，精心管理，等到瓜果飄香季節，你就能品嘗到友誼的碩果。

千里姻緣一線牽

六度分隔定律讓我們終於明白了為什麼會千里姻緣一線牽。就是因為精神有共同需求，而被牽著向前跑，直至到達目的地。

達維娜是英國王室公主、格洛斯特公爵的掌上明珠、威廉和哈利兩位王子的堂姐，王位繼承人名單上排名第二十位。她從小就被視為王室的「叛逆者」，性格開朗外向，活潑好動，不修邊幅，喜歡穿寬大的T恤和運動褲，對王室禮儀不感興趣，離開聖喬治貴族學校後，甚至還當了一段時間女服務生。一次偶然的機會，她和加里·路易士在印尼峇里島邂逅，兩人一見鍾情，雙雙墜入愛河。路易士出身紐西蘭吉斯伯恩一個小農場，是土著毛利人的後代，以剪羊毛和建築工地打零工為生，喜愛衝浪運動，是一名技術高超的衝浪好手。兩人這段戀情曾遭遇一些阻力，王室多數成員反對他們的結合，但他們一直相親相愛，毫不動搖，最後得到了人們的理解，同意他們結婚。終於，一對橫跨幾大洲的戀人在一起了，再次印證千里姻緣一線牽的愛情魔力。

隨著交通的發達，網際網路的全面普及，世界變成地球村，人們的交往和溝通越來越頻繁和方便，這樣的跨國戀情已經成為家常便飯，萬里姻緣只是抬腳之間。

楊二車娜姆家族世世代代居住在瀘沽湖邊，是維持母系氏族傳統的雲南摩梭族家庭。因為大山的阻隔，摩梭人很少走出瀘沽湖，到外面看看大千世界多精彩，對外面的世界也不感興趣。直到楊二車娜姆，一個十四歲的女孩徒步走出大山，來到上海，才把摩梭人帶進現代生活。她先後到過上海、北京，然後是美國，之後又到歐洲轉了一圈。不論走到哪裡，當想家的時候，她就會回到瀘沽湖，回到親人的身邊。她像瀘沽湖上空的一朵雲，在世界和瀘沽湖之間飄來飄去，自由自在。她曾愛上過美國一雜誌記者，生活一段時間後，兩人分手，後來又與挪威一位外交官在一起。他們偶爾一起生活，她從不在乎別人的看法，因為外面社會的道德習俗對摩梭人不起任何作用，按照她自己的說法，她是按照摩梭人習俗在走婚，她曾率直地說：「我的的確確是在走婚，走的是『國際婚』，要知道，走婚是我們摩梭人祖祖輩輩傳統的戀愛與婚姻狀態呀！」

無論是達維娜還是楊二車娜姆，她們的戀情都早已超越了環境的限制，從王室到深山裡的原始湖泊，多麼複雜的自然條件、社會壁壘，都無法限制住愛情的翅膀展翅飛翔。正如楊二車娜姆自己所說：「我的性格注定了我的命運只能這樣，我喜歡在路上的感覺，喜歡轉換不同的角色，喜歡嘗試各種事情，只要我想，我就要去做，沒有什麼東西可以攔住我！」自由精神有著巨大的力量，它推動我們走出深山，跨越大海，去世界的盡頭，尋找自己的幸福和理想。

千里姻緣一線牽，牽的是追尋幸福的心，牽的是不屈不撓的信念，牽的是對未來的嚮往和希望。生活在這個資訊和交通發達的時代，我們沒有理由不走出家門，沒有理由抱怨天涯路遠，而失去天各一方的幸福人生。

天涯若比鄰

古人說，「海內存知己，天涯若比鄰」，意思是四海之內有一知己，就算遠在天涯也如近鄰。古人說的是人遠心近，強調的是精神距離。深觀當今社會，我對這兩句古詩有了新的理解：四海之內存在的知己越來越難找到，而相隔天涯的人們，卻可以雞犬相聞，生活之狀可窺，猶如比鄰而居的隔壁。人身越來越近，人心越來越遠，還得歸功於科技的進步、通訊的發達、資訊網路的普及。

無論是自然食物鏈、社會人際網絡、大腦神經網絡，還是商業消費網絡、運輸交通網絡、科技通訊網絡、資訊互聯網絡，它們的組織結構都有著驚人的相似，都是透過六度分隔原理構成的「弱樞紐」，把人和萬物網羅在一起。而通訊網絡和資訊網路，已經越來越把人們之間的距離縮短，甚至透過文字、圖片、影像等方法，把人們的生活融合在一起。我們人人都置身在這個鏈結的世界中，變得越來越透明，越來越擁擠，越來越沒有自己的世外桃源。秀才不出門能知天下事，古人的預言如今變成了事實，不過其中人物主角要改一改，改成「人人不出門能知天下事」。不能因為不識字就歧視一般民眾，你不認識字，可以看圖，可以聽音，可以看影視錄影，可以同步視頻。無論你在都市霓虹的陰影裡，還是深山老林的樹蔭下，只要你願意，你想知道外面的世界，就可以撥通手機，打開電腦，網路會告訴你一切。

沒有資訊手段把各種網路聚合在一起，網路的力量就會很容易耗損掉，因為任何網路都有無數種排列組合方式。當今人們正在利用各種資訊鏈結方式，把網路充分聚集一起，以便全面發揮網路的作用，使人們的生活進一步融合，把地球村慢慢變成地球家。例如簡單的部落格，就令我們透過彼此的弱鏈結，很快竄進無數陌生人的世界，看到他們不經意打開的一個個小小視窗，獲得他們不經意流露的資訊和生活狀態。而透過這種弱鏈結，我們找到了他們，如果你願意與他發展友誼、結交朋友，你就可以彼此鏈結，進行溝通，把弱鏈結轉化成強鏈結，進而完成一次新的人際網路組建工作。

我們現在還無法估量這種天涯若比鄰狀態的出現，對人們的生活和精神會有多大的影響。但我們相信，隨著技術的進步，這種狀態會越來越加劇，不僅是天涯若比鄰，最後可能會天涯是一家。網路正在改變我們的生活方式、思維方式和精神訴求方式，已經出現了一些資訊膨脹恐懼症、網路強迫症等不適心理症狀。面對這一變化，我們必須做好充分的心理準備。雖然網路的發展使人們的生活越來越近，越來越透明，但人們的心靈壁壘卻越築越高，越築越堅固和嚴密。窺探隱私，曝光私密，成為人們最大的興趣，而嚴防心靈走光，又成為一個人精神生活的新修養。知識可以Google，商品可以網路直銷，但人的思考、發現、創造、抒情，卻不能搜索得出。任憑世態變幻，淡看雲捲雲舒，誰能做得到呢？我們正在顛覆幾千年來人類養成的精神素養，正在顛覆幾千年來建構的美好生活模式，但新的精神氣質、新的生活理念，我們還沒有養成和找到。路漫漫其修遠兮，吾將無處去搜索。

不會劈柴，就先學磨刀吧！置身網路社會，我們要學會為適應社會生活的變化儲備能量，修練基本功，包括學識、修養、眼界、胸懷和堅強的心。

知識拓展

六度分隔理論雖然是個社會學理論，但實際上更像一個數學理論，很多人說它和四色問題有異曲同工之妙。

四色定理又稱四色猜想、四色問題，是世界三大數學猜想之一。四色定理是一個著名的數學定理，通俗的說法是：每個平面地圖都可以只用四種顏色來染色，而且沒有兩個鄰接的區域顏色相同。一九七六年借助電子電腦證明了四色問題，也終於成為定理，這是第一個借助電腦證明的定理。

17. 熟悉的地方沒有風景——沃爾夫定律

●第一印象永不再來。

驚鴻一瞥，發現差異

人對事物的第一印象，是人對事物瞬間進行判斷的結果。這種結果首先來自事物的差異性，即，此事物與經驗記憶中同類或相近事物進行比較得出的異同效果。有比較才有鑑別，鑑別的目的就是為了找出異同性，以便對事物進行歸類和確認。沃爾夫定律告訴我們，「第一印象永不再來」，原因是事物內部的個體痕跡正在悄然發生變化，新事物的特徵差異對人的刺激性逐漸減弱和衰退，發生比對的背景環境逐漸模糊，新事物漸漸融入環境而成為環境的一部分，至此，很難再對人的視覺等感官造成強烈的刺激和衝擊，無法再次產生第一印象那麼突出強烈的效果，第一印象永不再來，就不足為奇了。

第一印象之所以重要，是因為它對人的判斷力有舉足輕重的作用。人在面對新的事物、新的情況時，必須迅速做出判斷，以便採取進一步行動，判斷越準確，成功率越高，對解決問題越有利。就像我們的祖先出門打獵時，發現一個獵物，首先要判斷是什麼獵物、能不能吃、怎麼才能打到、是不是會對自己造成威脅等等，如果他們不能根據第一印象迅速、準確做出這些判斷，就有可能失去捕獵的機會，甚至為獵物所害。機會稍縱即逝，容不得人們慢慢思考，仔細斟酌，於是人們就養成憑藉第一印象判斷事物的習慣，這是物競天擇、適應環境、謀求生存的進化結果。

以日常生活中的人際交往來說，第一印象大多來自人的外表。外表印象如何，是判斷這個人是否可以信任並採取什麼態度對待的依據和重要條件。這裡指的外表，包括容貌、體型、聲音，也包括神態、氣質、表情、衣著、舉止等諸多因素。這些因素的差異性瞬間綜合作用於人腦，成為第一印象。具體說哪種因素起的作用大，哪種因素作用小，還要看這些因素的特性帶給人的刺激強弱或者大小，給人強刺激的因素作用自然大。有的人「未見其人先聞其聲」，例如《紅樓夢》裡，王熙鳳的出場是聲音。具體來說，笑聲和說話聲帶給人的刺激最強烈，由此給人的第一印象是「這個人比較張揚外向」。當然，我們對人的第一印象大多並非來自口頭語言，主要還是來自體貌、姿態、動作、目光等視覺印象。

無論我們給對方留下的第一印象是好是壞，還是泯然於眾，我們都無法從對方的記憶裡把它抹去。為此，如何在初次相識時，給對方留下一個良好的印象，是我們修行為人之道的重要一環。首先要正視自己，審視自己，認清自己的優缺點，並能即時校正和調整，從表情、儀態、舉止、衣著等方面嚴格要求自己，養成良好的習慣，習慣成自然，在陌生人面前，好的習慣自然流露，給人好的印象。其次要注意學識的累積、品德的修養，培養好的氣質。好的氣質令人肅然起敬，當然就會留下深刻印象了。再次要心胸寬廣，與人為善，微笑掛在臉上，是溫和的笑、溫暖的笑，而不是皮笑肉不笑、硬生生擠出來的笑。再者要謙和恭謹，切忌夸夸其談，目空一切，驕傲自大。最後要不記人過、不議人非，初次見面就在他人面前搬弄是非，挑撥離間，肯定不會有好的印象。

第一印象永不再來，讓我們給世間留下美好的第一印象吧！

習以為常，新鮮感消失

當我們經過長期觀察，對事物的本質有所認知後，就會對反覆出現的同一事物失去觀察的興趣，習以為常而熟視無睹，注意力開始轉向新的事物和新的變化。這是因為新事物、新變化層出不窮，迫切需要我們去認識；舊事物對人的感官衝擊力、對認知的刺激力逐漸淡化和消失，我們對它的本質特點瞭然於胸，沒有什麼新的特徵再需要我們去觀察和把握，自然就會失去對它的興趣。

生活中，我們最關注的感情問題，常常出現這種情況：兩人一見鍾情，瞬間跌進愛的火坑，死去活來，欲罷不能；一旦走進婚姻的殿堂，隨著時間的推移，認識的加深，漸漸習以為常，最後麻木不仁，如同左手摸右手。

這期間，雙方都在發生變化，一是本能激發的求偶能量消耗殆盡，目的達到，生活又轉為常態，雙方由嶄新的風景同化為熟悉的背景，弱化了各自的形象，最後成為生活的一部分，司空見慣，不足為奇了。

二是各自的生活目標開始轉移，由求偶期轉向家庭維持期、孕育後代期，對男歡女愛的訴求逐漸減退，關注點各自發生了變化。男人重新回歸常態社會，把精力用在工作社交上，女人重點放在家庭建設、哺育後代上。男女彼此不同的需求，導致感情注意力不集中，最後彼此習以為常，視若無物，也是必然的結果。

同時，隨著家庭的建立，新的生活方式對感情也有了不同的要求。家庭是一個瑣碎、枯燥、淩亂、庸常的俗世場所，柴米油鹽醬醋茶、吃喝拉撒睡，占據了人們的主要精力，男女各自不同的角色分配，使各自的心理發生很大變化，情緒也隨之轉變。沒有了怡人的風景，沒有了豔麗的玫瑰，沒有了溫馨浪漫的氣氛，重溫愛情初遇的激盪，那不僅感覺彆扭可笑，還會帶來心理的不適。

如何才能在新鮮感消失後、在習以為常的生活中，保持長盛不衰的新鮮感情呢？那就是轉變態度，重新定位。認清愛情和生活的不同，不在生活中強求愛情的激越，用生活的目光打量彼此的身影。尋求自身變化，增加關注焦點。讓自己常常以新的面貌出現在對方面前，給對方新的刺激，以喚起對方觀察的興趣，新的風景會引起新的好奇。向對方的志趣靠近，努力做一對志同道合的戀人。家庭生活是一輩子的事情，培養友誼，在友情中鞏固愛情，朋友加情人的結合，往往會不斷加深兩人的感情，做不到天長地久，白頭偕老還是能夠實現的。

感情的保鮮膜，超市裡買不到，它封存在你的心靈中。

一見如故與形同陌路

隨著第一印象的產生，人際間的感情開始建立。個人特質、彼此的相似性、熟悉程度、交往的疏密，無不影響到感情關係的發展。相互吸引的性格特點，容易使雙方建立起良好的關係，而相互排斥的性格特點，會使人敬而遠之，難以走近對方的身邊。

人的外在性格特徵如身材容貌、表情神態、言行舉止、社會地位等因素很容易外顯，給人最初的印象和判斷，這種印象常常是膚淺和表面的，得到的判斷也容易出現偏差。如果要更深入了解一個人，就要透過現象看本質，透過長期的觀察了解內在人格特徵，對其人生觀、價值觀、學識才能等等不可見特點進行剖析，進而得出全面深刻的認知。我們常說「人心隔肚皮」、「一眼看到骨子裡」，都是為了認識人的內在人格特徵。內在人格特徵往往會影響雙方感情投入的多少和交往時間的長短，俗話說，路遙知馬力，日久見人心，內在人格特徵點決定了人際關係的深淺，是朋友還是熟人，是知己還是陌路，取決於雙方是否願意投入感情，交往時間是否能夠長久。

不同的性格特徵會吸引不同的人，無論友誼還是愛情，都是性格特徵互相吸引的結果。愛情是一個比較特殊的人際關係領域，除了人格特徵的相互吸引、欣賞、接納外，生理效應也發揮至關重要的作用。同性一見如故，異性一見鍾情，表面看有相似之處，其實內在本質卻有很大差別。一見如故是同性間的內、外在性格特徵相互吸引的結果，相同的志向理想、相同的興趣愛好，甚至相同的性格特點都有可能使人相見恨晚，一見如故。我們常常諷刺一些人的交往一拍即合、臭味相投，都是對一見如故的生動寫照。而異性間的一見鍾情，是在性格特徵的基礎上，加諸兩性生理因素作用的結果。兩情相悅才能一見鍾情，親近、愛慕、愉悅的生心理情感，在兩性相識的時候瞬間被啟動，愛情的力量霎時被喚醒，噴發而出，一見鍾情也就順理成章了。

男女在選擇伴侶的時候，會不自覺受到經驗記憶裡異性形象的影響，對誰一見鍾情，對誰形同陌路，常常受到潛意識裡固有形象的支配。男人往往容易選擇與自己母親相像的女性做為伴侶，而女人也對貌似自己父親的男性更加青睞，這現象有其深厚的生理、心理學基礎。因為相同的基因結合雖為進化大忌，但相似的基因卻可以把已獲得的固化優勢遺傳下去，更有利於後代在生命競爭中處於優勢地位。但男女對異性與父母相似的特徵，關注點並不相同，男人往往把注意力用在女性的嘴唇和下顎，嘴唇和下顎與母親相似的女人更容易抓住男人的心。而女人常常看男人的眉毛與嘴之間的特徵，與父親有多少相像。這一差異，使我們在了解一見鍾情時，得到很好的啟發和理解，不再把一見鍾情當成神秘的上帝所賜。

形同陌路與一見如故恰恰相反，它是人們性格特徵相斥的結果。由於性格迥異，人們不願意深入交往，敬而遠之，態度冷漠，久而久之就像陌生人一樣，不再繼續來往。無論愛情還是友情，一見如故和一見鍾情，都是美好的情感，是建立良好人際關係、建設美好家庭難得的機遇和條件。珍惜得之不易、可遇不可求的緣分，不得意，不忘形，精心呵護，耐心培養，讓友誼茁壯成長，讓愛情永保青春，那是何等美妙的人生、幸福的未來啊！

知識拓展

首因效應由美國心理學家洛欽斯首先提出，也叫首次效應、優先效應或第一印象效應，指第一次印象對日後關係的影響，也即是「先入為主」帶來的效果。雖然這些第一印象並非總是正確的，卻是最鮮明、最牢固的，並且決定了以後雙方來往的進程。

社會心理學家艾根在一九七七年研究發現，與人相遇之初，按照「SOLER」模式來表現自己，可以明顯增加他人的接納性，在人們心中建立良好的第一印象。「SOLER」是由五個英文單詞的開頭字母拼寫起來的專用術語：S表示坐姿或站姿要面對別人，O表示姿勢要自然開放，L表示身體微微前傾，E表示目光接觸，R表示放鬆。用SOLER模式表現出來的含義就是「我很尊重你，對你很有興趣，我內心是接納你的，請隨意」。

18. 有得必有失——羅卡定律

● 當兩種東西相遇時，必然有兩種結果：一是一種東西留下了什麼，二是一種東西帶走了什麼！

見面分一半

「當兩種東西相遇時，必然有兩種結果：一是一種東西留下了什麼，二是一種東西帶走了什麼！」這就是羅卡定律。是法國警官艾德蒙根據多年辦案經驗，於一九一〇年提出的一個現代刑事鑑識科學的黃金定律，認為無論人類做過何種接觸，一定會留下微跡證據。這本是刑事偵察學上的一個原理，應用到日常生活當中，更具有廣泛而深遠的意義。

美麗的南非在獨立之後，一直採取種族隔離政策，是一個由少數白人統治的黑人國家。黑人受盡了歧視和壓迫，爭取消除種族隔離的抗爭始終沒有停止過。圖圖大主教就是領導南非黑人反抗種族壓迫、爭取民族平等的精神領袖，他於一九八四年獲得諾貝爾和平獎，是全人類對他為爭取民族平等、推動世界和平所做出傑出貢獻的肯定和讚許。圖圖大主教說話風趣幽默，能言善道，機敏伶俐。一九八四年，美國紐約一個宗教組織曾邀請他在儀式上發表演說，他在演說時道：「白人傳教士剛到非洲時，他們手裡有《聖經》，我們黑人手裡有土地。傳教士說：『讓我們祈禱吧！』於是我們閉目祈禱。可是當我們睜開眼時，發現情況顛倒過來了：我們手裡有了《聖經》，他們手裡有了土地。」他這一番話，至今令人深思，一語道破西方世界利用宗教的幌子，侵吞南非黑人土地的醜惡面目。

這就是人際交往的法則，無論友情還是愛情，兩個人只要相識交往，就會彼此留下點什麼，同時自己也會有所收穫。我們常說，有付出才有回報，但生活中或多或少會抱怨，男女情感尤其如此，男怨女不溫柔、不體貼、不主動、不回報，女怨男不細心、少關心、不浪漫、少溫情。

其實男歡女愛，男女都有所得，不是像有些女人想像的那樣，男人只有索取，女人總是付出，吃虧的總是女人。只是，由於生理和心理的需求不同，男女對待情愛的態度會有很大的差異。女人喜歡享受被追求的過程，至於結果不是多麼重要，而男人追求女人的過程是備受折磨的過程，男人忍受這種折磨，甘願付出精力和心血，潛在目的是為了享受果實的甘甜。這是一個矛盾體，是導致很多女人抱怨男人追求到愛情的結果後，不再像戀愛時期那麼關懷體貼、呵護備至的主要原因。認清男女各自需求什麼，對我們處理好戀人之間的關係，有很大的幫助。

要想得到感情的回報，不僅要學會付出，還要學會怎麼付出。種瓜得瓜，種豆得豆，你種下了稗草卻抱怨沒有收穫蘋果，養著毒蛇卻抱怨被毒蛇咬一口，那怎麼能怪得了別人呢？贈人玫瑰還手有餘香呢！你付出關心、愛護、溫柔、快樂，自然會獲得深情、溫馨、幸福和滿足。

分享快樂，分擔憂愁

秋日午後，一個孤獨的老人用顫抖的手指拾起半掩在枯葉中的紙片，當他看到紙片上那一行幼稚的字體時，禁不住熱淚盈眶。原來紙片上寫著，「不管你是誰，我愛你，我沒有人可以說話，所以，也請你愛我。」老人艱難地抬起頭，四下打量，終於看到附近小樓高高的窗戶上，貼著一個瘦小灰暗的身影，正可憐兮兮地望著自己。

老人蹣跚來到小樓的鐵柵欄門前，小女孩已經跑下樓，正貼在柵欄門上等待著他。她伸出枯瘦的小手，拉住老人的手。彼此沒有說話，默默地站著，直到太陽下山，小女孩才鬆開老人的手，目送他漸漸消失在模糊的夜色中。從此，每天下午，老人都會出現在鐵柵欄門前，帶給女孩一些自製的玩具，尤其是一隻身背翅膀、展翅欲飛的木馬，那是老人花了幾天時間才雕刻出來的，小女孩愛不釋手，臉上掛滿微笑。

後來有一天，女孩送給了老人一張畫卡，上面用彩色筆畫了老人牽著女孩的手，在夏日的林蔭下散步。樹頂上大大的太陽，像一顆燃燒的心。老人小心翼翼把畫卡藏在貼身的口袋裡，宛如珍藏名貴的珠寶。他們就這樣彼此用眼神、用禮物互相溫暖著，分享著美好的心情，但從沒有開口說過話。

時間過得真快，轉眼已是隆冬，大雪紛飛，鋪滿了眼前的世界。當老人再一次來到鐵柵門前，沒有看到那個瘦小的女孩。柵欄門上一張紙條在飄動，老人急忙拿下字條，看到上面寫著，「我走了，帶著你送給我的溫暖和快樂。到了上帝那邊，我會請求上帝，也把快樂帶給你。」老人瞬間癱倒在皚皚白雪中。

這是一對聾啞人的故事。每每讀起，都令人忍不住落下淚來。他們不能說話，聽不到世界美妙的聲音，但彼此用眼神、用微笑，分享著溫暖、關懷和無聲的快樂。

還有一個猶太人故事，聽了不禁讓人啞然失笑。猶太教規定，信徒在安息日不能做任何事情。可是一個長老酷愛打高爾夫球，他實在忍不住，就一個人偷偷跑到高爾夫球場，心想不會被人發現，只打九桿就停。他剛打了一桿，就被天使發現，天使急忙跑到上帝那裡去告狀。上帝答應好好懲罰他。可是天使發現，長老越打越好，桿桿一桿進洞，天使不解，上帝卻說，我已經懲罰他了。長老越打越好，來了精神，忍不住又打了九桿，這次還是桿桿一桿進洞，超過了世界上任何一位國際選手的成績。天使責問上帝，這就是祢對他的懲罰嗎？上帝回答，是啊！你想想，他打出這麼好的成績，卻沒人看到，也不能和別人說。

快樂不能和別人分享，有時也是一種痛苦。

人際交往中，尤其是朋友和戀人，互相傾訴衷腸，分享彼此的快樂，分擔彼此的憂愁，在鞏固友誼、加深感情上，起著非常重要的作用。每個人都會遇到困難，都會產生煩惱，都會情緒低落、心情鬱悶，向朋友或戀人傾訴，是很好的排解辦法。有人說，把快樂與人分享，快樂就增長一倍，把煩惱與人分擔，煩惱就減少一半。與人分憂，與人同樂，不僅能給人信心，還能使自己心情舒暢，感到自豪。

現代社會中，隨著競爭的加劇，人們的工作、生存壓力越來越大，導致心情煩躁壓抑、煩惱增多；而精神生活卻日漸貧乏，孤獨、寂寞、消沉等灰暗心理長期占居著人們的心靈。

人與人之間越來越冷漠，越來越缺少關愛，有了困難自己扛，有了煩惱無人訴，長期下去，不僅容易誘發精神疾患，還會損害身體健康。這時，伸出友誼的雙手，分享快樂，分擔憂愁，尤其顯得難能可貴。

互相學習，截長補短

有個故事叫「鋼琴上的黑白左右手」，讓人難以置信，說的是來自兩個人的一雙黑白手，共同彈奏出世間最美妙的樂曲。那是上世紀八〇年代的某個春天，「東南老人療養中心」走進一位右手殘疾的黑人婦女，她就是瑪格麗特夫人。當療養中心的員工向她介紹中心的基本情況時，一架鋼琴吸引了她。她緊緊盯著鋼琴，眼裡流露出一絲痛苦的神情。細心的員工發現了這點，關切地問她怎麼了？「沒什麼，只是看到鋼琴，勾起了過去的許多回憶……」瑪格麗特向那位員工談起自己過去輝煌的音樂生涯，禁不住淚水盈眶，縷縷惆悵的思緒好像又飄回到從前的舞臺。「您在這稍等。」那位員工聽著瑪格麗特的敘述，好像突然想起了什麼，說完急匆匆走了。不一會兒，員工帶著一位嬌小、白髮、戴著厚重眼鏡的白人婦女走來，她向瑪格麗特介紹說：「這位是露絲夫人，跟您一樣，也是位鋼琴演奏家，自從中風後，再也無法彈琴了。」瑪格麗特伸出自己健康的左手拉住露絲健康的右手，親切地向她自我介紹。

兩個身患殘疾的老人一起坐到鋼琴前。「您熟悉蕭邦降D大調的華爾滋嗎？」露絲面帶喜悅的表情，柔聲問。「那是一首美妙的曲子，我們的確應該試試。」瑪格麗特充滿嚮往地回答。於是，鍵盤上出現兩隻健康的手——一隻黑色的左手，一隻白色的右手。奇蹟出現了，兩隻美麗的蝴蝶，在鍵盤上飛舞起來，一曲優美的華爾滋像幽靜的小溪，緩緩地流淌出來，流進人們的耳朵，流進人們的心田。

從那天起，瑪格麗特和露絲兩人就再也沒有分開，她們每天一起坐在鋼琴前，瑪格麗特殘疾的右手摟著露絲的肩膀，露絲殘疾的左手放在瑪格麗特的膝蓋上。一曲一曲美妙的樂曲又重新回到她們的手指間，讓她們再次沉浸在音樂的歡樂時光裡，彷彿回到了從前。她們彈琴、聊天、互訴衷腸，如同親生姐妹。她們有共同的快樂和不幸，都在丈夫去世後過著單身生活，都失去了兒子，都有一個慈愛的心。她們互相介紹各自的舞臺生涯，互相交流音樂心得，互相切磋鋼琴技藝，配合越來越有默契，心靈越靠越近。一晃眼五年過去，她們的演奏日臻完美，如果不是親眼看到，沒有誰會相信那完美的樂章竟來自兩隻不同的黑白之手。她們一起去教堂、學校、老年康復中心頻頻演出，用一曲曲美妙的音樂，感化人們的心靈，給人們帶來美好的享受，獲得人們由衷的讚譽和尊敬。

瑪格麗特常常坦露心曲：「我是不幸的，又是幸福的，命運剝奪了我演奏鋼琴的權利，但上帝又給了我露絲。」露絲則誠懇地說：「這五年，瑪格麗特深深地影響了我，給我無數溫暖和慈愛，是上帝的奇蹟將我們結合在一起。」

這個動人的故事，讓我們深深感受到愛的力量。人與人，無論是友情還是愛情，都是上帝賜給我們的奇蹟。用一顆慈愛的心去關懷別人、溫暖別人，友誼和愛情就會煥發出無窮的力量。學習他人的長處，彌補自己的短處，別人累了，送上肩膀，別人成功了，送上掌聲，學習別人的長處，就是提高自己的修養，分享別人的快樂，就是獲得自己的成功，尊重別人就是尊重我們自己。以此之心對待他人，我們的友誼和愛情一定能像瑪格麗特和露絲一樣，共同演奏人生最為華美的樂章。

撞出靈感的火花

人際關係中，朋友不僅是生活中的夥伴，有時也可成為事業上的良友。下面是幾位同獲諾貝爾醫學和生理學獎的科學家，發展友誼、共創事業的故事。

一九四九年，克里克遇到了對ＤＮＡ分子結構同樣感興趣的沃森。兩人談得十分投機，都認為解析ＤＮＡ分子結構是打開遺傳之謎的關鍵。克里克雖比沃森年長十二歲，但共同的事業和愛好，使得兩人很快成為無話不談的至交好友。他們每天都要交談幾個小時，討論ＤＮＡ的相關問題。在不停地討論中，兩個人互相補充、互相批評，並且相互激發出對方的靈感。

這天，他們又坐在一起討論，沃森說：「只有藉助精確的X光透視，才能趕緊明白ＤＮＡ的結構。」

「對，」克里克表示贊同，「威爾金斯教授是這方面專家，我想請他週末到劍橋來度假。」

沃森激動地說：「太好了。」

週末，威爾金斯如約前來，與克里克、沃森進行了長時間探討。在探討中，克里克和沃森向威爾金斯說明他們的研究設想，認為DNA結構是螺旋型，威爾金斯同意了他們的觀點，並說：「我的合作者富蘭克林和實驗室的其他科學家們，也都在思索著DNA結構模型的問題。」

得到威爾金斯肯定和鼓勵，他們更加努力工作，苦苦思索DNA四種鹼基的排列順序，一次又一次地在紙上畫鹼基結構式，擺弄模型，一次次地提出假設，又一次次地推翻自己的假設。

終於有一天，當沃森又按著自己的設想擺弄模型時，有了一個重大突破。他把四種鹼基移來移去，試圖尋找各種配對的可能性，做著做著，突然發現由兩個氫鍵連接的腺膘呤與胸腺嘧啶對竟然和由三個氫鍵連接的鳥嘌呤與胞嘧啶對有著相同的形狀，這讓他大感興奮。

多少天來，他們一直弄不明白嘌呤的數目為什麼和嘧啶數目完全相同，今天的試驗看來能夠解決這個謎團了。於是，他立即和克里克更加緊試驗。不久，他們得到了DNA分子結構形狀的基本構思：DNA是雙螺旋結構，其中兩條鏈的骨架方向是相反的。

經過兩人不分晝夜的工作，DNA金屬模型的組裝很快完成了。這個模型由兩條核酸鏈組成，它們沿著中心軸以相反方向相互纏繞在一起，很像一座螺旋形的樓梯。望著模型，兩人又高興又緊張，由於缺乏準確的X光資料，他們擔心模型是否完全正確。於是，他們再次請來了威爾金斯教授。兩天後，威爾金斯和富蘭克林做出了判斷，透過X光線資料分析證實雙螺旋結構模型是正確的。他們寫了兩篇實驗報告，同時發表在英國《自然》雜誌上。

這一重大成果，使沃森、克里克和威爾金斯三人同時獲得了一九六二年諾貝爾醫學和生理學獎。可惜的是，富蘭克林因罹患癌症於一九五八年病逝，錯過了這一象徵科學榮譽的獎項，否則，這一友誼和合作的佳話，會臻於完美。

獨木不成林，共同的事業追求結合的友誼，將更加彌足珍貴。友誼的力量使人們在事業合作中互相激勵、互相學習、互相幫助，形成巨大的合作能量，收到一加一大於二的效果。他們常常因思想的碰撞激發出靈感的火花，而使事業朝著更加有利的方向發展，最終雙雙獲得成功。

友誼和事業，就像一對翅膀，有了它，我們就可以自由翱翔在人生湛藍的天空。

知識拓展

你當然知道物理學上有能量守恆定律，也知道化學上有品質守恆定律，可是，你是否知道生活中還有一個得失守恆定律——人有所得必有所失，且所得與所失從某種意義上說是相等的。

所以，在你沾沾自喜於己之所得時，可千萬要審視一下己之所失；而在你痛惜己之所失時，也別對己之所得視而不見。

千萬別小瞧了「得失守恆定律」，它能給我們許多啟示呢。

第一，有失才有得。你若想得到什麼，那你必須得付出相應的代價，正所謂「一分付出，一分收穫」，你別想「不失而得」。因為根據「得失守恆定律」，這是不可能的。

第二，既然「有失才有得」，那麼，當你得到什麼時，別高興太早，你得想想，你因此而失去了什麼？也許你不經意失去的卻是生命中最寶貴的。同樣，當你失去了什麼時，也別只是一味的惋惜，所謂「塞翁失馬，焉知非福」，難道你就沒有因此而得到什麼嗎？

第三，既然「得失守恆」，你便無須抱怨：「我的付出那麼多，我的收穫卻為何那樣少？」當你這樣抱怨的時候，想想看，也許你的付出並不多，只是你太吝嗇；或者你的收穫並不少，而是你的貪婪迷茫了你的心智；又或者你之所失非你所願失，而你之所得非你所願得，而是上帝捉弄了你。

19. 有比較才有鑒別——貝勃定律

● 添加更多重量才能感覺到與已有重量的差別。

高看自己低估別人

一艘萬噸巨輪站上一個人感覺不到什麼，可是一個鳥籠站上一個人就會被壓垮。左手一斤一，右手一斤二，掂不出差別，要是左手一斤一，右手二斤二，馬上就試出不一樣來。

「添加更多重量才能感覺到與已有重量的差別」，這就是貝勃定律，這個道理在生活中司空見慣。我們可以對別人施捨的一口飯感激涕零，卻對養大自己的父母視而不見；我們對自己的成績沾沾自喜，認為那是自己血汗換來的結果，卻對別人的收穫嗤之以鼻，諷刺為運氣或作弊。高看別人低估自己，高看自己低估別人，都不是正確的人生態度，都會讓自己灰頭土臉敗下陣來。

某次柏林田徑大賽上，身體狀態不佳的撐竿跳「女沙皇」伊辛巴耶娃，第一次試跳就挑戰四．七五公尺的高度，這一足以令對手擔憂的高度也成了她的攔路虎，試跳失敗。但心高氣傲的伊辛巴耶娃並沒有正視自己的身體狀況，繼續採用巔峰時期的戰術，第二次試跳直接要了四．八公尺，再嘗苦果，徹底失去比賽。之前的倫敦大獎上，她只跳出了四．六八公尺的成績，但那並沒有敲醒她對自己體能的高估，認為只是運氣差些而已，未曾認真調整自己的身體狀態，導致連連敗北。與其說是對手運氣好或實力強大，不如說是內心的驕傲打敗了她。反觀獲得冠軍的黑馬、波蘭姑娘羅格夫錫卡，賽季最好成績是四．八公尺，然而她循序漸進，由四．四公尺開始跳起，三次成功後才跳四．七五公尺，結果一躍而過，摘得桂冠。高估自己的能力，不能正視對手，勢必會為失敗埋下惡果。伊辛巴耶娃放不下自己「女沙皇」的身段，認為不起眼的羅格夫錫卡都能跳過四．七五公尺，自己怎能再從四．七〇公尺跳起？她不相信自己連羅格夫錫卡都不如，儘管第一次試跳失敗，她還是毅然選擇了超過羅格夫錫卡五公分的高度，她不得不為自己的自大低下高傲的頭，乖乖把冠軍拱手相讓。

反過來，高看別人低估自己，同樣會顏面盡失。一名工作兢兢業業、勤勤奮奮的員工，因為一次錯誤遭到上司批評，同事也對他冷眼相看，導致他心灰意冷，萌生辭職念頭。而另一個平時吊兒郎噹、不務正業的人，僅憑幫助上司擺脫一個尷尬場面，就得到上司表揚和同事誇獎，彷彿一下子變成了優秀的人才。後來單位競聘任用，那個平時勤奮的員工竟認為自己不如那個吊兒郎噹的人，連報名都不敢，主動要求退出競聘。多虧上司並非有眼不識金香玉的庸才，同事也多次鼓勵他、支持他，才使他重樹信心，鼓起勇氣走上競聘的舞臺，最終擊敗那個不把工作當回事的人，重新上任。

做得越好，要求越高，這是常理。俗話說，鞭打快牛。不能因為自己快就驕傲，也不能因為一次小小的失誤就全面否定自己。好人變壞易，壞人改好難，所以人們會對壞人做好事大加表揚，意在鼓勵；對好人做壞事猛烈批評，實為鞭策。時刻反省自己，認清自己，嚴格要求自己，對批評虛心接受，不失自信；對讚揚冷靜處之，不狂妄自大。只有這樣，才能遇事不慌，心中有數，知道自己有多大能力，能做多大事情，平平穩穩走好人生路。

烏鴉落在豬身上

俗話說得好，烏鴉落在豬身上，看見別人黑，看不見自己黑。丟下鏡子拾起手電筒，只照別人不照自己，生活中盯著別人缺點不放的人，大有人在。貶低了別人就等於抬高自己，這種心理驅使人們不停地尋找別人的缺點，巴不得別人犯錯，以便找到攻擊的靶子和口實，一擁而上，打倒在地，再踏上一萬隻腳。一來顯示自己高人一籌，二來顯示自己剛直不阿、嫉惡如仇。人之所以會如此，其實就是貝勃定律在作怪。人總是試圖加大自己的籌碼，減輕別人的籌碼，以使自己從眾人中脫穎而出。

人都會有或多或少的缺點和毛病，死盯著對方缺點不放，斤斤計較，左看不順眼，右看不對勁，什麼事都要分個對錯、搞個明白，長此以往，不僅會令對方態度消極，心生恨意，也會使自己在別人心中的形象大打折扣。家庭生活如此，工作事業也是這樣，凡事計較的人，不可能贏得別人的尊重、得到別人的支持。難得糊塗是一種生活的藝術，看別人的缺點，模糊一點，淡化一些，忽略幾次，容忍幾回，對雙方都有好處，自己清爽不累，對方幹勁十足。這是一種大智若愚的智慧，是體恤，是寬容，是一種良好的品德修養。

不計人錯，常省己非。不但不盯著別人的錯誤，還要經常反省自己。富蘭克林年輕時爭強好勝，一次與人爭得不可開交，面紅耳赤。這時他的一位老朋友把他叫到一旁，狠狠訓斥了一頓。朋友說：「你已經無可救藥，你打擊了每一位和你意見相左的朋友，你的意見變得珍貴無比，沒有人能承受得起。如果你在場，朋友們會感覺很不自在，他們不得不迴避你。沒有你不知道的事情，所以沒人能教你什麼，也沒人打算告訴你什麼，因為那樣吃力不討好，還會不歡而散。因此，你無法再學習吸收新知識，雖然你的舊知識很有限。」好在富蘭克林接受了批評，他深刻體認到問題的嚴重性，發覺自己正在面臨失去朋友、陷於孤立的境地，他決心改掉自己傲慢粗魯、自以為是的毛病，並付諸行動。

他在自己的傳記中寫道：「我給自己立下一條規矩，絕不准自己武斷。不准自己在語言上有太肯定的表達，不能使用『當然』、『無疑』等等辭彙，改用『我想』、『我假設』、『我想像一件事是這樣或那樣』或『目前我看來是如此』。當別人講述一件我認為不對的事，絕不立刻糾正他的錯誤。在回答的時候，我會盡量表示在某些情況下，他的意見是對的，但目前的條件下，看來好像還不能那樣去做等等。我很快就領會到這種態度改變後的收穫：凡是我參與的談話，氣氛都變得融洽多了。我用謙虛的態度表達自己的意見，不但更容易被接受，還減少了很多不必要的衝突。我發現自己有錯時，立刻承認，反而沒什麼難堪的場面。而碰巧是我對的時候，更能使對方贊同我而不固執己見。當初採用這種方法時，確實和我的本性相衝突，但久而久之就泰然了，並養成了好的習慣。五十年來，也許沒人聽我講過太武斷的話，這是我提交新法案、修改舊條文時，能得到同胞重視，並且被吸納為民眾協會一員後，具有很大影響力的重要原因。我不善辭令，更談不上雄辯，用字遣詞也很遲疑，經常會說錯話，但一般情況下，我的意見還是得到了廣泛的支持。」

富蘭克林給我們提供了一面照妖鏡，仔細照照自己，讓心中妖魔早日現形。

找好參照物

要掂準自己的斤兩，並不是件容易的事。謙遜過頭，會給人沒自信的感覺，自豪一下，又常常變得驕傲自大。標準低了，是放縱，高了又會不切實際、好高騖遠。以什麼為參照，用哪把尺丈量自己、認清自己，制訂切實可行的為人處事準則，從古至今莫衷一是。一代英豪是榜樣，宵小奸佞做教材。對我們凡人來說，前者太高，後者太低，中間距離拉得過大。常常造成我們高不成低不就，遇朱則赤，遇墨則黑。人人心中有個秤，秤的是別人，秤不清自己。

沒有誰不懂得做人要謙遜，但謙遜到什麼程度才恰到好處？古代魯國有個叫孟之的將軍，有膽有謀，在一次抵抗齊國侵略的戰鬥中，充當左翼先鋒。戰鬥打響，右翼潰敗，大軍只好收兵回撤。這時人人巴不得生出一對翅膀，只恨爹娘少給兩隻腳，爭先恐後逃向城裡，只有孟之沉穩地率軍殿後，掩護大軍安全後撤。當他來到城門的時候，用鞭子狠抽身下的坐騎，大聲嚷嚷道：「不是我勇於殿後，是這駑馬跑得太慢！」為了保持低調，掩蓋自己的功勞，竟然採取如此手段，是謙遜還是陰險？我想，我們不能以孟之為標竿來要求自己，這樣的低調太灰暗、太壓抑，雖然保護了自己，但也傷害自己的心靈，不陽光、不溫暖，容易導致心理壓力過大而出現精神抑鬱。

到了唐朝，杜甫的爺爺杜審言，做法又走向另一極端。他曾做過修文館學士，大概跟現在的專業作家差不多，很有才華，寫一手好文章，雖不能說妙筆生花，但錦繡華章還是算得上的。其性格恃才傲物，曾對其他耍筆桿子謀生的同行說：「我的文章獨步天下，屈原、宋玉愧為我衙役；我的字冠絕古今，王羲之當為我面北而拜。」這種口出狂言，不僅未得到世人的尊重，反而落下個後人笑柄。我們只會認為他才疏學淺，沒有誰願意承認他的才華，起碼也不在百姓之下。如果以這樣的人為參照，自己的才能不僅得不到公正認可和評價，甚至會被徹底遮罩而無法重見天日。

有時候，對的不一定合理，如何去做才是關鍵。在紐約最高法院一場重要案件的辯論中，一位年輕律師由於缺乏經驗而得罪了法官。案子牽扯到大筆資金和一個重要法律問題，當法官對他說：「海事法追訴的期限是六年，沒錯吧？」年輕的律師愣住了，看了法官半天，衝口而出：「法官大人，海事法沒有追訴期限！」法庭頓時安靜下來，氣溫彷彿一下子降到了冰點。年輕律師說的是對的，他也如實告訴了法官，但那樣就能使法官變得友善了嗎？沒有，雖然他相信法律仍然站在他這邊。他知道自己講得比過去精彩，但他沒有尊重法官的感受，沒有用討論的態度說明自己的觀點，而是當眾指出一位聲望卓著、學識豐富的長者錯誤，進而引起對方的誤會。當年輕律師談到自己這些感受時，顯然已經心生悔意。

做人難，就在於拿捏不好分寸。沒有現成的標準參照物可供參照，全憑自己在生活中摸索觀察學習，再根據自己選定的人生目標制訂行為標準、處世原則。想做政客，當然要夾緊尾巴，喊響口號；想當藝術家，自然要不拘小節、修行美感、碰撞火花。做為一個凡人，自有凡人的做法：修身養性，保健身體，自由而不逾矩，務實而不阿諛，取應取之財，護應護之利，安度日月，頤養天年。

擺正自己的位置，掂準自己的分量

擺正自己的位置才能選準自己的目標，掂準自己的分量才知能否實現自己的目標。環境改變了，人的位置也會隨之變化，不能根據環境變化隨時調整自己的位置，就會一頭從位子上栽下來，摔個大跟斗。

大家都知道楚漢相爭時有個曾忍受胯下之辱的韓信，這人可是個厲害角色，出陳倉，定三秦，俘魏豹，捉夏悅，斬成安，滅趙歇，收降燕，掃東齊，一路殺來，最後把項羽圍於垓下，四面楚歌，霸王別姬，自刎烏江。韓信可謂大漢的第一功臣，連鼎鼎大名的史學家司馬遷都在《史記》裡說，漢朝天下，三分之二是人家韓信打下來的，楚霸王項羽，也是靠他滅的。可見這人貢獻有多大，分量有多重。全國解放了，江山坐在屁股底下了，就該論功行賞，加官晉爵，分封土地了。可是，功高蓋主，他韓信的功勞如此之大，你說這位子該往哪裡擺？加上他又不那麼愛謙遜退讓，看到往日部下曹參、灌嬰等平庸之輩都分土封侯，位列同一級別，享受一樣待遇，與自己平起平坐，心中不免忿忿不平。就算猛將樊噲，也是劉邦的連襟，堂堂的皇親國戚，每次韓信拜訪，他都「拜迎送」，不敢絲毫怠慢，而韓信一腳跨出樊噲的門檻，就會一口濃痰啐地，大發「我今天竟與這樣的人為伍！」的牢騷，可見其人之心不平，足可比山嶽。這麼大的功勞，這麼高的心性，放在什麼位子才能擺得下？總不能騎到皇帝劉邦的脖子上去吧？這確實讓劉邦很為難，實在找不到合適的位子安放他，思來想去，只好殺掉算了。韓信之所以落到這個下場，就是因為沒有看清局勢，戰爭結束了，環境變了，自己的位置理應調整，如果能拿出忍受胯下之辱一半的低調，激流勇退，解甲歸田，做個無冕之王，相信也不至於讓劉邦那麼為難，使出絕招，徹底斷了他的一切念頭。

不說貴為智慧生物的人類，就是動物界，也存在地位等級問題。美國生物學家曾將一群狒狒中的首領和最小的一隻，分別關進籠子，等到其他狒狒進食之後再放牠們出來進食。每次狒狒首領看到其他狒狒進食，就會變得煩躁不安，在籠子裡又跳又抓又咬，直到渾身傷痕累累，筋疲力盡。放出來後，也要將食物打翻，拒絕進食。而那隻最小的狒狒，在籠中表現得悠然自得，與往日無異，放出來後，哪怕狒狒首領把牠的食物打翻也不介意，同樣吃得津津有味。生物學家們由此得出結論：因為首領總是第一個進食，所以在籠子裡看到其他狒狒進食，就會勃然大怒；而那隻小狒狒，平時都是最後一個進食，當別的狒狒進食時，牠已經習慣坐在一旁等待，所以表現非常平靜。由此看來，狒狒群裡等級森嚴，越位了就要遭到處罰。

眼光決定不了位置，但位置卻因人的眼界而存在。你目光向上，位置就踩在腳底，你目光向下，就覺得位置壓在頭頂。所以位置是立足之本，也是壓力所在。位置不僅包括你生存的地方，還包括你的地位和職責。在其位謀其政，處於什麼位置就要負起什麼責任。要負起相對的責任就要有相對的能力，為此我們說，不僅要擺正自己的位置，還得掂準自己的分量。唯有合適的位置，又有相對的能力，才能發揮合適的作用。

生活處在時刻變化之中，人的位置也會出現不同的變化，找準自己的位置不容易，保住自己的位置更難，根據環境的變化發展，時刻調整好自己的位置。

知識拓展

貝勃定律是一個「狡猾」的定律，它的效應在各個方面幾乎都能屢試不爽。因為，不論生理上還是心理上，人總是會有一種逐漸適應的機制。有頭腦的人會利用貝勃定律為自己減輕做事的阻力。

比如，商家一般會小幅度調漲他們的產品價格，而在人們都接受以後就加價更多。或者有的商家起初一直把價位抬得很高，某天突然大幅減價，雖遠遠高於成本，卻也能夠招引顧客。「貝勃定律」經常應用於人事變動或機構改組等。一家公司想趕走眼中釘，應該先對無關的部門進行大規模的人事變動或裁員，使其他職員習慣於這種衝擊。然後在第三或第四次的人事變動和裁員時，再把矛頭指向原定目標。很多人受到第一次衝擊後，對後來的衝擊已經麻木了。在談判設計中，一般有經驗的談判專家都是在談判臨近結束時才提出一些棘手的條件，而對方被一開始的優厚條件所誘惑，也就不怎麼在意後來才知道的那些缺點了。

20. 瘟疫一樣傳播的劣習——破窗定律

● 如果有人打壞了建築物的窗戶玻璃，而這扇窗又未及時維修，別人就可能受到某些暗示性的縱容，去打壞更多窗戶玻璃。

近朱者赤，近墨者黑

提起變色龍的由來，有一則寓言故事。

在一片森林裡住著三隻蜥蜴王，其中一隻覺得自己身體的顏色與周圍環境大不相同，反差太大，太刺眼，容易被敵人發現，沒有安全感，於是對另外兩隻說：「我們住在這裡太危險了，得想辦法改變環境才行。」說完，便以身作則帶領下屬大幹起來。可惜森林太大，改造起來太難，沒多久就累死了。另一隻看了說：「連命都搭上了，也沒改變多少，看來要想改變環境，非我輩力所能及，還是另謀寶地，找個安全的地方去生活吧。」說完一聲吆喝，領著牠的臣民逃出了森林，還沒有找到安全的樂園，就活活餓死在半路上。第三隻看了看四周，似有所悟，說道：「為什麼要改變環境適應自己，而不改變自己來適應環境呢？」說完，牠借助陽光和樹影，慢慢改變自己皮膚的顏色，給自己穿上一件迷彩服，不一會兒，就隱沒在粗糙的樹幹上。牠的子民一陣驚呼，歡呼雀躍，紛紛效仿，轉眼功夫，大群的蜥蜴不見了蹤影。從此，這群蜥蜴就被稱作變色龍，在森林裡過著幸福的生活。

近朱者赤，近墨者黑。萬物生存的環境，都具有很強的暗示性和誘導性，暗示和誘導你去順從它、適應它，否則就有被淘汰的危險。人類亦是如此，故而像變色龍子民一樣，從眾就成為人們迅速適應環境省力又省心的捷徑。人們把它稱為「破窗效應」，具體生動地說明了這個現象。美國史丹佛大學心理學家詹巴德，曾找了兩輛一模一樣的汽車，一輛擺在秩序良好的中產階級社區，一輛擺在秩序混亂的貧民社區，他把後一輛車的車牌拿走，車頂打開，結果不到一天，車就被人偷走。而前一輛車擺了一個星期也安然無事。接著詹巴德把這輛車的玻璃砸破，結果沒幾個小時，這輛車也不見了。

在此基礎上，心理學家威爾遜和犯罪學家凱琳提出了「破窗理論」：如果有人打破了一個建築物的窗戶玻璃，而這扇窗又得不到即時維修，別人就可能受到某些暗示性的縱容，去打爛更多的窗戶玻璃。久而久之，這些破窗戶就給人造成一種失序的感覺。在這種公眾麻木不仁的氛圍中，犯罪就會滋生、增長。」州官點燈，百姓就敢放火，環境的暗示和誘導常常會驅使人們破壞固有的秩序，以便重建新的秩序，並在新的秩序中重新獲得更有利的地位。從眾心理即反映了人們對新秩序的敏銳，又反映了人們渴望及早進入新秩序以便占據有利位置的主動性。

生活中，隨處可見破窗效應，例如在公車站，本來大家都很自覺地排隊上車，忽然有個人衝出隊伍擠上車，其他排隊的人就會蜂擁而上；很乾淨的廣場，有人扔垃圾未遭到制止，扔垃圾的人就會慢慢多起來，最後垃圾遍地。人們自覺利用破窗效應來達到某種目的，培養某種習慣，完成某項工作的事例也很多。例如，重要人物率先帶頭、以身作則的示範效應、殺雞儆猴、鼓勵第一個吃螃蟹的人、推廣某產品的名人廣告，都是利用破窗效應的從眾心理。

良好的社會道德風氣、法律的巨大威力，都對破窗效應的負面影響有著極大的約束力，並促使它發揮應有的正面作用，為改善人們的生活、推動社會發展服務。

人的劣根性

從眾是生物適應環境、謀求生存養成的一種條件反射行為，它有利於生物藉助群體的力量，在環境發生變化時，快速地適應。例如對食物、水源、安全等基本需求的獲得，從眾比較容易得到滿足。隨著人類的進化，人們由本能意識支配行為發展為自覺意識支配行為，從眾心理也發生一定變化。但生物的本能特徵並未因此消失，反而逐漸潛伏在人們的意識深處，成為伺機發作的一股巨大力量，並沿著優劣兩個相反方向發展，劣的方向就成為破壞人性向善的頑疾，我們稱之為人的劣根性。

盲從、盲目崇拜是從眾心理的極端反應，我們不能簡單用奴性、喪失人格、沒有骨氣等語詞進行武斷定性。當人們對未知事物缺乏了解、對未來環境無法做出判斷的時候，迷茫和恐懼感會使人更加依賴具有超凡能力的人，相信他們的力量能夠給自己帶來安全感，解決任何未知的困難，進而相信追隨他們就會使自己得到發展的機會。人們對盲從和盲目崇拜之所以痛加韃伐，是因為任何事物都有兩面性，盲目崇拜的巨大副作用，足以對人們的生活造成極大的破壞，甚至葬送生命。

盲目崇拜導致人生失敗的例子很多，最有名的應該是邯鄲學步了。戰國時期，燕國有個人不知道從哪裡聽說，趙國都城邯鄲的人們走路姿勢特別優美，比今天的時裝模特兒走的台步還要美上百倍，燕國人非常羨慕，於是打算到邯鄲去學習學習，相當於現在的出國留學，爭取走出一段漂亮的人生路。他烙了一堆大餅，翻出櫃子裡穿得出門的衣服，收拾收拾行囊，連護照都來不及辦理，就匆匆忙忙趕往趙國了。到了趙國邯鄲一看，果然是名不虛傳、領導時尚潮流的大都市，人們走路姿勢雖然各異，但都非常個性，優美時髦，比自己老家的走法漂亮多了，他見一個喜歡一個，跟這個學完趕緊跟那個學，每個過路行人都成了他的老師。人家方步他方步，人家小跑他小跑，人家扭捏他扭捏，人家一瘸一拐，他就跟著腿抽筋。也不知學了多久，一天早起，正想著還有什麼新的走法自己沒有學過，大餅也快吃完了，要把握時間去學習，學會趕緊回家。沒想到，跳下床來，竟然發現自己不知道該邁哪條腿了，左也不是，右也不是，只好趴在地上，再也顧不得學人家怎麼走了，一路慌忙爬回家去。顯然，這個故事誇張了盲目崇拜的結果，帶有嘲笑譏諷的味道，但我們也應該看到，盲目崇拜導致的惡果有時要比邯鄲學步嚴重得多。

迷信也是盲目崇拜的一個惡果，是人們對神秘未知力量的敬畏，希望得到未知力量幫助的心理在作祟。美國職業棒球賽初期，球員通常都認為，比賽前看見滿車空桶，一定能帶來好運，贏得勝利。紐約巨人隊的球員唐林，在一次比賽前見到一車空桶，結果當天比賽他四次得分，幫助球隊贏得了比賽。賽後他把這事告訴了麥格拉柯教練，教練不聲不響，暗中吩咐一輛貨車，每天早上載滿空桶從球場大門經過，直到球隊出外巡迴比賽為止。結果，每場比賽都是唐林得分最多，巨人隊也獲得了奇蹟般的十連勝。這一迷信令唐林充滿必勝的信心，激發了他的潛能，使他在比賽中發揮了超常的水準。

每個人或多或少都有崇拜心理，只要不盲目，以平常心看待崇拜，崇拜就會給自己帶來向上的激勵和鼓舞，幫助自己樹立信心，克服自卑，獲得前進的動力。

良好的社會風氣

人不僅是個體的人，還是社會中人。社會由人構成，人與社會必然形成互相依存又互相影響的關係。提高人的素質，一方面有利個人整體功能優化，同時也會加速社會生活環境的改善和淨化。反過來，社會環境對人的整體素質發展具有至關重要的作用。所以培育良好的社會風氣，一直是人類努力不懈的目標。

好的社會風氣使人從善如流，發揮破窗效應正面的作用；敗壞的社會風氣使醜惡氾濫，助長破窗效應負面的破壞力量。任何社會風氣都非一朝一夕形成，是人類社會生活中慢慢形成的一種思維方式和行為習慣。

無論什麼樣的社會風氣，它的養成，從本質上講，都是實用主義長期作用的結果。上個世紀初，英國鄉村有一套完整的牛奶配送系統，每天都會準時將牛奶送到顧客門口，由於奶瓶不加蓋，山雀與知更鳥常常趁主人開門取奶之前，享受這免費的早餐。後來，廠商為了防止這些鳥類偷喝牛奶，就給奶瓶加裝了鋁製瓶蓋，人們以為山雀與知更鳥再也享用不到這些送上門的美味了。但到了五〇年代，人們發現，當地所有的山雀都學會了刺穿鋁製瓶蓋，繼續享用這些免費早餐；反觀知更鳥，卻很少能有幾隻學會這一技術，大多數知更鳥便享受不到這送餐上門的待遇了。為什麼山雀學習技術蔚然成風，而知更鳥卻毫無進步呢？原來，山雀是群體生活的鳥類，族群意識強烈，每有新的發現，都會很快在整個族群中傳播開來。而知更鳥是單體領地鳥類，習性獨來獨往，當然就無法全面推廣新技術了。人類社會風氣的形成，與山雀推廣喝牛奶技術類似，凡是對人類生存發展有利的群體行為，經過反覆實踐，逐步推廣，就會形成一種良好的社會風氣，像空氣一樣，成為指導人們行為的準則。

好的社會風氣，來自人們好的品德修養和行為習慣。個人雖不能憑一己之力改變整體社會風氣，但可以透過自己的修養，用好的行為從微觀去影響社會風氣，如果人人如此，社會風氣就會從量變到質變，形成質的飛躍。所以，從自己做起，增學識，不盲從，拒絕破窗效應的影響，運用護花原理，向善從善，勸人為善，那麼好的社會風氣就會悄然形成。

法律的威力

法律在預防、遏止、消除破窗效應引發的犯罪滋生方面，發揮關鍵性作用。一方面規範人的行為，另一方面像槓桿一樣不停地調整社會關係，使整個社會趨於平衡穩定。

法律對每個人的行為都有指引作用，這種指引根據情況的不同，有時是一種選擇性指引，就是人們可以自己選擇是否這樣行為。例如，允許人們吃蘋果，可以吃，也可以不吃，主動權在個人手裡，鼓勵人們從事法律所允許的行為。有時是一種明確性指引，人們必須根據法律所指引的那樣來行為，防止人們做出違反法律所指引的行為。

作為一種規範，法律必然具有判斷、衡量他人行為的評價作用。透過法律的評價作用，判斷某個人的行為是合法還是違法。這種評價勢必帶來法律的教育作用，當然這種教育不是指促進文化教育方面的社會作用，而是透過法律影響一般人今後的行為。法律的懲戒和制裁就是對受裁人的一種教育，對他人的一種警戒。反過來說，合法的行為及其後果也同樣對社會大眾的行為起示範效果。依循法律，人們可以預先估計、預測到相互間的行為，包括輿論的態度和國家機關對此行為的反應，所以破窗效應裡，第一塊玻璃被砸前，人們能估計到結果，所以沒有人行動，一旦第一塊玻璃被砸，人們對法律的預期就會顯現，如果法律沒有進行制裁，等於告訴他人，法律是允許這種行為的，所以就會有更多的玻璃被砸。

法律的巨大威力還在於它的強制作用，這種作用的對象是違法者的行為，但對其他具有違法動機而尚未實施的違法行為具有強大的威懾作用。例如破窗行為中，如果第一個打破窗玻璃的人，立即受到制裁，那麼跟進的砸玻璃者就會大大減少。一般來說，法律都是以人們自發遵守為基礎，但強制也是必不可少的條件。法律的強制作用之所以必要，不單是為了制裁、懲罰違法犯罪者，更為了預防違法犯罪行為的發生，它的預防作用遠大於懲戒作用，目的就是為了增進人們的安全感，建立起穩定的社會秩序。

法律在與破窗效應滋生的突發犯罪事件進行較量時，它的強制功能常常具有決定性作用，是解決突發犯罪事件的有效方法。例如，對於大規模暴力騷亂、群體犯罪等，道德教育、情感的感化、輿論的說服等等方法，很難收到立竿見影的效果，只有透過法律的強制措施，才能平息。

法律是社會的槓桿，是人們行為的尺規，法律面前人人平等，這就保證了生命的平等，它的平等意義超越了道德、人生觀、價值觀等一切意識形態的約束，對於社會關係的穩定有序，發揮不可替代的作用。

良好的社會風氣通常也是建立在完善法律制度的基礎上，道德和法律是相互依存和相互作用的兩種不同的社會推動力。我們常常會遇到合情不合法或者合法不合情的事情，這時法律的作用要大於情感的作用，因為情感具有傾向性，缺乏公正性，以法律為準繩，就是因為法的中立性、公正性、客觀性和穩定性。道德對法律具有引導作用，會使法律更完善、更公正；法律對道德有推動作用，會推動道德向良好的方向不斷發展。道德指明人生的方向，法律規範人們的行為。道德給人精神的力量，法律給人安全的保障。

知識拓展

與「破窗效應」相對應的是威爾遜提出的「護花原理」。利用人們趨善愛美之心，引導人們養成好的習慣，進而形成好的社會風氣。在威爾遜生活的城市裡，有一座漂亮的公園，種滿了各種花草樹木，每年春天，都會有大量的遊客來公園觀光遊覽。儘管公園豎立很多警示的牌子，諸如「摘花可恥」、「摘了花朵，丟了修養」等等，但仍然阻止不了一些遊客順手牽羊，採摘花朵，令公園管理人員頭痛不已。後來管理人員向威爾遜求教，問他有沒有什麼好辦法，威爾遜讓管理人員換個角度來提醒人們，用善意的提示代替惡意的警告。於是，管理人員把原來的牌子換成「你欣賞花的美麗，花欣賞你的高貴」、「上帝是花之美的締造者，你是花之美的保護者」等充滿善意又美好的內容，結果立竿見影，摘花的遊客驟然減少。威爾遜為此解釋說：「花園的美麗，需要人們用心靈的美麗來維持，你欣賞他人品格的美麗與高貴，他自然就會付之以等價的行為來回報你的欣賞。」後來人們稱之為「護花原理」。生活中，這一原理的應用也是隨處可見，它與法律相輔相成，形成獎懲並用的社會風氣培養機制。

第五章

萬變世界絕對不變的管理定律

21. 人多未必力量大——一五〇定律

● 把人群控制在一五〇人以下，是管理人群最佳和最有效的方式。

建構科學團隊

一五〇定律來自歐洲赫特兄弟會的一個不成文規定。赫特兄弟會是一個自發的農民組織，他們自給自足，用鄉規民約約束各自的行動，互相幫助，互通有無，在維持地方民風發揮了重要的作用。他們有個不成文的嚴格規定，每當會員人數超過一五〇人的規模時，他們就把它分成兩個，各自發展，平行並立，不再彼此制約和干涉。這是一個非常有趣的現象，也是非常有效的辦法。

「把人群控制在一五〇人以下，似乎是管理人群最佳和最有效方式。」後來人們發現了這個辦法的科學合理性，把它定義為一五〇定律，並普遍應用於各種組織建設。

一五〇定律在現實生活中處處可見，例如中國廣大農村的生產小組，人口通常控制在一五〇人左右；大型生產企業的廠房員工數大多在一五〇人以內；我們常用的聊天工具MSN，最多好友數為一五〇人。

以一五〇人為一個單元數，有著內在的合理性，它符合我們熟知的二八法則，即人類八〇％的社會活動用於處理二〇％的人際關係——一五〇人，這已成為我們普遍公認的社交關係人數最大值。無論我們經由何種社會關係網絡認識多少人，能維持相對密切關係的人數都不會超過一五〇人。

一個企業的存在和發展，首先取決於它的團隊建設。團隊是企業的核心和靈魂，是決定企業生死存亡的關鍵。如果按照權變派的組織理論說法，沒有普遍適用的最佳組織模式。但我們可以肯定的是，一個組織卻有最合理的人數規模。對一個企業來說，無論管理模式如何彈性發展，它的團隊規模應該保持相對的穩定和合理的人數。

隨著市場競爭日趨激烈和白熱化，企業在不同的發展階段，必須做出與企業發展相適應的管理團隊調整。人員總量控制、人員結構分布、團隊組織形式、權力運作模式，都必須結合企業的發展戰略、所處的行業地位、周邊的競爭環境、科技創新能力、技術運用程度、自身的人員素質等因素，做出即時合理的改革和調整。

在保持企業團隊相對穩定的基礎上，企業管理的內部結構應該是動態的、彈性的，以便適應企業發展的各種要求。對於任何下屬部門，都應該定期進行審視，裁撤重組不合理或無作用的部門機構，以使各部門時刻處於高效合理的狀態之下，發揮部門的最大作用。

不難看出，世界上許多先進的企業，都在運用虛實結合的控制體系、職能整合的彈性機制和動態調整的管理模式，這種模式的精髓使企業組織結構形成神經靈敏的管理網路，不僅激發了企業的活力，還保障各下屬組織機構的靈活性，同時又取得了管理成本的經濟性。

那麼，一個合理的管理團隊，人員怎樣分布最為合理呢？從世界上成功的企業來看，他們的經驗是，決策層一般占團隊總人數的三%左右，總經理授權中控機構一般占七%左右，職能部門管理人員占二〇%左右，基層員工占七〇%左右。這種結構分布就像一個人，機體協調，分工合理，既能充分發揮自己的力量，又使自己的成長充滿了後勁。

把握一五〇定律，建設好自己的團隊，發揮團隊的最大潛能，創造最佳的經濟效益和社會價值，不正是每個企業家的追求，以及有志成為企業家之人的光榮夢想嗎？

讓合適的人出現在合適的職位

沒有不可用的人，只有沒用對的人。讓合適的人在合適的職位做合適的事，對管理者來說，並不是一件容易的事情。世人常說，千里馬常有，而伯樂不常有。要認清每個員工的能力、熟悉每個員工適合什麼工作、知道每個員工能做好什麼，光憑一兩份簡歷、一兩次面試、一兩次談話、一兩件工作，顯然辦不到。擁有好的品行、具備一定素質、勝任一定工作，一般認為是合適的人，但我們常常會忽略他的性格、愛好、興趣等情感因素，而使他在合適的職位卻不一定做好相對的工作。所以，知人善任，首先要做到知人，就是全面了解。

一個鄉下青年去城裡應徵百貨公司銷售員，老闆問他：「你做過銷售員嗎？」青年回答：「我以前是村裡挨家挨戶推銷雜貨的小販子。」「你明天可以來上班了，下班的時候，我會過來看看。」老闆喜歡他的機靈，決定先讓他試試。一天的光陰不算長，可是對青年來說，真是度日如年，好不容易熬到五點，該下班了，老闆終於過來了。老闆問他：「今天做了多少筆買賣？」「一筆。」青年不動聲色地回答。「這麼少？」老闆吃驚地說：「我們這的售貨員通常一天可以完成二十到三十筆生意，一筆少了點。你賣了多少錢？」「三十萬美元。」青年按耐住自己的喜悅，仍然表情平淡地說。老闆目瞪口呆，不相信自己的耳朵，半天才回過神來，疑惑地問：「你怎麼賣那麼多錢？」「是這樣的，」青年不急不徐地說：「一位男士進來買東西，我先賣給他一個小號的魚鉤，然後中號的魚鉤，最後大號的魚鉤。接著，我賣給他小號的魚線、中號的魚線，最後是大號的魚線。我問他上哪兒釣魚，他說海邊。我建議他買條船，所以我帶他到賣船的專櫃，賣給他長二十英尺、有兩具發動機的縱帆船。然後他說他的大眾牌汽車可能拖不動這麼大的船。我於是帶他去汽車銷售區，賣給他一輛豐田新款豪華型『巡洋艦』。」老闆嚇得後退兩步，難以置信地問道：「一個顧客僅僅來買個魚鉤，你就能賣給他這麼多東西？」「不是的，」青年回答道：「他是來幫他妻子買衛生棉的。我就告訴他，『你的週末算是毀了，幹嘛不去釣魚呢？』」

青年給了老闆一個驚喜，老闆也了解了他的能力。下一步怎麼使用，能不能把青年放到合適的職位，我們不得而知，但顯然，青年喜歡銷售員這個職位，也有能力做好這項工作。

一個人可能擅長組織策劃但未必能執行得好，一個善於操作的員工可能帶不好徒弟，不同的職位會有不同的能力需求，管理者應該制訂詳細準確的職位職責說明書，讓員工對號入座，根據自己的特長和能力，選擇與自己能力、素質相吻合的職位。

「電磁爐不能當作唱盤使用，無法量體重；電烤箱不能用來變魔術，不能當水族箱使用。」這是日本某家電說明書上的說明，看起來令人好笑，卻很能說明問題。我們常常自以為什麼都知道，一切都是常識，可是做起工作來眼高手低，鬧出電烤箱裡養金魚的笑話也不是沒有可能。把合適的人放到合適的職位，並不表示他什麼都知道，什麼都會做，管理者還必須給他制訂詳細的工作手冊，讓他明白什麼事情必須要做，什麼事情不能做，明確權利和義務，只有這樣，才能讓合適的人在合適的職位做好合適的工作。

新舊更替，永保活力

員工的活力就是企業的活力。看一個企業是不是有活力，就看它員工的精神面貌。一個企業團隊如果長期保持員工不變，就會變得死氣沉沉，缺乏熱情和活力，惰性十足，沒有競爭，失去壓力，失去緊迫感。要保持一個企業團隊的活力，就要新舊更替，隨時補充新鮮血液，用老員工的沉穩清除年輕人的浮躁，用年輕人的熱情激發老員工的活力。一個死氣沉沉的企業，不會有創造性的工作，也就不會有超水準的業績。

挪威一個小鎮，緊靠大海，因盛產沙丁魚聞名於世。小鎮的人們以捕魚為生，尤其沙丁魚是他們主要的收入來源。每當漁船歸航抵港，活著的沙丁魚都會賣個好價錢。令人遺憾的是，由於漁船出海時間過長，出售時，很多沙丁魚已經死去，漁民想盡辦法試圖讓沙丁魚存活下來，但收效甚微。

一次，一位老漁民在海上忙碌了幾天，捕獲了大量沙丁魚，他喜出望外，高興地駕船急忙返航，誰知未到半途，沙丁魚已經死了，不再鮮活。老漁民察看著魚艙，心裡非常著急，但無計可施，只好按照老辦法，挑出那些死去的沙丁魚扔掉。這時他看見另一魚槽的一條鯰魚一動也不動，以為死了，順手撿出來準備扔掉，不料鯰魚忽然一躍，掙脫他的手，滑進裝滿沙丁魚的魚槽。當老漁民駕船順利回到港口，打開魚艙時，眼前的情景令他難以置信：原以為大部分沙丁魚已經死掉，卻只見所有的沙丁魚都活蹦亂跳，非常新鮮。他感到很奇怪，就仔細研究起來，結果發現，原來是那條無意間掉進去的鯰魚救了沙丁魚的命。

鯰魚掉進沙丁魚槽後，由於環境陌生，氣氛緊張，便到處游動，上下流竄，攪得四鄰不安，雞犬不寧。而大量的沙丁魚忽然看見一個陌生的傢伙闖進來，立即緊張異常，拼命游動，整個魚槽上上下下，到處是飛騰起來的沙丁魚，開了鍋一般波動，大量的氧氣被帶進水裡，沙丁魚氧氣充足，自然就活蹦亂跳地被運到港口。

一條鯰魚令整槽的沙丁魚充滿生機，一名新的員工有時也能讓團隊煥發活力。適時地引進鯰魚，啟動團隊的精氣神，是很多企業管理者經常採用的策略。

在團隊人員新舊交替過程中，一定要做好企業元老的工作，這是個常常被忽略的問題。一方是奮鬥多年，立下汗馬功勞，但由於受知識水準、思維能力、環境變化、業務發展的限制，越來越不適應企業發展需求的元老；一方是擁有新觀念、新知識、新技能、符合企業發展需求、朝氣蓬勃的新人，管理者必須明智取捨，採取合情合理的方法實現平穩過渡，既讓元老放心，又讓新人安心，發揮好各自的作用。

很多老員工，由於長時間在企業內工作，特別是經歷過艱辛創業時期的員工，對企業懷有深厚的感情，對公司忠誠度很高，使他們不願意離開。同時，當他們發現自身素質和能力與外界求職需求出現一定差距時，也害怕離開企業。新員工帶給他們的壓力就格外大，產生反彈情緒在所難免。做好老員工的安撫工作，為他們安排好後路，是順利實現新舊交替必不可少的一環。

選準合適的鯰魚，投放到你的團隊中，讓你的團隊永保活力，只有如此，企業才能常盛不衰，健康發展。

穩定而不僵化

唯有穩定的團隊，才有穩定的發展。一個穩定的團隊，必定有健康的團隊精神，凝聚力、團結、激勵、活力、創造、精神飽滿和心情舒暢，構成一個團隊的核心價值。透過全面的激勵和高效的溝通，鼓舞每一個員工的熱情，挖掘出他們的潛力，透過有效的協調與合作，凝結成一股精神，成為推動企業不斷前進的動力，是一個團隊的精神所在。只有這種精神才是維持團隊穩定的基石，保持這一精神的傳承和發展，而不是僵化地固守信條，使團隊充滿活力和生機，是團隊永遠立於不敗之地的力量泉源。

精神是團隊的靈魂，制度是團隊的保證。一個穩定的團隊，必有完善的規章與制度。制度是對員工進行外部規範、約束與控制的有效方法，而來自員工自身的規範和約束，也是團隊建設的重要任務。培養員工主動進行自我的約束和控制的意識，能夠有效保證制度的實施和減輕制度的成本。

一個穩定的團隊首先要營造相互信任的組織氛圍，要引導員工樹立正確的態度，慎用各種懲戒措施，建立高效暢通的溝通機制。其次要打造合適的團隊形式，包括學習、協作、競爭和創新。學習是一個團隊進步的資本，協作是一個團隊取勝的力量，競爭是一個團隊鬥志的泉源，創新是一個團隊發展的關鍵。氣氛和諧，分享知識，善於合作，良性競爭，不斷創新，才是一個優秀的團隊。

一個人死後不知道該上天堂還是下地獄，於是請求上帝，帶他參觀一下天堂和地獄，然後再做決定，仁慈的上帝答應他。上帝先把他帶進一個很大的房間，一群骨瘦如柴的餓鬼嗷嗷叫著等待開飯。上帝發給每個人一把長勺子，要求他們拿著長勺子的把，用勺子吃飯，必須在規定的時間內吃完，不准弄翻，不准浪費。結果大家你搶我奪，互相碰撞，不僅在規定時間內沒有吃飽，還把飯撒了一地，眾人情緒惡劣，互相指責謾罵，亂成一團。接著，上帝把他帶進另一個房間，那裡的人紅光滿面，氣定神閒，一看就是吃飽喝足的人。上帝同樣發給他們每人一把長勺子，和另一個房間的要求一樣，規定時間內吃完，不准浪費。只見一個人不慌不忙，拿起長勺餵另一個人，又準又快，其他的人也紛紛拿起長勺子，你餵我，我餵你，井然有序，不僅在規定的時間內吃得很飽足，還沒有撒一粒米，大家吃得開開心心，房間充滿了歡樂的笑聲。上帝問那個人，知道哪個是天堂，哪個是地獄了嗎？那人回答知道。接著上帝問，知道天堂和地獄的區別了嗎？那人似有所悟，連連點頭。

天堂的人之所以能上天堂，是因為他們懂得團結、學習、合作和創新，自然會開心快樂。反觀地獄的人，自私、魯莽、各自為政、互不相讓，受到懲罰也是罪有應得，正應了那句話，你不下地獄誰下地獄。

一支優秀的團隊，一定是穩定團隊，一定有成熟的團隊精神傳承和延續，穩而不僵，充滿活力。利用定律，在你的團隊培養出自己獨特的團隊精神，打造一個善學習、懂合作、敢競爭、勤創新的團隊，你的企業必將蒸蒸日上，前景無可限量。

知識拓展

一五〇定律還告訴人們，每一個人身後，大致有一五〇名親朋好友。如果贏得了一個人的好感，就意味著贏得了一五〇個人的好感；反之，如果得罪了一個人，也就意味著得罪了一五〇個人。在求職過程中，接觸不同的人，贏得對方的好感，可以迅速積累人脈資源，擴大人脈關係網。

美國著名推銷員喬．吉拉德在商戰中總結出了「二五〇定律」。他認為每一位顧客身後，大約有二五〇名親朋好友。如果贏得了一位顧客的好感，就意味著贏得了二五〇個人的好感；反之，如果你得罪了一名顧客，也就意味著得罪了二五〇名顧客。這一定律有力地論證了「顧客就是上帝」的真諦。

22. 繁花漸欲迷人眼——科安定律

● 如果事情看起來很複雜，就會讓人失去興趣。

從簡單入手，培養員工工作興趣

剛剛走入職場的年輕人，容易心高氣傲，這山望著那山高，對小事不屑一顧，不願從簡單的小事做起，只想拖西瓜，不願撿芝麻，一上任就希望挑大樑，做大事，巴不得一蹴而就，早日成就一番大事業。所謂欲速則不達，眼高手低，失敗在所難免，之後就心灰意冷，失去信心，沒了工作的興趣，不願再做任何事情。

針對年輕員工這種普遍存在的心態，如何培養其工作興趣，是每個管理者面對的一道說難不難、說易不易的課題。

科安定律告訴我們：「如果事情看起來很複雜，就會讓人失去興趣。」新員工剛剛開始工作，就安排其從事複雜難做的事情，令人感到完成任務很難，心中沒底，容易失去信心，挫傷積極性，導致心灰意冷，產生厭倦情緒。所以，如何安排員工作第一件工作，讓員工從何處下手，就像一首歌怎麼起頭，既有學問又是藝術。

第一份工作是員工的職業著陸點，只有讓其站穩腳跟，培養濃厚的興趣，才能激發其積極性，用其所長，人盡其才。有些員工，剛剛招進來不久就不辭而別，雖然原因眾多，其中不乏對新工作無所適從、畏懼茫然的因素。

志偉第一天上班就感覺不好，氣氛冷清又壓抑。主管不在，安排給他的辦公桌堆滿了前任留下的各種文件資料。下午，主管要他去送一份報表，沒告訴他怎麼去送，送給誰。志偉一路打聽，終於把報表送到了指定的地方，回來後繼續工作。第二天，主管把他叫過去問：「報表送到了嗎？」志偉忐忑答道：「送到了。」「送給了誰？」主管繼續問。「送給了一位女士。」志偉有些不安地回答。「知道是誰嗎？」主管有些不悅。「不知道，她說放那就好了，然後就沒再說話。」志偉低下頭。主管一聽火了，馬上把志偉教訓一頓，他說：「不管什麼工作，不管結果如何，做完都要向我報告，你懂嗎？」志偉羞紅臉，低頭說：「記住了，下次一定立刻向您報告。」嘴上雖然這麼說，心裡已經產生了強烈的委屈和不滿，第二天，志偉沒有來上班。

這些看似微不足道的細節，其實對一名新員工來說非常重要。如果志偉初來上班時，大家給予一些熱情的歡迎，主管分配工作交代詳細一些，明確告訴他做什麼、怎麼做，或者安排老員工帶一帶，如果有做得不妥的地方，主管少些訓斥，多些開導和啟發，相信志偉不會輕易放棄得之不易的工作。

招募一批新人，管理者內心要把他們看成一筆投資，不要希望立刻就收到效益。他們僅僅是人材，還不是人才，要想成才，還要經過長期工作的錘鍊。首先要營造關愛的氣氛，化解他們的自卑心理。然後分配一些能力所及的工作，並詳細說明工作流程，觀察、磨礪、培訓他們，讓有經驗的員工指導他們，有了成績和進步，即時鼓勵表揚，使他們對自己充滿信心，對工作充滿熱情，逐漸培養起工作的興趣。讓員工之間競爭合作又互補，強化人際關係能力。使新員工能充分發揮自己的潛能，早日適應工作，做好工作，同時養成互相尊敬、互相合作、關係融洽、共同進步的良好習慣。

新員工不是剛剛下線的小轎車，加上油，一踩油門就能嘟嘟跑起來，他是一個問路的稚童，還需要你的幫助和指引。

熟能生巧，得心應手

培養出員工對工作的興趣後，管理者就應該引導員工踏實工作，苦練基本功，讓每個員工都能練就一手絕活，充分發揮他們的特長。成語說「熟能生巧」，只有熟練了，做起工作才能得心應手。

絕活當然不是娘胎裡帶來的，也不是天上掉下禮物正好砸到頭上砸出來的。所謂「臺上一分鐘，臺下十年功」，好技藝都是經過長期刻苦訓練一點一滴錘鍊出來的。

北宋年間，有個叫陳堯咨的年輕人，練就一手射箭的絕活，天下無人能敵，相當於現在奧運射箭冠軍的水準。

有一天，他在自家後花園練箭，十之八九都能射中，旁觀的粉絲們紛紛拍手叫絕，陳堯咨也很得意，但觀眾裡有個賣油的老頭，不以為然，只是略微點點頭，表示認可。陳堯咨看了很不高興，走過去略帶訕笑地問：「會射箭嗎？我的水準如何？」老頭不識抬舉地回答：「我不會射箭，你射得很準，但並沒有什麼奧秘，只是手法熟練罷了。」陳堯咨自尊心一下受到了傷害，又不便發作，就追問老頭：「你有啥本事啊？亮出來讓大夥瞧瞧。」老頭也不甘示弱，掏出一枚銅錢蓋在盛油的油葫蘆口上，用勺舀了一勺油，高高地舉起，倒向錢眼，只見一條細細的線穿過錢眼，流到了葫蘆裡，整勺油倒完，未見銅錢沾上一點油星，觀眾嘖嘖稱奇，報以熱烈的掌聲。老頭抬頭對陳堯咨說：「我也沒什麼獨特的奧秘，只不過手法熟練而已。」這就是熟能生巧的由來，它告訴人們一個簡單的道理：沒有笨人，只有懶人，只要勤學苦練，天下沒有掌握不了的技藝，沒有練不成的絕活。

要想讓員工人人練就一手絕活，管理者就要在企業內部養成人人愛鑽研、人人苦練本領的氛圍，鼓勵員工勤學苦練，大張旗鼓獎勵有一技之長的人，讓他們發揮示範和帶頭作用，激勵人們你追我趕。引導員工苦練技術和業務競賽，使員工的技術水準和工作能力不斷得到提升。雖說不能讓員工冬練三九，夏練三伏，但每週拿出幾小時熟悉業務、苦練技術還是能做得到。苦練才能生巧，工作巧了，自然能精益求精，得心應手。技藝純熟了，處理工作，解決難題，就會省心省力，事半功倍。

要想練得驚人的技藝，就需要培養員工的三心：要專心去練，集中精力去練，戒浮躁、戒投機，不能妄想一步登天；要虛心去練，謙虛謹慎，多求教，多學習，啟發思路，激發靈感，因地制宜，學用結合；最後要有恆心，長期堅持，持之以恆，三天打漁兩天曬網肯定練不出真本領。每項絕活都有它的內在規律，堅持不停地探索，不停地實踐，總能找到其中的竅門。

練好了本領，練出了絕活，會增加員工的自信，增強企業克服困難的決心，勇於應對各種突發問題，大大加強企業的生存能力。

熟能生巧，不單是員工的個人能力水準提高，還應該成為企業文化加以培育，並成為企業文化的精髓之一，再經由文化的潛移默化，形成優良傳統傳承下去，對打造一支技術精湛、業務水準高、作風硬朗的團隊，發揮關鍵作用。

有了眾多「懷揣絕技」的員工，要提高產品品質、服務水準和業務能力，就不是空話，企業效益自然就會水漲船高了。

加強培訓，化繁就簡

員工培訓，是維持團隊有效運轉的一種人力資源開發方法，旨在透過對員工有計畫、有目的的職業培訓，開發組織內部的人力資源潛能，保持和增進團隊的活力和效率。

一個建築新工地上，老闆看到三名工人正在不同的位置砌牆，就走到第一名工人身邊，有意無意地說：「我們要砌一面牆。」接著走到第二名工人那裡，若無其事地說：「我們在建一棟房子。」最後來到第三名工人面前，極目遠眺，彷彿看到一座偉大的城市正在腳下慢慢升起，充滿自豪地說：「我們正在建設一座美麗的城市！」

工程結束的時候，老闆再次來視察，他發現第一名工人把牆砌得歪歪斜斜，凹凸不平，好像輕輕一推就會倒。老闆責問他為什麼如此潦草，他滿不在乎地答道：「不就是一面牆嘛！」第二名工人把牆砌得中規中矩，結實牢固，老闆很滿意，就問他是怎麼做到的，工人回答：「我們是在建一棟房子，牆是房子的關鍵，牆要倒了，那就很危險了。」第三名工人砌的牆讓他眼前一亮，只見那面牆平正筆直，每一個細節都處理得非常完美，彷彿精雕細刻一般。那些缺稜少角、扭曲變形的磚都被挑了出來，整齊地放在一旁，沒有一塊用到牆上。這個小故事說明——給員工什麼樣的理念，員工就會給你什麼樣的結果。

員工培訓的目的，除了提高員工的技術能力和業務水準，也是為了讓員工明白企業賦予他的權力和責任，明白企業的理念和追求，意識到自己的命運和企業的命運息息相關，進而充分發揮他們的主動性，創造性地完成企業的各項工作。

著名的大眾公司在員工培訓中，始終貫穿一個根本的中心思想——4M思想，即，多種技能（Mehrfachqualifziert）、機動性（Mobil）、參與創造（Mitgestaltend）和人性化（Menschlich）。它給每個員工提出一套可以理解的行動指南，使員工知道企業期待著他們應具有什麼樣的競爭能力，並給企業帶來什麼樣的機會。這個思想培訓，使大眾員工整體素質始終處於較高水準，達到了全員發展的目的，增強了公司的競爭實力。

一般的員工培訓，通常包括職前培訓和在職培訓兩種，而針對特殊業務需求進行的專項培訓，通常視為是在職培訓的延伸。新員工到來後，不要急於馬上讓他們投入工作，適當的培訓，能夠幫助他們盡快適應新的工作環境。職前培訓主要目的是讓他們了解和熟悉公司的歷史現狀、理念目標、發展前景和規劃，熟悉公司各種規章制度、工作操作流程、企業文化特點，結識其他同事，使他們盡快融入公司，為將來順利工作打下良好的基礎。

企業理念的導入，是現代企業培訓的突出特點，因為只有認同企業的價值觀，才不會用功利心看待自己的工作，才會把企業的命運和實現自己的人生價值結合在一起，才能啟發積極性，而不是為了眼前的薪水當一天和尚撞一天鐘，才會自動奉獻，先捨後得，自己的利益自然就會最大化。

一名現代的企業員工，他的工作是以培訓為基礎、以制度為規範、以績效為目的展開的，沒有培訓就沒有好的工作效果，所以一個成熟的公司、一個有遠見和理想的團隊，必須把對員工的培訓放在重要的位置，這樣才能確保公司取得好的業績和健康發展。

創新科技，提高效率

創新能力是現代企業員工所必備的基本能力，創新能力的培養對員工整體能力的提高，有非常關鍵的作用。所以對一個團隊來說，建構良好的、有利於創新的企業文化環境和氛圍，成為一個企業團隊重要的建設任務。一個開放的、進取的、寬容失敗的文化環境和工作氛圍，勢必會激發員工勇於創新的積極性和主動性。

一家生產牙膏的美國公司，由於產品品質好，價格合理，加上精美的包裝，很受消費者的歡迎，營業額年年升高，十年來，以每年一〇％－二〇％的比率迅速增長，公司收益大幅度提高，令公司董事們高興萬分。但是，從第十一年開始，三年時間裡，營業額停滯下來，不再增長，每年保持相同的水準。公司董事會看著不變的數字，感到非常不滿，於是召集全部經理聚集一起開會，商討擴大銷售、提高營業額的對策。

會議期間，一位年輕的經理站起來，揚了揚手裡的一張紙，對董事們說：「我有個建議，不過，如果公司採用我的建議，必須支付我五萬元。」總裁聽了很生氣，不客氣地對這位經理說：「我每月支付你不菲的薪水，外加各種獎勵，現在銷售狀況停滯不前，請你來開會商討對策，你還另外要求五萬元，是不是有點過分？」年輕經理面帶微笑地說：「總裁先生，您別誤會，您先看看，如果我的建議行不通，您可以直接將它丟棄，一分錢不用付。」「好！」總裁接過他遞來的紙，仔細看了一眼，二話不說，馬上簽了一張五萬元的支票給了年輕經理。那張紙上寫了什麼，竟那麼值錢？說出來可能會令你驚訝，紙上只寫一句話：「將現有的牙膏開口擴大一公釐。」真可謂一字千金。總裁馬上下令更換包裝，將原來的牙膏口擴大了一公釐。這看起來不起眼的改變，為該公司當年的營業額增長了三十二%。

我們不妨設想一下，每天早上每個消費者多用一滴牙膏，那全國的消費量會增加多少呢？這就是創新的力量和價值。一個小小改變，往往就起到意想不到的效果，創造巨大的財富。沒有一成不變的工作，當然也沒有一成不變的工作方法，針對不同的工作，大膽創新，摸索出新的工作方法，才能取得滿意的工作效果。

黑格爾說過：「如果沒有熱情，世界上任何偉大事業都不會成功。」對創新來說，更是如此。培養員工創新的興趣，激發員工創新的熱情，管理者要樹立以人為本的理念，摒棄急功近利、急於求成的浮躁心理，支持員工在工作中創新，在學習中創新，創新和實用相結合，盡快把創新應用到實務上，轉化成提高工作效率的加速器。

對員工來說，要想創新，必須有札實的專業知識基礎和嫻熟的工作技能，要善於學習，勤於思考，多動手，多實踐，不怕麻煩，不怕失敗，不斷開拓自己的視野，盡量多多獲得資訊，涉獵其他相關領域，勇於懷疑，勇於求證，勇於突破，只有如此，才能夠常看常新，激發出創新的靈感。

「學貴為疑，小疑則小進，大疑則大進」、「學從疑生，疑解則學成」，古人的話音言猶在耳，只有對舊的技術、舊的方法抱持質疑的態度，才能從中發現新的東西，創造新的方法，適應不斷變化的工作要求。

個人的創新就是企業的效益，做為一支團隊，創新才是競爭的法寶。

知識拓展

許多企業都習慣於將客戶滿意度掛在嘴邊，並為此絞盡腦汁翻新服務的花樣。但他們往往發現，這些新花樣到後來效果並非總是那麼顯著。原因何在?因為很多企業忽視或者沒有足夠重視「讓自己的員工滿意」。為此，德國慕尼克企業諮詢顧問弗里斯提出了「弗里斯定律」，指的是，沒有員工的滿意，就沒有顧客的滿意。

所以，加強關注員工的滿意度與忠誠度，是提升企業服務水準的有效措施。

23. 三個和尚沒水喝——華盛頓合作定律

● 一個人敷衍了事，兩個人互相推諉，三個人則永無成事之日。

定職定員，各司其職

「一個人敷衍了事，兩個人互相推諉，三個人則永無成事之日。」這就是華盛頓合作定律，它揭示了一個團隊人力資源管理普遍存在的問題——合作與如何合作的問題。

人與人之間的合作，不是簡單的人力相加，而是經過一定組織協調後，共同發揮作用而產生的綜合效力。可能一加一大於一或大於二，也可能一加一小於一，這取決於組織功能的安排。

一個飢餓的人不想乞討，就把自己裝扮成魔術師，大模大樣地走進村裡。他看到一群人正在閒聊，就對迎面站著的一個婦女說：「我有一顆充滿魔力的寶石，如果將它放入燒開的水中，開水會立即變成美味的熱湯，如果大家喜歡，我現在就煮給大家嘗嘗。」

聽他這麼一說，有人就回家找來一口大鍋，有人提來了水，有人架起鍋，有人劈柴生火，就這樣，人們在廣場上煮起湯來。水燒開後，那人裝作很謹慎地把一個小石子放進鍋裡，然後用湯匙小心翼翼地嘗了一口，立即興奮地對眾人大呼：「太鮮美了，如果再放進一點洋蔥味道就更完美了！」立刻有人跑回家拿來一堆洋蔥。放進去後，那人又嘗了一口，大叫：「太棒了！如果再有些肉片就更香了！」又一個人衝回家端來一盤肉。「再有一些蔬菜會更完美。」那人不停地品嘗，不停地建議，不一會兒，鹽、醬油、八角、茴香等等各種調味料也被人們放了進去。當大家一人一碗蹲在地上分享時，發現確實是天底下少見的美味鮮湯，人們紛紛讚揚那個人魔術高超，正是此味只應天上有，人間哪得幾回聞。

當然，那個人不會什麼魔術，小石子既不是調味品也沒有什麼魔力，只不過那人藉著魔術的外衣，把人們合理有效地組織起來。這故事充分說明了組織的功能在合作中發揮的重大作用。

現代企業管理中，很多管理者為如何減少人力資源內耗傷透了腦筋。其實，解決這一問題的最好辦法，就是利用組織提高員工合作的效能。組織的第一功能就是分工，解決的第一個問題就是明確責任分配。每一種職務都擔負著不同的任務，每一個任務都是由或多或少的子任務構成，把一個任務分解成若干子任務，然後分配給不同的人員，就構成了人們合作關係的分工。合作中，由於人們承擔著不同的子任務，對於任務的考核就變得明確起來，這就是責任分配。

如何做到合理分工、責任明確呢？

首先要進行詳細的職務設計，確定職務後，對職務所承擔的任務進行目標拆解量化，然後根據員工能力的大小、水準的高低，定職定員，分配子任務，各司其職，各盡其責。這樣就能根據子任務量化指標，考核員工完成工作的情況，並由此確定一項任務的進展和一個職務的作用。這樣管理者就會輕易地看出誰在敷衍，誰在推諉，便於根據制度規定進行考核獎懲。

就像華盛頓合作定律揭示的那樣，合作中的衝突、耗損在所難免，但同時我們也應該看到，當人們攜手並肩、萬眾一心完成某一任務時，合作的力量非常強大，那就是組織的魔力在悄然發揮著作用。所以，各司其職，是現代人力資源管理比較有效的方法。透過這一方法，管理者可以充分激發每個員工的積極性，增強他們的合作意識，經由合作完成每一次任務，並為任務的完成感到驕傲和自豪，享受到成功的樂趣。

考核監督，獎懲並舉

企業有各種規章制度，考核獎懲辦法應有盡有，但嚴格執行起來卻發現困難重重，流於形式已成為家常便飯。長期下去，便使企業陷入尷尬的境地，小惡不懲，大惡難除，直到積重難返，舉步維艱，才想整肅綱紀，重塑法度，為時已晚。所以一個現代企業管理者，必須對制度建設給予高度重視，未雨綢繆，小題大做，嚴格進行考核監督，恩威並重，獎懲並舉，防微杜漸，不留隱患。

美國一家以「極少炒員工魷魚」著稱的公司，雖然規模不大，但制度執行非常嚴格。公司有一名資深車工傑瑞，一天為了圖快，就把切割臺上切割刀前的防護擋板卸下來，放到一旁，雖然埋下了安全隱憂，但這樣收取加工零件更省事、快捷得多，可以趕在中午休息之前，加工完成大部分零件。很不巧，傑瑞的這個做法馬上被走進廠房巡視的主管發現，主管勃然大怒，狠狠地訓斥了他一頓，令他立即將防護板裝上，並且罰他一天的工作作廢。第二天一上班，傑瑞被叫到老闆辦公室，老闆語重心長地說：「身為公司老員工，不用我說，你應該比任何人都清楚安全對公司意味著什麼。今天你少加工了零件，少完成了任務，少實現了利潤，公司可以換其他人、其他時間把它補回來，可是你一旦發生事故，失去健康乃至生命，那是公司永遠補償不起的。很遺憾，你不能留在公司從事這項工作了。」離開公司那天，傑瑞流下了眼淚。幾年的工作時間裡，傑瑞工作勤奮認真，技術又好，得到過不少榮譽和獎勵，風光過，自豪過，也有過失誤，犯過錯，但公司從來沒有人對他說過不行。可是這一次不同，傑瑞明白，他觸及了公司的底線，干犯了公司的大忌。

那些看來微不足道的小過錯，只要觸犯了公司的核心價值，就勢必引起管理者高度的警惕和重視，嚴格依法進行處理，絕不能手軟，小錯不糾，後患無窮，說不定哪一天就會造成無法彌補的損失。

日本企業有一種被稱為「紅牌作戰」的品質管制措施，管理人員只要發現沾有油污塵垢、不清潔的機器設備，雜亂無章、藏汙納垢的辦公室，和不注意清潔衛生的廠房死角等等，都會即時貼上具有警示意義的「紅牌」，並隨時檢查，以便督促其迅速改進，保持工作場所整齊有序、清潔乾淨，營造出令人心情舒暢的工作氛圍。在一個個「紅牌」

的積極暗示下，久而久之，人人都怕「紅牌」加身，嚴格要求自己，遵守規則，態度認真，工作積極。

獎懲是保證制度嚴格執行的必要措施，唯有賞罰分明，才能激勵員工執行制度的自發性。獎勵的目的很明確，就是為了達到激勵員工遵紀守法、勤奮工作、爭取好的工作業績、得到心理及物質上的滿足。經濟獎勵、行政獎勵、公司特別獎勵都是行之有效的獎勵辦法，至於採用哪種形式，管理者可根據具體情況和需要而定。懲戒和獎勵相輔相成，懲戒就是對那些違規違紀、消極怠工的行為進行處罰，目的在於促使員工改正錯誤，達到並保持應有的工作水準，按時完成公司安排的工作，以保證公司和個人的共同利益與長遠利益。懲罰的措施通常與獎勵的措施相對應，經濟、行政處罰並舉。

獎懲要以制度為標準，以考核結果為依據，獎懲並舉，即時準確，不能拖延，不能含糊，要公平公正，不能雙重標準，使獎懲失去意義又滋生不服、不滿等負面影響。

量體裁衣，適時消腫

某部落法令要求，在此開辦的公司，必須雇用一定比例的原住居民。一家公司基於法令的要求，無奈聘用了兩名當地食人族居民，公司人事主管知道這兩個傢伙肯定每天都要吃人，於是嚴厲警告他們：「如果你們兩個膽敢吃公司任何一個人，我就立即炒掉你們！」兩個食人族為了保住工作，只好唯唯諾諾地表示，堅絕不在公司吃人，下班後去肯德基、麥當勞用餐。

兩個月過去了，公司平安無事，人事主管幾乎忘掉了這兩個傢伙。有一天早晨上班，人事主管感覺不對勁，公司辦公室髒亂，環境還沒人打掃，這才發現打掃環境的清潔工不見了。他猛然想起那兩個食人族，毫無疑問，人一定是被這兩個傢伙偷吃了。人事主管非常氣憤，找來那兩個食人族訓斥了一頓，並當場開除他們。一出公司大門，一個食人族馬上抱怨起另一個：「我一直警告你不要吃正在工作的人，你就是不聽，吃出事來了吧！兩個多月來，我們每天吃一個主管，從助理、部門經理吃到公司副總，都沒人發現，現在吃了個清潔工，你看，麻煩來了吧！馬上被發現了，你真是一頭蠢豬，連帶我也被開除！」這個故事起碼告訴我們以下事實：一是公司機構臃腫，人浮於事；二是裁員乃公司經常發生的情況，是一種必要的管理方法。

消費市場千變萬化，企業在變化中要不斷加大競爭優勢，才能謀求更大的市場占有率，獲得持續的發展。所以，變革就成為一種常態。戰略轉移、結構調整、生產重組等，都會帶來人力資源的變化，進而導致裁員。由於受經濟形勢和市場需求的影響，裁員一般有三種情況，經濟性裁員、結構性裁員和優化性裁員。

例如世界金融危機當中，眾多國際知名大公司經營狀況出現嚴重困難，負債虧損，時刻面臨著生存和發展的危機，迫使企業為了降低成本，減員增效，紛紛採取裁員措施來緩解經濟壓力。這種情況下的裁員，多數是經濟性裁員，也是不得已採取的消極裁員。結構性和優化性裁員，是企業根據自身發展需求採取的主動性裁員，也叫積極裁員。由於企業的業務方向發生變化，企業內部組織根據新的需求進行重組，引起的集中裁員，是結構性裁員。有時企業為保持人力資源的品質和優勢，根據制度績效考核結果，解聘那些違規違紀、業績不佳或能力有限而不能滿足企業發展需求的員工，如此引起的裁員，一般叫優化性裁員。

人力資源不同於其他資源，有其創造價值的一面，也有其獨特的自我耗損的一面。每個員工都有自主擇業權，選擇那些有利於自我發展的企業，如果發現企業的各種環境條件不利於自己的發展，或不能滿足自己的需求，就可能辭職跳槽，造成資源流失。如果員工隊伍過於穩定，缺乏競爭，職位得不到提升，就會導致員工服務熱情減退，工作熱情消失，造成人力資源退化，這是另一種資源浪費。長期的穩定會使企業形同一潭死水，員工缺乏壓力和動力，不再努力學習和工作，混天聊日，不思進取，昔日的人才就會退化成庸才，形成不必要的資源擱置。經由裁員，引進競爭機制，管理者就可以避免資源流失，剷除沉疴痼疾，優化組織結構，提高工作效率。

裁員使員工感受到競爭壓力，激發內在動力，使整個組織充滿活力，是企業競爭淘汰機制的內在要求，也是人力資源退出機制的主要實施方式。

樹挪死，人挪活

為了營造競爭氣氛，發掘人才，糾正人才錯置，大材小用或小材大用，增強企業活力，激發員工積極性，減少人力資源內耗，一般企業常常採用人員內部流動機制，以加強人力資源管理的合理性。流水不腐，戶樞不蠹，合理的人員流動和調配，會使企業煥發出蓬勃的生機。

盛田昭夫任SONY董事長期間，經常走進員工餐廳和員工一起用餐聊天，以培養員工的合作意識、增進與員工的良好關係，這個習慣保持多年，直到他卸任退休。有天晚上，當他走進餐廳時，看見一位年輕員工坐在餐桌前，神情憂鬱，情緒低落，自顧悶頭吃飯，連董事長進來都沒有看到。盛田昭夫走到這位員工的對面坐下來，主動和他打招呼，並要了幾杯酒，兩人邊喝邊聊了起來。幾杯酒下肚，年輕員工終於說出了自己的心裡話。他情緒有些激動地說：「我畢業於東京大學，進入SONY之前，我對SONY狂熱崇拜，為此不惜放棄了一份待遇非常優厚的工作，認為進入SONY是我一生最理想的選擇。但是現在我發現，我不是在為SONY工作，而是在為科長工作。坦率地講，這位科長不僅平庸無能，還心胸狹窄，嫉賢妒能。更可悲的是，我所有的建議和行動都得不到科長的批准，甚至我自己的一些小改進、小發明，也得不到他的肯定和支持，連起碼的解釋都沒有，還要諷刺挖苦我不安分，有野心，癩蛤蟆想吃天鵝肉！」他越說越激動，聲音也提高了很多，「對我來說，這名科長就是SONY！他令我十分洩氣，心灰意冷。難道這就是SONY？就是我心目中的SONY？我居然放棄了那份優厚的工作來到這種地方！」

年輕員工的一番話，令盛田昭夫十分震驚。他意識到類似的問題，在公司內部員工中肯定很多，身為公司管理者，應該關心他們的處境，了解他們的思想和苦惱，不能阻礙他們的上進之路，要為他們的進步創造機會和條件。於是，一套改革公司人事管理制度的想法在他心中逐漸形成。之後，他陸續提出了一連串人事制度改革措施。公司內部每週出版一次報紙，常常刊登各部門的「求人廣告」，員工可以自由地秘密前去應徵，他們的上司無權干涉和阻止。原則上每隔兩年就給員工調換一次工作，特別是那些精力旺盛、勤於鑽研、幹勁十足的人才，主動給他們提供施展才華的機會，而不是讓他們被動等待，坐等機會上門。新的制度實行以後，有能力的人才大多找到了適合自己發展的滿意職位和工作，也使那些人才出走部門存在的問題暴露出來，管理者得以對症下藥，即時糾正那些部門中存在的問題和錯誤，促使各部門真正重視人才。

這種內部跳槽式的員工流動，給人才的持續發展創造了條件和機遇。擁有了人才並不等於擁有了人才的作用和貢獻，還需要對各種人才合理使用、有效組合。業務、技術、管理等各種人才，他們的知識結構、專業特長和性格特點各有千秋，只有按照優勢互補、精幹高效的原則，根據企業具體需求，進行動態配置，優化組合，使每個人在工作中都能找到適合發揮自己特長的職位，才能最大程度地鼓舞他們的積極性，發揮他們的優勢，創造出最大的價值，使人力資源得到最合理的運用，保值升值，確保企業效益步步提升。

知識拓展

早在一九二〇年，心理學家黎格曼就曾經做過一項實驗，專門討論團體行為對個人活動效率的影響。他要求工人盡力拉繩子，並測量拉力。參與者都參與三種形式的測量：個人獨自拉、三人同時拉和八人同時拉。結果是：個人平均拉力為六十三公斤；三人團體總拉力是一六〇公斤，人均為五十三公斤；八人團體總拉力是二四八公斤，人均只有三十一公斤，是個人獨自拉時力氣的一半。

黎格曼把這種個體在團隊中較不賣力的現象稱為「社會懈怠」。

之所以產生這種「社會懈怠」現象，他的解釋是：每個人可能都覺得團體中的其他人沒有盡力，為求公允，於是自己也就減少努力；也可能以為個人的努力對團體微不足道，或是個人的努力與團體績效之間沒有明確的關係，故而降低個人努力。當然，也有人以為應細分發生這種現象的社會環境。但不論具體原因是什麼，在團體中確實會存在「社會懈怠」現象。

24. 放大人體的功能——庫柏定律

●所有的機器都是放大器。

把人體從勞動中解放出來

很多人都知道庫柏挫折定律，但庫柏機器定律可能鮮為人知。「所有的機器都是放大器。」這就是庫柏機器定律，沒錯，說得非常精彩，沒有誰比這更簡潔準確而且非常生動地說出了機器的本質。任何機器都是人體器官功能的放大，它代替人類完成本來需要由人體某些器官完成的勞動，把人體從勞動中逐漸解放出來。機器發展史，也是人類進化發展史。從人類用樹皮藤條甩出第一塊石頭、射出第一根樹枝開始，機器的種子就在人類的進化中萌芽了。

機器首先是工具的延展。機器雖然貫穿人類文明史的整個過程，但當代真正意義上的機器，卻是指西方工業革命後才被逐步發明出來的機器。它是由各種金屬和非金屬部件組成的裝置，可以運轉、消耗能量、做工，用來代替人類勞動、進行能量轉換、產生有用工，例如汽車、拖拉機、車床等等，數不勝數。

人類已離不開機器。人類以自己的體力使用簡單的工具完成原始的勞動，那是勞動的低級階段；人類利用自己的智慧，發現並掌握自然規律，設計製造出可以運轉的機器系統，自動代替人類體力進行勞動，是勞動的中級階段；電腦的誕生，使人類的腦力勞動得到了解放，是人類勞動的高級階段。

機器代替了人的勞動，就是在為人類創造財富，機器在工業和商業上的應用就會成為賺取利潤的最有力工具。

一個現代化的企業，不可能離開機器，機器越先進，機械化程度越高，產品的數量越多、品質越好、效率越高，服務也更迅捷、更優質，企業越有競爭力，越能最大限度地創造利潤和財富。所以，對機器的使用，相當程度決定了一個企業的命運。

有一個關於機器的笑話，輕鬆之餘，也讓我們看到了機器的巨大作用和未來廣闊的前景。一個美國人見到一個法國人，就吹牛說：「我們國家發明一種機器，只要你把一頭肥豬從機器這頭趕進去，香腸就會從機器另一頭源源不斷地流出來。」法國人聽了哈哈大笑，不以為然地說：「你們的發明已經落後了。在我們國家，只要把香腸從機器這一頭放進去，機器那一頭就會跑出活蹦亂跳的肥豬來。」人類幻想走多遠，機器就跟著走多遠，說不定不久的將來，人類既看不到豬也看不到香腸，就能坐享其成，直接由機器搞定，吃到美味可口的香腸了。

我們可以預見到未來，一切勞動過程和勞動環節都可以由機器完成，甚至人體內部器官的勞動、大腦和神經系統的勞動，都可能被機器代替。所以，機器的競爭就是企業實力的競爭、效益的競爭。做為一個企業管理者，如何使用機器、發揮機器的作用，就顯得尤為重要。

機器代替人類勞動已不可避免，現代化的機器已經充斥各個企業的工廠廠房，天上飛的，地上跑的，海裡游的，無不閃爍著機器的身影，它們把人體從繁重的勞動中解放出來的同時，也把巨大的利潤和財富，源源不斷地塞進企業的腰包。

工欲善其事，必先利其器。機器引領未來，機器創造未來。用現代化的機器武裝自己，不斷研製開發新機器，不斷更新使用新機器，搶先一步，領先一步，你的企業就會立於不敗之地，用堅船利炮打開一片新天地。

騰出手來喝杯茶

所有的機器都在忙著工作，而你坐在它們面前悠閒地喝茶，這場景越來越司空見慣。這是一個機器的時代，商品生產和價值創造過程需要的人類勞動，越來越簡單，越來越少。從商品終極價值來看，機器勞動和人類勞動並沒有區別，但人類和機器的不同是，人類有智慧、有感情。有了機器之後，人類可以騰出手來喝杯茶，也可以寂寞地讓雙手搓來搓去，無處安置。機械時代中，一個以機器武裝起來的企業，不可避免要產生機器文化，它將慢慢成為企業文化的核心和重點。

電腦技術的普遍應用，就連沒有肌肉運動的腦力勞動也能夠用機器來替代，例如資料處理、產品設計、資訊檢索、語言翻譯，包括自動化機器控制等等，你能做的就是坐在電腦前，看好它。勞動力在逐漸解放，企業的人力需求就會越來越少。人海戰術時代的企業文化，顯然已經不能適應機器叢中一點紅的機械時代發展需求。人們的價值觀念首先發生了變化，其次經營哲學、管理制度、行為準則，包括人的心理、技能、工作方法這些構成企業文化的要件，都在悄悄發生變化。做為一個企業管理者，不能對這些變化無動於衷。

機器文化面臨的第一個問題是規模效應問題。大規模使用現代化機器進行生產和提供服務，所生產產品的單位成本必然大幅度下降，成本低廉、數量大增，勢必形成規模效應，巨大的利潤空間，迫使企業爭奪市場時，往往採用降低價格廉價傾銷的策略，進而打破市場固有格局，顛覆市場價格秩序，新的價格競賽必將形成，其他企業也紛紛效仿，更新設備，擴大規模。機器的競爭就是規模效益的競爭，它的效應會改變整個行業的發展方向。採取什麼樣的策略應對這一效應的影響，考驗著管理者的智慧和眼光。

我們看一下豐田怎麼做的。當所有企業都使用先進的機器開足馬力生產的時候，豐田總裁大野耐一卻一聲令下，讓機器停下來。他反其道而行之，有他自己的想法，產品產量必須與市場相適應，如果規模過大，市場出現飽和，供大於求，就會出現產品過剩，造成大量積壓的現象。產品積壓的直接後果就是升高產品成本，包括倉儲成本、原物料週轉週期加長，累積貨款利息成本、工人的工資獎金成本等等。大野耐一的遠見卓識有時並不能得到所有人的理解，為此經常看到暴怒的大野耐一把工人生產過量的產品扔在地上摔個粉碎。他的這個策略，後來被稱為「精益生產法」，是對規模效應裡成本和收益辨證關係的真理，進而使規模效應的作用沿著正確的軌道前進。由此看來，並非規模越大效益越好、產品越多利潤越多。

採用全面的思維方式，正確處理規模與效益的辨證關係，就應該把機器的規模生產和產品的市場銷售結合一起，通盤考慮，把生產僅僅做為一個環節，這個環節要為市場服務，以市場為重點來組織生產、開發產品、確定產品最優量。這就帶來另一問題——機械時代的市場策略和行銷方式問題。從小規模的我生產什麼賣什麼，到市場需要什麼我賣什麼、需要多少我生產多少的轉變，實際上是企業理念的重大轉變，機器慢慢變成了來料加工的角色。

只要拿到產品訂單，你放心坐下喝杯茶，剩下的事情交給機器吧！

機器無所不能

一九〇九年《牛津和劍橋評論》秋季號上，發表了英國作家福斯特創作的短篇小說〈大機器停止運轉〉（又名〈機器休止〉），引起了廣大的注意。這篇小說的意義在於：人們已經意識到一個大規模的機器統治時代很快就要到來，面臨機器對人類精神的衝擊產生了隱憂。

小說的大意是，未來的某個不確定年代，地面已經無法存活，人們隱居地下，只有戴著防毒面具才能到地面活動。生活在地下的人們，由一個無所不能的大機器系統提供一切生存條件，沒有國家、民族之分，大機器將他們緊密結合成一體，面對共同的處境，過著同樣的生活。人們住在完全一樣的個人房間裡，每個人的家中都擺放一本聖經般的大機器使用說明書，茶來伸手，飯來張口，透過類似電視電話、電腦視訊的裝置，隨意和任何人打交道，不管你遠在千里之外還是比鄰而居，想認識多少人就認識多少人，成千上萬還是孤家寡人，全憑自己愛好。但人們從不謀面，從不發生直接接觸，音容笑貌相聞，老死不相往來。

小說女主人凡許蒂是一位中年婦女，兒子已經成年，生活在另一個遙遠大陸的地下。有一次兒子透過通訊設備，堅決要求和她在現實中見上一面，並告訴她，自己曾上過地面，那裡的人們生活在原始的環境裡，沒有任何可依賴的機器，人們的生活快樂自然，他親自體驗了不依賴機器的全新感覺。凡許蒂聽後，怒斥兒子大逆不道，告訴兒子只有依靠大機器，像皈依上帝一樣皈依賴以生存的大機器，才能過著文明幸福的生活。

不久，大機器不知什麼原因，慢慢停止運轉，失去獨立生活能力的人們無計可施，只好等待死亡的來臨，最後走向了滅亡。

不管小說是誇張還是臆想，但有一點必須引起人們的正視——福斯特的預言正在慢慢變為事實。人們對機器的依賴越來越深，如果沒有機器，簡直不可想像生活會變成什麼樣，現代企業更是已經到了離開機器無以為生的地步。例如一旦發電廠停電，所有的機器停止運轉，企業就會被迫停產，一切創造價值的活動幾乎都要停擺。

人類創造機器的本意，是為了讓機器按照人類的意願，完成人類無法完成的勞動和無法做到的事情，可是一旦機器成為謀取利潤的工具，人類貪婪的本性就會使機器變得無所不能，我們已經無法讓機器僅僅做為勞動工具而存在，它正在一步一步侵蝕我們的靈魂和精神，剝奪我們的空間感、觸摸感，混淆我們的嗅覺和聽覺對大自然的體驗。生活是什麼？是機器給我們安排的一切。那麼，機器的製造者——現代企業，又將對機器的未來抱有什麼態度呢？

機器會不會比人更聰明？現在還沒有人能回答，但隨著科技的發展，企業家們正在把這種可能變成事實。把機器和人結合在一起，已經不是問題，例如心臟起搏器、各種義肢等，未來有一天，一旦把微型超級電腦植入人的大腦，那時候，人到底是機器，還是機器是人，就不單純是事物屬性問題，還會產生道德倫理的社會問題。

機器無所不能。一個現代化的企業，不可能漠視機器帶來的文化衝擊，如何培育良好的機器文化，把機器變成人類進步發展的階梯，消除機器帶來的副作用，任重而道遠。

科技就是生產力

科技的本質就是不停地發明創造新機器。從商品的屬性上看，機器並不創造價值，機器只能被人類用來參與勞動創造價值的過程。為此，人類在對待機器的態度上，產生了明確的社會分工，一部分人專門生產機器，一部分人專門使用機器。用機器生產機器，用機器生產其他產品，都是機器參與勞動的過程，並非機器創造價值的過程。

那麼，產品的價值是由什麼決定的呢？產品的社會屬性。就是說，產品的價值不是由特定生產者決定的，而是由社會所有生產者決定的，所謂物以稀為貴就是這個道理。當供不應求時，產品就會升值，當供大於求時，產品就會貶值，與是誰生產了這項產品，是機器還是人，並無多大關係。但這同時意味著，如果某個生產者採用機器生產，而其他社會生產仍然採用人工生產，那麼採用機器生產的生產者，就可以降低生產成本，並且在產品產量上大大高於其他生產者。成本的優勢拉大產品與社會價值的空間，利潤更高，產品產量的優勢拉大了利潤總量的差異，進而使機器使用者獲得超額的暴利，領先於其他生產者。但機器並不能決定市場命運，決定市場命運的還是產品生產者，因為當其他生產者也大規模使用機器時，產品的自身價值與社會價值就會被逐漸拉平，保持一致，而縮小了利潤空間，使最初使用機器者難以再獲取高額的利潤，原有的機器就會面臨被淘汰的危險。這時，新的機器發明創造和使用，就顯得十分重要。誰擁有了新機器，誰就會領先開始新一輪的暴利之爭。正是超額利潤的產生和消失，推動企業不斷地發明改進和使用新機器，而每一個新機器的誕生，都是科技進步的結果。科技帶來新機器，新機器帶來超額利潤，證明了「科技就是生產力」的本質。

機器只是做蛋糕，做什麼樣的蛋糕、怎麼分蛋糕，就需要人類來解決了。為此，科技的動力並非來自機器本身，而是人類解決問題的需求。做為科技結晶的機器，如何服務於人，取決於機器的使用者。

一個現代化企業的競爭力，就是來自機器的競爭。眾所周知的汽車大賽，比的就是新機器的性能和優勢，但它的冠軍卻總是頒給機器的使用者——賽車選手，使賽車選手和賽車製造商獲得了巨大的成功和榮譽，這便是「科技就是生產力」典型代表。

F1賽車與一般轎車相比，都有四個輪子，都能載人，其他就完全是科技帶來的天壤之別了。就算那四個輪子的科技含量，也並非一般轎車能望其項背的。它的前輪是一般轎車輪胎的兩倍寬，後輪是三倍寬，它的輪胎設計壽命只準備開一〇〇到一五〇公里，所以我們經常會看到賽車中途開進維修站更換輪胎。車神舒馬特曾駕駛F二〇〇三GA，與著名戰鬥機「颶風二〇〇」上演過一場真正的「巔峰對決」。最後舒馬特一比二不敵「颶風」。賽車贏的一局，是最短的六百公尺比賽。這是一場真正的科技較量，除了舒馬特的個人技術外，主要是飛機和汽車兩個領域、兩種科技發展成果的比較。就像舒馬特看到新款法拉利會兩眼閃光一樣，人們對科技新成果會發自內心的熱愛。這種熱愛，顯然是因為科技能帶來生活的改變。

機器的競爭必然帶來科技的競爭。這迫使眾多企業不斷加大科技投入，網羅科技人才，加強科技研究，推出科研新成果，所以企業的科技創新能力，就是企業的盈利能力。

知識拓展

機器無所不能，但要掌握在人類的手裡，不然人類就會成為溫水煮青蛙，最後被機器所奴役。

把一隻青蛙直接放進熱水鍋裡，由於牠對不良環境的反應十分敏感，就會迅速跳出鍋外。如果把一隻青蛙放進冷水鍋裡，慢慢地加溫，青蛙並不會立即跳出鍋外，水溫逐漸提高的最終結局是青蛙被煮死了，因為等水溫高到青蛙無法忍受時，牠已經來不及，或者說是沒有能力跳出鍋外了。

「青蛙現象」告訴我們，一些突變事件往往容易引起人們的警覺，而易致人於死地的卻是在自我感覺良好的情況下，對外在情況的逐漸惡化沒有清醒的察覺。

25. 爬不完的晉升梯子——彼得原理

● 在各種組織中，成員會被漸次拔擢，最後到達其無法勝任的位置，成為組織進步的阻礙。

官本位心理

「在各種組織中，成員會被漸次拔擢，最後到達其無法勝任的位置，成為組織進步的阻礙。」彼得原理深刻地闡明組織管理中，職權處置是最重要的管理方法，以及這種方法對組織帶來的負效應和破壞力。表現在企業裡，管理者會把職權處置做為勞動力使用的主要激勵和約束機制；員工會把升職看成事業成功的標誌，一切工作都是升職的鋪陳。這種機制和方法是否良性運轉，不僅取決於企業的內部環境，也包括來自社會大環境的影響。

一位大師為了尋找可供使用的器皿，來到一個擺滿各種器皿的架子前，各式各樣的器皿琳瑯滿目，令他目不暇給。就像給員工升職一樣，他將在眾多器皿當中挑出哪一個？還是讓我們先來聽聽各種器皿的競聘演說吧！一只最為昂貴的金盞首先傲氣十足地大喊道：「選我吧！我最貴重，我不僅有金光閃閃的外表，還只在重大的事件做正確的事情。我美麗的光澤和昂貴的質地，足以令所有其他的杯盞相形見絀，自愧弗如。相信我，大師，您的身分配上金盞再合適不過了！」大師未置可否。這時又高又細的銀鼎搶著恭維說：「親愛的大師，我非常願意為您效勞，我將盛滿美酒陪伴在您的身邊，我的線條優美流暢，我的雕刻栩栩如生，無論在觥籌交錯的宴會上，還是寧靜溫馨的家庭生活中，我都會一直讚美您，為您添光增彩。」沒等銀鼎說完，大師已來到一個口大腹淺、光亮透明的玻璃杯前。「來！來！來！我就知道你會選擇我、重用我。將我放到你的桌子上，讓所有的人都來欣賞我。仔細看看我吧！沒有人不誇獎我像水晶一樣清澈，透明的外表使我毫無隱瞞！儘管我有易碎的缺點，但我確信，我會帶給你無窮的快樂！」大師一言未發，來到一只外表平滑、雕刻精美的木盤前，看到它穩穩地站在架子上。「你可以選擇我，但是不能用我來裝麵包之類的俗物，只能盛清雅的水果。」大師似聽非聽，眼光突然被架子下方的一個陶碗吸引，只見那陶碗外表平凡，一道裂紋自上而下，碗裡落滿了塵土。它自知無望，靜靜地躲在角落裡。大師高興地拿起這只陶碗，自言自語道：「這正是我希望找到的東西，只需將它清洗乾淨，修補好裂紋，它就會實實在在為我所用。我不需要太自傲自大、自以為了不起的東西；我不需要心胸狹窄、只會甜言蜜語、阿諛奉承的東西；我不需要張著一張大嘴、肚子裡什麼也藏不住的東西；也不需要總是提出過分要求、對我頤指氣使的東西。這件看似普普通通，卻能隨時滿足我用途的陶碗，才是我真正所需，才是我的最佳選擇。」

這個故事藏著很多玄機：企業需要提拔有用之才，員工渴望被提拔，什麼人會被提拔，提拔後做什麼。大師選擇器皿的標準，正是職場挑選提拔人才的某些標準。

追逐權力是人的本性，企業正是利用人的這個本性，對員工進行有效的管理。由於官本位心理的驅使，員工就會有認真工作的慾望和動力，同時對自己的缺點和錯誤有所約束和控制，展現好的、優秀的一面，藏拙露慧，發揮優勢，努力脫穎而出。同時也會令員工服從上司，合作團結，以利於晉升。這對企業管理來說，無疑是最有效的辦法。

利益和虛榮是一對魔鬼的翅膀

一名年輕婦女想去某大學深造，填寫大學入學申請表格時，有一欄問題是：「你是一位領導者嗎？」令她很為難。思來想去，她決定最好還是如實填寫，於是回答：「不是。」當她寄出申請表後，開始懊悔那個「不是」的答案，可能讓自己無法被錄取。沒想到不久她就收到回信，學校錄取了她。學校的回信這樣寫道：「截至今天，我們收到的入學申請表數以千計，將會有一四五二名新領導者明年來到我們學校。我們決定同意妳的申請，接受妳的到來，因為我們覺得，他們至少需要一名追隨者。」

利益和虛榮往往會驅使人們把自己打扮成領導者的樣子，由此去獲得別人的尊重和贏得某些眼前的好處。權力的資源使人們的權力慾逐漸膨脹。企業中，每個員工都有受尊重和實現自我的需要，例如因為工作突出、業績顯著、創新發明等受獎和加薪，都會帶來這些需求的滿足感，但在官本位心理的作用下，沒有比升職更能滿足人心。另一方面，員工一旦當上領導者，獲得權力，就會掌握更多的資源，更加有利於發展自己的事業，實現人生的價值。在人們激烈的競爭中，權力畢竟是一種非常重要、實用而快捷的工具，既能滿足自己的虛榮，也能滿足自身的利益。

正所謂「千里為官只為財」，企業依靠員工的勞動發財，員工靠企業的薪酬發財。企業要發財必須設法鼓舞員工的積極性，主要的辦法就是加薪晉職；員工要發財，最好的捷徑也是加薪晉職。有了如此天衣無縫的結合點，企業給員工加薪晉職樂此不疲，員工為加薪晉職削尖腦袋、前仆後繼，也就不足為奇了。

無論對管理者還是員工，加官晉職都是一把雙刃劍。運用得當就會促進企業發展，激勵員工上進，運用不好就會成為企業發展的阻礙，個人進步的絆腳石。因為無論客觀還是事實，都充分證明官本位思想時刻在放縱著人們內心強烈的貪慾，一旦內外約束力量不足，就會破牆而出，氾濫洶湧。無論官職大小，進入其中必得回報，這就會促使權力尋找各種可乘之機出界越軌，去謀求利益最大化。造成企業組織顛覆，運轉失常，人心渙散，效率低下，人人把企業當成天上掉下來的禮物，如何瓜分到更多的利益成為主要目的，企業的癱瘓也就不遠了。

如何發揮加官晉職的良性作用，杜絕它的破壞力，在官本位心理嚴重的企業裡，並不容易做到。首先要大力扭轉員工的人生觀和價值觀，對加官晉職抱持正確的態度，認清求財和當官完全可以走不同的道路。其次要完善人事制度，並嚴格執行人事任免標準。第三要嚴格考核監督，獎罰並舉，公正公平。第四是人才合理流動，建立有效競爭機制，同時避免惡意競爭而產生的新問題。第五是注重企業文化建設，滿足員工不同層次的精神追求。

實際上要做到以上幾點並不容易，要消除員工官本位心理，恐怕非一朝一夕之功可逮。只要利益和虛榮這對魔鬼的翅膀不被斬斷，企業在加官晉職的道路上就充滿了風險，朝望月，夕已死。權力的殺伐足可以令任何強大的事物瞬間倒下。

最好的領導者一定是一名優秀的追隨者。這個世界不僅需要好的領導者，更需要優秀的追隨者。人生的道路很寬廣，不一定非要去擠萬馬奔騰的獨木橋，走自己的路，讓別人當官去吧！

動力也意味著壓力

任何組織的權力體系都像金字塔，隨著高度的增加，每跨越一級，權力都會幾何倍增，責任也隨之被幾何放量，伴隨責任而來的壓力自然跟著驟然大增。職位越高，權力越大，工作的難度越大，需要面對的困難越多。升職的誘惑令人充滿力量，它像給人們屁股上安裝了馬達一樣，奮勇前進。但它同時也是一種壓力，如果沒有足夠的承受能力，有些人可能被壓垮在進軍官職的半路上。

吉斯特和提爾曼共同跟隨一位導師做研究，畢業臨近，導師帶領他們去一家大公司參觀。回來後，導師問吉斯特：「你都看見了什麼？有何感想？」吉斯特羨慕地回答：「我看見了優美的環境、豪華漂亮的辦公室、乾淨舒適的公寓、寬敞明亮的餐廳，如果能在那裡工作，那將是人生多麼大的享受和幸福啊！」導師沒說什麼，輕輕搖了搖頭。他接著問提爾曼相同的話，提爾曼認真地回答：「那家公司的產品確實是世界上最先進的產品，但市場占有率還不大，銷售沒有跟上，還需要加大力度開拓市場。要想開拓更廣闊的市場，不僅需要淵博札實的專業知識，還需要更加執著勤奮的精神。」導師點點頭，也沒說什麼。

幾年後，吉斯特是這家大公司的正式職員，享受著優厚的待遇，而提爾曼則已經當上這家公司的總裁。他們兩人約好一起去看望導師，向導師報告各自的工作情況，導師聽後微笑著說：「幾年前我就猜到你們的今天了。」兩人不解，急忙問導師為什麼。導師不慌不忙地說：「山雀眼裡只看到蟲子，雄鷹眼裡看到的是天空。環境、辦公室、公寓、餐廳，都是人的享受之物，吉斯特關注享受，所以成為一名待遇優厚的職員。公司的產品、市場，才是值得追求的目標，才能昇華人的價值，而提爾曼眼裡只有產品和市場，他看到的是天空和未來，他成為總裁就順理成章了。」

怎樣的選擇，決定了怎樣的工作；什麼樣的眼光，決定了什麼樣的命運。你所關注的東西，就是你的未來。隨著科技的發展，機器正逐步取代人類的勞動，企業使用人力越來越少，企業組織內部的升遷機會也越來越少。競爭加劇，升遷的壓力越來越大，也給處於職權位置的員工增大壓力，使他們時刻處於緊張狀態，害怕一不小心失去這得來不易的權力。

壓力就是動力。沒有一個企業組織內部是乾淨的職場，人人不犯錯。以為只要工作能力強、業績突出就能得到提拔的理想，存在很多員工的腦海裡，他們堅信不疑，並為此付出艱辛的努力，但現實常常給他們迎頭一擊——能力總是讓位於辦公室政治，個人矛盾往往決定升職與否，最合適的職位永遠不是最合適的人擔綱，這就是辦公室政治的弔詭。而一旦競爭失敗，下次晉升的機會就會變得渺茫。人們從上升的壓力跌入另一種失敗的壓力，往往就會情緒低落，工作消極，事業發展陷入僵局。

得不到晉職並不是世界末日，也不會因為一次失敗就注定終生失敗。事業無盡頭，從哪裡跌倒從哪裡爬起，只要有信心，肯付出，世界就不會一片黑暗。讓我們記住斯卡伯勒的語錄吧！「真正成功的人將升職失敗做為一次學習體驗，他們不會就此停滯不前，而會將此做為鍛鍊和表現自己意志力的機會。」

解不開的難題

當員工由於工作出色、業績突出，晉升到某個職位後，發現自己並不稱職，無法圓滿完成相對的工作和任務，你能想像他對整個組織將會造成什麼樣的影響嗎？如果公司多數職位上的人員都不稱職，那將又會是一種怎樣的情況？把正確的人放到錯誤的位置，就是把汽油放到了水箱裡；把錯誤的人放到錯誤的位置，就是把橡皮筋放到剎車片上。很多企業對這些生死攸關的抉擇並非那麼慎重，這是個永遠解不開的難題。因為企業需要提拔員工來完成管理任務，員工希望晉升來體現自己的價值。雙方的一拍即合如同發動機般，驅使人們不停地向上攀爬。有的人爬對了地方，風景這邊獨好，有的人爬上去一看頭暈目眩，只好閉上眼睛聽天由命了。

晉職就像強力的磁鐵，吸引著人們不停為之獻身，不管合適不合適，內心想不想，是主動還是身不由己，大多數人都會拼命地往這條路擠。英代爾公司前總裁格魯夫有言：「人生最奢侈的事，就是做你想做的事。」為了晉職，員工不惜說違心的話，做違心的事，身不由己，還謂之成熟。其實，除了晉職，本來還有更好的路可走，因為貪圖職權而失去事業的大有人在，而那些成功的人士，恰恰是因為放棄職權才成就自己的輝煌。身為員工，首先必須認清自己，根據自身條件選擇能夠達到的高度為之奮鬥。當年福特曾多次得到愛迪生公司許諾，請他做主管，但以福特放棄內燃機研製為條件。福特做出了自己最果斷的選擇，因為「沒有誰比我更知道我一定會選擇汽車」，他輕鬆地說。有了福特的選擇，才有了到處奔跑的汽車，美國才被送上了車輪，跑到世界的前面。

已經四十歲的沃森被公司解雇，生活困窘，在這樣艱難的時刻，他對自己的職業選擇仍有非常嚴格的要求，不是隨便找個工作混口飯吃。他先後拒絕了以製造潛艇著稱的電船公司和生產武器發達起來的雷明頓公司盛情邀請，因為他認為這些紅極一時的軍火公司，隨著二戰結束，戰爭的硝煙熄滅，就會失去發展前途。最大的誘惑來自道奇公司，道奇公司力聘他去做總經理，但因為不能分紅，被他婉拒。當今沒有人不知道ＩＢＭ，但如果當年沃森沒有拒絕那些十分誘人的職位，我們真無法想像世界上會有一個ＩＢＭ。

對企業來說，很難放棄透過晉職來管理員工的這把利器，而對員工來說，放棄以晉職為目的從事工作，也不是一件容易的事。福特和沃森，畢竟是少數的商業奇才，大多數人尚不敢，也沒有那份才能單騎闖關，還可以過五關斬六將。一名普通員工賴以生存的根本就是企業，選擇什麼樣的工作目的，就是在選擇做什麼人。要以正確的態度面對晉職的誘惑，不可因為晉職而勉強自己從事不喜歡的工作，那樣不僅得不到晉職的機會，還會因為不喜歡而影響自己工作的品質，失去在公司起碼的尊重資本。更不可為了晉職挖空心思，採取不正當手段，走旁門左道而使自己失去做人的資本。只要職位在，明燈就在，就算你永遠得不到，它也會照亮你的心頭，安心工作，刻苦工作，與人為善，融洽關係，機會總是會到來的。命裡有時終須有，命裡無時莫強求。做好自己，忘記別人，把目光始終盯在工作上，命運自然就會垂青。

知識拓展

帕金森定律也可稱之為「官場病」、「組織麻痺病」或者「大企業病」，源於英國著名歷史學家諾斯古德．帕金森一九五八年出版的《帕金森定律》一書標題。

作者在書中闡述了機構人員膨脹的原因及後果：一名不稱職的官員，可能有三條出路，第一是申請退職，把位子讓給能幹的人；第二是讓一位能幹的人來協助自己工作；第三是任用兩個水準比自己更低的人當助手。

這第一條路是萬萬走不得的，因為那樣會喪失許多權力；第二條路也不能走，因為那個能幹的人會成為自己的對手；看來只有第三條路最適宜。於是，兩個平庸的助手分擔了他的工作，他自己則高高在上發號施令。兩個助手既無能，也就上行下效，再為自己找兩個無能的助手。如此類推，就形成了一個機構臃腫、人浮於事、相互扯臉、效率低下的領導體系。

帕金森定律是官僚主義或官僚主義現象的一種別稱，被稱為二十世紀西方文化三大發現之一（其他兩個是「墨菲法則」和「彼得原理」）。

第六章

萬變世界絕對不變的經濟定律

26. 麻雀雖小五臟俱全——馬西森定律

● 結構決定功能，蛤蟆養大了不能當馬騎。

合理的經濟結構是發展的基石

「結構決定功能，蛤蟆養大了不能當馬騎。」馬西森定律這樣告訴我們結構的重要性。可惜的是，不合理的經濟結構就是一隻瘸腿的蛤蟆，卻被很多人冀望成為一匹駿馬。大到國家小到企業，經濟發展無不受到經濟結構的制約，有什麼樣的經濟結構，就會有什麼樣的經濟結果。蘋果有蘋果的結構，所以蘋果樹上結出的是蘋果而不是紅杏。亞當偷吃蘋果愛上了夏娃，被人類世代傳頌，如果亞當偷吃的是蘋果樹上結出的紅杏，那就是越軌了，會遭到世人唾棄。問題是，蘋果樹結不出紅杏，注定亞當不會遭遇尷尬。

什麼是經濟結構？說穿了就是各經濟區域、各企業之間，在生產環節、產業層次和技術水準的構成，及其彼此之間的相互關係。經濟結構中，產業結構、產業布局尤為重要。如果一個企業、一個地區經濟結構不合理，那無異是河馬長了一張綿羊嘴，猛虎長了一條兔子腿，不被餓死也會被吃掉。一個地區的經濟結構是否合理，主要表現在產業結構是不是協調，各類產業比重是不是失衡；地區內局部發展是不是均勻，差距是否過大，產業結構是否趨同，分工合作程度是否弱化；城鄉收入差距是否懸殊；部分行業是否投資過快、盲目擴張；產業技術開發能力是否薄弱，整體競爭力是否低下……如果經濟結構不合理，調整就勢在必然，一般可透過政府宏觀調控和市場自動調控兩種途徑完成。

有一個瘸腿狼的故事，很能說明結構不合理帶來的問題。話說一個男孩在草原上發現一隻剛出生不久就被遺棄的小狼，把牠抱回家撫養起來。隨著小狼漸漸長大，父親害怕小狼傷人，就帶領一群人捉住了小狼，打斷牠一條前腿，三條腿的小狼從此老實多了，每天一瘸一拐在草原上轉來轉去，很多時候都是臥在地上一動也不動，牧民不再害怕牠追捕羊群，也就放心地做別的事去了。

深秋的一天夜裡，狼群來偷襲牧民的綿羊。由於小狼從小被人撫養，長期和人們生活在一起，對人類產生了感情，經常幫助人們看護羊群。狼群被小狼發現後，小狼一聲長嘯，衝向狼群，但由於小狼行動不便，幾下就被狼群咬死了，第二天人們發現小狼被咬斷了喉嚨，慘死在地上，而綿羊也被咬死了很多。小男孩的父親見狀，很後悔打斷小狼的腿，就把小狼埋在草原最高的一個土丘上，還經常去看牠。不久後，人們在夢裡經常夢見有一條瘸腿的狼與狼群搏鬥，從此再也沒有狼群偷襲羊群的事情發生，人們開始尊崇那條瘸腿的狼為草原的守護神。

我們可以這樣假設，如果小狼沒有被打斷腿，牠在搏鬥中可能不會被輕易咬死，起碼還可以去通風報信，最不濟也能拔腿逃跑，不僅可以保住自己的性命，牧民也有可能減少一些損失。只靠事後的懊悔和尊崇已經無濟於事，不過圖個良心安穩、精神慰藉罷了。

經濟結構涉及經濟和社會發展一連串的重大問題，只有良好合理的經濟結構，才能保證經濟增長和品質的提高，也才會有發展的後勁，一匹馬駒方能出落為日行千里的駿馬，有效地推進經濟發展和社會進步，改善人們生活，提高人們的生活水準和品質。可見，經濟結構不僅是國家、地區的命脈，掌握企業的生死，也和我們的生活息息相關。

打破行業壟斷

隨著商業經濟的發展，為了滿足利益最大化的需求，行業壟斷開始逐漸形成。十九世紀末期，美國經濟迅速發展，推動一些大企業逐漸形成規模，年輕的洛克菲勒預感到小商小販的時代即將結束，大企業統治市場的格局馬上就要來臨，於是他精心設計出企業托拉斯制度，並在一八七九年創立標準石油托拉斯，這就是行業壟斷的胚胎，加速了行業壟斷的形成。

所謂托拉斯，就是生產同類產品的多家企業高度聯合，組成一個規模龐大的企業集團，以此來影響和控制產品市場，壟斷經營，賺取鉅額利潤。在這種壟斷性很強的托拉斯名義下，僅用幾年時間，標準石油公司就兼併了一百多家石油生產銷售廠商，美國九成的煉油企業控制在標準石油公司手裡，使它成為美國有史以來最大的石油壟斷企業。

洛克菲勒是有名的「小氣鬼」，常常為降低生產成本、節約每一分錢，而苦思冥想，絞盡腦汁。有一次，他看到封裝一個油罐需要點四十滴電焊，有點可惜，就突發奇想，讓焊工試驗，最少需要多少滴電焊才能保證油罐不漏油，經過試驗，使用三十九滴就可以達到原來的效果，於是他下令封裝油罐只能用三十九滴電焊，超者重罰，並明文列入公司章程。成立托拉斯後，洛克菲勒如魚得水，利用壟斷經營，進一步降低產品成本，迫使鐵路公司降低自己的石油產品運費，提高競爭對手的運費。托拉斯制度下的壟斷經營，使標準石油賺取了超額的利潤，財富在一夜之間堆滿了洛克菲勒的臥室，在他四十歲的時候，已經是擁有十億美元財富的世界超級富豪，這在美國當時幾乎是天方夜譚。

前有車後有轍，美國各行業紛紛效仿標準石油，一時間，鋼鐵大王、鐵路大王、電信大王、金融大王等等行業壟斷巨頭雨後春筍般突然冒了出來，短短十年時間，這些行業巨頭就掌握了美國六成以上的國家財富。壟斷帶來的財富高度集中，加劇了社會兩極分化，令貧困的一般美國民眾無比憤怒，他們怒斥壟斷企業的財富是由侵佔別人的利益和機會，巧取豪奪來的。同時，高度的產業壟斷迫使大批中小企業紛紛破產倒閉，失去生存空間，大量人口失業，引發了重大的社會矛盾。從十九世紀末開始，美國各地相繼爆發了大規模的群眾運動，抵制托拉斯帶來的行業壟斷，促使美國政府於一八九〇年頒布了世界第一部反壟斷法《謝爾曼法》。這部法律後來被稱為世界各國反壟斷法之母，搬起了砸破行業壟斷的第一塊石頭，開啟政府干預經濟、限制行業壟斷的先河。

行業壟斷既然是行業中獨家占有或控制市場的經濟行為和市場結構，勢必會破壞經濟結構的合理性，促使經濟結構畸形、破損和板結，使經濟結構對經濟發展的培育、供氧、輸血功能喪失，反而成為經濟和社會的吸血鬼，阻礙經濟發展，加劇社會矛盾，其危害性不言而喻。

砸破行業壟斷的堅冰，政府的力量不可小覷，因為它們手裡舉著反壟斷法的巨石，法律的威力能夠使政府輕鬆地干預壟斷形成，迫使行業壟斷難以為繼。同時，放寬管制，引入競爭，也是世界各國打破行業壟斷的有效措施。科學技術的進步、市場需求變化、國際經濟一體化，都對行業壟斷形成巨大的遏止作用，從此壟斷行業很難再形成格局。

尋找新的增長點

任何行業發展到一定階段，就會由成熟轉向衰退，出現包括技術成熟、產品老化、需求飽和、成本透明失去利潤空間等問題，而使經濟發展緩慢或出現停滯倒退現象，進而可能引發經濟危機。但同時，事物的兩面性有時又會使壞事變成好事，每次重大的經濟危機都會推動經濟結構調整、科技重大進步、社會制度改革、生活習慣轉變等等一連串宏觀的變化，出現大量新的經濟增長點，反過來推動經濟從危急中走出來，進入發展起步、回升階段。新的生產方式、新的產品、新的組織形式、新的市場、舊有壟斷行業的打破等等，都會帶來新的經濟增長點。而新產業、新增長點的形成和發展，就成為下階段經濟發展的主要力量。可以說，新的增長點就是經濟持續發展的播種機、助推器，一朝長成，醜小鴨變成白天鵝，成為經濟發展的新寵兒。

說起尋找新的經濟增長點，古代流傳下來的一個成語，非常生動有趣地說明這個問題，那就是「狗尾續貂」。

三國時，魏國司馬氏家族都是憑才智吃飯、靠陰謀發跡的，晉武帝司馬炎也不例外。他靠陰謀詭計篡奪了曹氏魏國政權後，滅掉了扶不起的劉阿斗和偏安東南一隅的孫皓，統一了中國。以智商奇高、聰明絕頂自居的司馬炎為記取前朝教訓，竟然做出了一個幾百年前早就證明是極其危險的決定——分封家族子弟去各地為王，以圖互相策應，永保晉王朝的江山穩固。

豈不知，聰明反被聰明誤，分封列土的巨大危害早為天下有識之士看得清清楚楚，到了漢武帝時代就棄之不用。正是司馬炎這一糊塗做法，為後代留下了無窮的禍患。

司馬炎剛死，他的傻兒子司馬衷即位未穩，趙王司馬倫就有了非分之想。這也難怪，冰雪聰明的司馬家族，偏偏出了傻子司馬衷，雖然有幸生於帝王家，接班當了皇帝，但怎麼會是繼承家族聰明傳統的司馬倫對手呢？司馬倫略施小計，就把司馬衷趕下了皇帝寶座，自己堂而皇之地坐了上去。司馬倫繼續著司馬炎的錯誤，一條路跑到黑，有過之而無不及，他接著大肆提拔分封家族子弟、賓朋黨羽、近侍奴僕，加官進爵，一片歡騰，好不熱鬧。

當時做官的象徵就是帽子上掛個貂尾做為裝飾，並與一般百姓有所區別。由於封官太多，全國的捕貂業雖然迅速發展壯大，但野生水貂數量有限，造成貂尾市場供不應求，出現了斷貨現象。這時，新的經濟增長點出現了，沒有貂尾，那就用狗尾代替吧！於是，大量的狗尾需求立即刺激了養狗業發展，以致於家家養狗，戶戶犬吠，形成了上千年來人們豢養看家狗的習慣，並為現在遍地小狗伴人行的局面，打下了堅實的基礎。同時因為司馬倫眾多的家奴佩戴狗尾，後人常常用「狗奴才」、「看家狗」來貶損那些趨炎附勢、為虎作倀之徒。

一次重大的軍事戰爭、政權更迭、經濟危機，都會刺激經濟發展，出現新的經濟增長點、舊產業調整升級、新產業脫穎而出，其前景都是不可估量的。民生、消費、節能等眾多領域新的觀念變化，正帶來眾多的經濟發展機會，看準新的增長點，抓住它萌芽的有利時機，認真澆水施肥，辛勤培育，那麼經濟發展的大樹，就一定能蓬勃興旺，結出沉甸甸的滿樹果實來。

朝陽產業的蓬勃發展

一個新興的產業，常常被稱為朝陽產業，意為如紅日初升，生機無限的意思。一個新的經濟增長點，有可能被培育成新的產業，形成新的市場，成為新的經濟結構中不可或缺的一部分。綜觀世界經濟形勢，能稱為朝陽產業的產業領域不在少數，而且呈現「江山代有才人出」的態勢，不斷湧現出來。

所謂朝陽產業，一般來說就是那些處於成長中開創階段的產業，這種產業提供的產品和服務，常常被認為有廣闊的發展前景和巨大的提升空間。例如新世紀崛起的電子資訊、生物工程、綠色農業、環保產品等，無不煥發出蓬勃生機，潛力巨大。

朝陽產業預示著未來，代表著未來。

小男孩凱尼跟隨大人從城裡移居鄉下。他花一百美元從一個農民手裡買了一頭驢，農民答應第二天一早給他送驢來。可是第二天一早，農民找到凱尼說：「小伙子，對不起，告訴你一個不幸的消息，那頭驢意外死了。」凱尼只好說：「好吧！那你把錢還給我。」「不行，錢還不了你了，我已經花光了。」農民無奈地說。「那就把死驢送來吧！」凱尼要求。農民納悶地問：「你要一頭死驢幹什麼？」「我要用那頭死驢做為幸運抽獎的獎品。」農民一聽驚叫起來：「一頭死驢怎麼可以做為抽獎獎品，傻瓜才會要！」凱尼回答：「別擔心，我不會告訴任何人這是一頭死驢。」又過了幾個月，農民不巧遇到了凱尼，就問他：「你買的那頭死驢後來怎麼樣了？」凱尼開心地告訴他：「我用那頭死驢做為獎品舉辦了一次幸運抽獎，每張票兩元，我賣了五百張票，淨賺了九九八元。」好奇的農民繼續問：「難道就沒有人對此表示不滿嗎？」凱尼答道：「只有那個中獎人抱怨驢死了，所以我把他買票的兩元還給了他。」這個小男孩凱尼就是許多年後的安然公司總裁。當時的彩券業方興未艾，在農村還是新鮮事，聰明的小凱尼正是看中了這一點，輕鬆地用一頭死驢，掘到人生的第一桶金。

朝陽產業處於開創階段，充滿了各種機遇和挑戰，成為企業家開闢新領地、追逐新市場的新疆域。隨著全球經濟一體化的到來，各經濟社會存在的不協調、區域經濟的不平衡，都為新的經濟增長點提供了條件，使朝陽產業呼之欲出，隨時可能成為殺進市場經濟的一匹黑馬。

首先，隨著消費型社會在世界的推廣，民生領域的朝陽產業逐漸嶄露頭角，大有星火燎原之勢。教育、醫療、保健、住房、社保等傳統行業紛紛出現了新的分支產業，化腐朽為神奇，賦予傳統行業新內涵和新活力，成為經濟發展中最為強勁的生力軍。

伴隨經濟的發展，人們的精神文化需求越來越多，越來越高，文化體育消費領域正從配角走向主角，大有三分天下有其一的氣勢，眾多大企業、大集團的湧入，使得這一領域的角逐漸趨白熱化。

綠色環保、節能減碳領域成為全球新的經濟熱點，美國、日本、歐盟，在經濟危機來臨時，紛紛將新能源和再生資源的發展做為應對危機的主要措施，為整個世界的經濟復甦提供了新的契機，大量資金開始打出環境能源牌，眾多企業頻繁伸出手中的勺子，要分一杯羹。

社會在不斷前進，經濟要不斷發展，現在的朝陽企業畢竟會一步步走向成熟，最後成為夕陽產業，但新的朝陽產業會層出不窮，後浪推前浪，把人類社會推向美好的未來。

知識拓展

「佩帝——克拉克定律」是有關經濟發展中、就業人口在三次產業分布結構變化的理論。它是由英國經濟學家克拉克，計算了二十個國家各部門勞動投入和總產出的時間序列資料之後，得出的重要結論。

這一定律認為：隨著經濟的發展，人均國民收入水準提高，勞動力首先由第一次產業向第二次產業轉移；當人均國民收入水準進一步提高時，勞動力便向第三次產業轉移。

27. 飽暖思才藝——恩格爾定律

● 隨著家庭和個人收入增加，用於食品方面的支出將逐漸減少。

消費是經濟助燃劑

統計學家恩格爾，根據統計資料研究發現，人們的消費結構變化呈如下規律：一個家庭收入越少，收入中用來購買食物的支出比例越大；隨著家庭收入的增加，收入中用於食品方面的支出將逐漸減少。這就是恩格爾定律，其中蘊含的基本原理顯而易見。隨著生活水準提高，收入增加，人們的其他物質生活需求、精神文化需求會越來越多，支出的費用當然也會增多。

而消費支出的增加，就需要社會提供更多的物質和精神文化產品，來滿足這種消費需求，進而帶動推進各個相關產業的發展，消費促進經濟發展的功能就成為可能。同時，隨著社會的不斷發展，包括食品在內的物質性消費支出，在人們生活消費總支出中所占的比例，也會越來越小，而其他類型的社會產品，包括政治、精神、文化、藝術、醫療、健康、保險、體育等產品的消費，將會成為主要的支出項目。這些消費，越來越成為拉動經濟增長的主要因素。一個國家越窮，百姓收入水準越低，消費水準也越低，經濟發展越緩慢；一個國家越富裕，民眾收入水準越高，消費水準自然也高，越促進經濟快速發展。

從以下的小故事，可以看出經濟水準不同帶給人們消費觀念的差異，和消費對經濟的影響。

兩個異國老太太去世後在天堂門口相遇，進入天堂之前，必須回答上帝的提問。上帝讓她們各自說出一生中最讓人高興的事情。結果來自中國的老太太高興地說：「我辛辛苦苦存了一輩子錢，終於在臨終前住了一天新房子，我這輩子活得值了啊！」另一位來自美國的老太太接著說：「我住了一輩子的房子，去年才把購屋貸款還清，我過了一輩子幸福生活啊！」上帝聽後感嘆道：「觀念不同，選擇不同，結果也不同。」中國老太太一生的收入主要都用來購屋，其他消費肯定就少，美國老太太把用於購屋的支出分攤在一生當中，更多的支出用於其他消費，活絡了其他商品產業的發展，貸款購屋，又刺激了銀行信貸業的發展，提前幾十年住進新房，刺激了房地產的發展，這觀念的不同，其實反應了經濟發展水準的不同。

投資、出口、消費是驅動經濟增長的三駕馬車，其中的消費需求是拉動經濟增長的內在動力，也是保證經濟持久增長最可靠的力量。所以，拉動消費、提高消費水準，已經是構成經濟發展環境的核心因素，而且越來越以第二消費，即享受消費為主，逐漸取代原有的生存消費的重要地位。第二消費主要集中在各種服務領域，所以大力培育服務性需求消費市場，是當前經濟社會主流發展方向。文化、藝術、體育、旅遊早已成為休閒的主要管道，花錢買快樂、買輕鬆、買品味、買時尚、買健康、買體面，成為人們生活的主要消費方式。透過提供這些享受消費來培育經濟的新增長點，進一步刺激人們的消費慾望，反過來促使這些行業快速成熟、完善，創造更多的經濟效益，進而挖掘出消費市場的巨大潛能，無疑成為經濟發展的助燃劑。

培育消費觀念、挖掘消費熱點、拓展消費領域、用消費促進經濟、用經濟刺激消費，形成一道良好的經濟生活循環鏈條，互相影響，互相作用，人類社會的整體進步就會走上快車道。

精神文化產品的無窮潛力

人的生理狀態、精神狀態和社會狀態，構成了人的需求，人的行為驅動力就來自於滿足這三種狀態的需求。這三種狀態此起彼伏，始終處於缺乏和滿足的交織循環之中，當人們感覺到任何一種狀態缺乏時，就有了需求的心理衝動，因而產生需要。所以，滿足人們生理、精神、社會的再生產必不可少的要素和動力，就是人的本能需要。

舒伯特一生貧窮潦倒，只活到三十一歲便離開了人間。也許是天嫉英才，這位天才音樂家常常餓著肚子過日子。一天夜裡，他徘徊在維也納的街頭，飢腸轆轆，疲憊不堪，而且身無分文，不知道去哪裡才能吃上一頓晚飯。他絞盡腦汁也想不出辦法來，無情無緒地走進一家飯店，想坐下來歇歇。口袋裡一分錢也掏不出，想吃飯是不可能的，只好巴望著也許會碰到熟人，援手解決眼前之困。他左右顧盼，但始終沒有出現一張熟悉的面孔，他失望地垂下頭。突然一道電光石火照亮了他的眼睛，令他立即精神抖擻，挺直了腰桿。

原來，餐桌上一張報紙刊登的一首小詩映入了他的眼簾，出於音樂家本能的反應，靈感瞬間如泉水噴出，他立即抓過一張菜單，在背面空白快速地為這首小詩譜上了曲子。他浮想聯翩，樂思綿綿，思緒完全沉浸在詩歌的美妙意境之中了。這時，肚子咕咕叫著提醒他，美妙的樂曲是食糧，能滿足精神，可是無法滿足身體啊！他只好把這首剛譜的曲子拿給老闆看。老闆看了看他略顯寒酸的衣著，從他的眼神裡明白了他的意思，於是給了他一份馬鈴薯燉牛肉，留下了這首曲子。多年以後，舒伯特這首曲子手稿被送到巴黎拍賣，起價竟是四萬法郎。

人們對精神文化產品和精神文化性勞動的占有、欣賞、享受和使用過程，就形成了文化消費。它是以物質消費為前提和依託的一種消費，是一種典型的非物質追求活動，因此，它的增長必然要受到社會生產力水準的制約，其發展、成熟、規模的擴大，無不取決於生產力的發展和人們收入水準的提高。它是根據人們的主觀意願，選擇合適的文化產品與服務，來滿足精神需求的一種特殊消費活動。

經由這種消費，讓人們感到愉悅、舒暢和滿足。它的消費對象主要是精神文化產品和精神文化活動，如感人的藝術品、體育活動和遊覽美麗的風景等。這一特性決定文化產品以兩種形式存在：有形的、物質的、實在的和精神的、無形的、觀念的，是物質價值和精神價值的統一，是經濟價值和社會價值的統一。主要包括文化教育、藝術鑑賞、娛樂消遣、體育健身、觀光旅遊等領域。它的內容十分豐富和廣泛，既包括文化消費工具和手段，也包括對文化產品的直接消費，例如電影電視節目、音樂會演出、報刊雜誌閱讀等；既包括為文化產品服務的各種物質消費品，如放映機、電視機等，同時還包括相配套的文化設施如影劇院、展覽館、體育場等各種文化設施。

人們對精神文化產品的消費需求，是如此繁多和廣泛，為經濟發展提供了廣闊的舞臺和永不枯竭的強大動力。而且隨著人們文化需求的日益多樣化，它的生產方式和資源配置也在隨時發生著變化，這就為社會提供了一個又一個經濟增長點，提供一個又一個發展的契機，最大限度地滿足人們日益增長的精神文化需求，經濟的可持續發展就會得到充分的保證，人們的幸福生活就會源源而來。

上層建築越來越高

政治是尊嚴的體現。隨著平等、自由、民主的觀念深入人心，人們對尊嚴的需求也越來越多，要求越來越高。政治消費自然而然成為人們的一種常態消費，消費的品質和數量也在日益提高和擴大。

戰爭期間，人們的政治消費有時得冒著生命危險，甚至付出寶貴的生命，代價極其慘重。進入和平年代，隨著生活水準、精神境界的提高，人們的民主、公平、公正意識逐漸增強，尊嚴的需求就逐漸透過政治消費來得到體現和滿足。政治消費的積極意義，不僅為了保證國家政權的合理合法、政府職能的健康高效、社會秩序的穩定和諧、司法法律的公平公正，同時它更能促進公民尊重生命、理性行動、守法意識、擔負責任、自我約束、寬宏容忍的品格形成和氣質修養。

政治消費市場的繁榮與否，不僅體現一個國家的民主程度、政權建設水準，更與國家的經濟活躍度有著密切的關係。一八六〇年，美國的大選費用是十六萬美元，到了二〇〇八年，大選費用竟高達三十億美元，而加利福尼亞州首次州長罷免選舉，耗資超過六六〇〇萬美元。龐大的政治消費市場，因為全民參與的消費熱情，為經濟發展提供了眾多的機會。

一個政治消費活躍的國家，它的人民必然有高漲的政治參與熱情。當選美國維吉尼亞州參議員的彼得森，曾於二〇〇七年十一月當眾展示了自己在競選中磨破的鞋底，他用這個鞋底無聲地告訴人們，做為一名合格的議員候選人，除了議會開會期間以外的時間，都應該與選民在一起，由此明白地表達了自己的工作方式和態度。在美國的各種選舉裡，處處閃現著彼得森那破了洞的鞋底影子。

一幅名為「艾德雷鞋底洞穿」的新聞照片，獲得了一九六三年普立茲新聞攝影獎。照片中的人物就是一九五二年的總統候選人艾德雷。以其正直、能幹、睿智並有先見之明而著稱的艾德雷，當年的競爭對手是有著完美軍人紀錄的二戰英雄艾森豪將軍。為了贏得民眾的支持，他走訪選民、舉行集會、發表演說，兩位候選人夜以繼日地在全國各州奔忙，以爭取更多的選票。在一次競選集會上，記者加拉格爾蹲在主席臺上忙著捕捉各種有價值的鏡頭，眼前不遠處，艾德雷坐在沙發上，神情專注，仔細地翻閱著演講稿。正在這時，艾德雷無意間蹺起了二郎腿，蹲在他前方的加拉格爾看見他的整個皮鞋鞋底，立即發現鞋底竟然有個大洞！加拉格爾當下調好焦距、按下快門，捕捉到了這個難得一見的珍貴畫面。

照片一經發表，馬上贏得人民的普遍好感，撥動著億萬民眾的心弦，這個帶著破洞的鞋底，真切展現了美國眾多總統候選人樸素、務實、勤奮、親民的作風。雖然競選結果艾德雷敗給了艾森豪將軍，但這個鞋底早已成為美國民主選舉的象徵。

民主選舉制度的誕生，為一般民眾參與政治提供了廣闊的舞臺，也為政治消費帶來了蓬勃的生機。人們日常生活中的政治消費逐漸成為一種不可替代的尊嚴獲得方式。無論是手握選票，還是做為候選人參加競選，各式各樣的政治活動，使他們有機會贏得人們的尊重和表達對他人的敬意，他們心甘情願為此消費口袋裡的收入，而且出手大方。同時，競選帶來眾多相關的服務消費，例如商業贊助、競選設施、大型集會文藝演出、報刊電臺等等，拉動著經濟的每一根神經，甚至影響到企業未來的發展方向，為眾多商業領域提供了一次又一次異軍突起的機會。

什麼需求最難滿足

一八〇七年，貝多芬曾在維也納李希諾夫斯基公爵家中住過一段時間。

一天，公爵家裡來了一大批客人，他們都是當時拿破崙占領維也納後派駐的法國軍官。

公爵為了討好這些占領軍，就請他們聽貝多芬演奏。貝多芬不明就裡，帶著自己新譜寫的《熱情奏鳴曲》，興致勃勃地趕來。當他來到客廳一看，竟是一幫無恥的法國占領軍，貝多芬臉色鐵青，怒火中燒，當即拒絕了公爵的要求。

公爵惱羞成怒，板起面孔命令貝多芬必須演奏。

貝多芬為李希諾夫斯基的卑躬屈膝、甘為亡國奴取悅侵略者的卑劣行徑憤怒到極點。他不顧外面漆黑一片，拿起樂譜，冒著滂沱大雨忿然離去，並把公爵以前送他的一尊胸像摔了個粉碎。

第二天，公爵接到這樣一封信：「公爵！您之所以成為公爵，只是由於您偶然的出身在貴族家庭。而我之所以成為貝多芬，則全靠我自己的努力。公爵有得是，現在有得是，將來還會有得是，而做為一身正氣的貝多芬，卻永遠只有一個！」

人格需求是精神生活消費的重要組成部分，也是人類最難滿足的需求。為此人類所有的文明進步，都是為了維持人格的完整和健康，並為此付出艱辛的努力。人格需求既然是透過精神生活消費來滿足，那麼它的消費對象自然是精神文化產品。但人們常說「人窮志短，馬瘦毛長」、「人在屋簷下，怎能不低頭」，可以看出，有時人格需求的精神消費滿足，也是以物質消費為基礎的。所以，人格需求滿足，既能全面推動精神文明的發展，也能極大地推動物質文明的進步。

十年樹木，百年樹人。人是一個有機整體，有著複雜的動機和多種的需求。生理、安全、歸屬、自尊和自我價值實現，從低級到高級，按照低等級需求優先滿足的原則，不同的需求階段會形成不同的人格。這些需求遵循階級遞進的原則，一個層次得到滿足後，就會產生下一層次的需求。人們總是試圖不斷地滿足自己的需求，透過滿足的方式和過程形成各具特色的人格特點，而最終，具有超越性的自我實現需求一旦得到滿足，就會導向尋找完美的人格。

一個人的人格培養需要社會和個人花費無數的心血，由此消耗的物質和精神財富難以估計。社會環境、道德風氣、禮儀習俗、生活習慣、文化知識教育、藝術品味修養，都會對一個人的人格產生影響，是各種因素綜合作用的結果。人們透過道德建設養成良好社會風氣，透過發展經濟滿足物質要求，發展教育提高文化知識水準，創作藝術品陶冶性情，開展體育運動維持健康，旅遊娛樂愉悅情緒，保護環境延長壽命等等，這一系列的活動，幾乎消耗了所有自然和社會的能量，也是科學技術和經濟發展的最終目的。

一般來說，社會生產力水準越高，人們的人格需求也越多，消耗的社會資源也越大。

反過來又推動生產力不斷提高，彼此相輔相成，互為表裡。提高生產力，發展經濟，是完善人格的物質保證；培養良好的社會道德風氣，強化精神文明的建設，是完善人格的精神力量。不斷地滿足人們的物質消費需求，提高精神消費的水準，對於個體建立完美健康的人格，扮演非常關鍵的作用。

經濟社會中處處是經濟，人格需求也必須置於經濟的大環境中，信賴經濟、依託經濟。沒有經濟的保障，茹毛飲血的生存人格是低等的，也是殘缺的。

知識拓展

隨著時間的推移，後來的經濟學家又對恩格爾定律做了若干補充，使其內容有所增加。

目前，西方經濟學對恩格爾定律的表述如下：

一、隨著家庭收入的增加，用於購買食品的支出占家庭收入的比重（即恩格爾係數）會下降。

二、隨著家庭收入的增加，用於家庭住宅建設和家務經營的支出占家庭收入的比重大體不變。

三、隨著家庭收入的增加，用於服裝、交通、娛樂、衛生保健、教育方面的支出和儲蓄占家庭收入的比重會上升。

28. 劣幣驅逐良幣——格雷欣法則

● 當金銀的市場比價與法定比價不一致時，市場比價比法定比價高的良幣將逐漸減少，而市場比價比法定比價低的劣幣則逐漸增加，形成良幣退藏，劣幣充斥的現象。

金融是經濟的血脈

「劣幣驅逐良幣」就是經濟學中著名的格雷欣法則：「當金銀的市場比價與法定比價不一致時，市場比價比法定比價高的良幣將逐漸減少，而市場比價比法定比價低的劣幣則逐漸增加，形成良幣退藏，劣幣充斥的現象。」自從金錢有了一定的幣值，這一法則就開始起作用。如果對劣幣流通缺乏有效管理，劣幣會充斥市場並嚴重擾亂市場秩序，進而造成通貨膨脹、銀行信用危機等金融事故，並可能引發整個社會的經濟危機。

金融是經濟的血脈，金融安全就是經濟安全。隨著金融經濟時代的到來，金融對經濟發展所起的作用越來越重要，越來越關鍵。人人離不開金融，事事離不開金融，金融已經融入所有的經濟活動和人們的日常生活。

從前，有個主人讓兩個酒鬼去幫自己買一瓶十元的酒。兩個酒鬼買酒回來的路上，酒鬼甲酒癮發作，實在擋不住酒的誘惑，就掏出口袋裡僅有的一元，對酒鬼乙說，給你一元，我買瓶中十分之一的酒喝。於是酒鬼乙接過一元，讓酒鬼甲喝了十分之一的酒。看見酒鬼甲喝酒，酒鬼乙也忍不住了，就把一元錢還給酒鬼甲，也買了十分之一酒喝進肚裡。一來一往，一元在兩人手裡傳來傳去，那瓶酒就被兩人喝光了。就這樣，兩個酒鬼用一元分享了主人十元的酒。這個故事告訴人們，手裡有多少錢並不重要，重要的是這些錢在社會、市場中透過交易流動的速度是快還是慢，流動的次數是多還是少。流動越快，人們購買的物質越多，享受的財富也越多。反之，就會失去貨幣的財富價值，而成為一個無用的符號。例如故事中，酒鬼甲若不花一元買酒喝，就享受不到物質的消費，或者酒鬼甲喝完一次後，酒鬼乙不再喝酒，也不借錢給酒鬼甲，那酒鬼甲就再也無法第二次享受到酒的美味，交易活動就此結束，經濟也將停滯不前。

金融是經濟發展的必然結果，是商品和貨幣關係長期發展的產物，金融發展的每一次演進都對經濟發展發揮重要的促進作用和推動作用，經濟發展反過來又會推進金融的演變。目前世界經濟由傳統的貨幣經濟向金融經濟轉化，正是金融和經濟互相作用的結果，也是金融和經濟互相適應、共同發展的必然要求。

金融的仲介功能，促使了經濟中的資本形成，金融仲介的規模和功能發展，刺激了生產力各個要素的增長，使經濟進入長期快速的增長時期。金融的發展水準部分決定了產業的規模構成，以及產業的集中度，那是因為金融的發展降低了企業實施外部融資的難度和成本，新企業的建立自然意味著產業規模的擴大，表示創新得到了促進，產業效益得到提高，經濟因而得以增長。同時，金融的發展提高了資本配置效率，使成長性產業的投資迅速增長形成最優投資，進而增加資產的產出率。

金融市場發展水準越高的國家，產業之間相互關聯的增長率越高。金融和信用一直是密不可分的，法律體系越完善的國家，進行長期股權和債權融資的企業就越多，經濟發展就越快，就越有競爭力。

金融是經濟的血脈，血脈不通，市場必然僵化，經濟必然癱瘓，社會發展必然停滯不前，人們的生活自然無法保障。

仿冒偽劣產品的殺傷力

「劣幣驅逐良幣」的原理，後來也被廣泛應用於經濟與社會的各個層面，泛指低劣廉價的物質、精神產品把價值較高的優良物質、精神產品排擠出流通領域或社會，造成廉價產品充斥市場和社會的現象。特別是仿冒偽劣產品正透過多種管道流入市場和社會，挑戰驅逐正牌優質商品，並有大肆蔓延的趨勢。

在競爭、效率、差別驅使下的商業經營中，市場就像一條無形的鞭子，時刻抽打著商品生產者用最小的成本，去賺取最大的利潤，實現自身利益最大化。這就使少數見利忘義的人在法律的眼睛注視不到的時候，採用低廉劣質的原料、簡陋的設備、粗糙的工藝，生產一些價值低廉、品質低劣商品以次充好，欺騙顧客；或者貼上其他廠商的商標，假冒他人產品，矇蔽顧客，增加銷路，以此來牟取暴利。

南美巴西有個小鎮，面對大海，風景優美，以旅遊聖地聞名於世。鎮上有個少年，父母雙亡，沒有給他留下一分錢的財產。父母去世時，很多鄰居前來追悼，有位好心人出於對孩子的同情和關心，就從口袋裡掏出一疊錢要送給那個孩子，有一百、五十、十、五等不同面值的錢。那個孩子面無表情，拿了一張五元的錢，就到一旁站著去了。大人們都感到奇怪，認為這孩子是個傻子。後來就經常有無聊的人，惡作劇般拿一張百元大鈔和一張五元小幣戲耍那個孩子，那孩子還是拿起五元小幣就走，對百元大鈔看也不看一眼。人們更相信那孩子是傻子了，從此，不時有人如法炮製，以此為樂。這一遊戲也成了小鎮一景，很多年裡，遊客到了小鎮，導遊都會帶領他們去和這孩子玩大小幣遊戲。後來孩子長大了，直到大學畢業，仍然有不少當地人和遊客找他重複那千篇一律的把戲，以為非常有趣。有一次，當初給他錢的好心人遇到他，不解地問：「年輕人，你學業已成，不像呆傻的樣子，為什麼還做那傻事呢？」他立即嚴肅地對好心人說：「如果我拿了人家一百元的大鈔，誰還會跟我玩這個遊戲呢？沒人和我玩，那我去哪裡掙錢生活和讀書呢？」好心人聽了恍然大悟，感慨萬千。這個小孩就像仿冒品一樣有著巨大的殺傷力，假冒傻子，令人同情和信任；成本低廉，只需動手；價格低廉，只需五元，薄利多銷；卻能滿足人們的需求，令人愉快。

仿冒偽劣商品就是指那些含有一種或多種不真實因素，導致一般大眾誤認的商品，有假冒和偽劣兩種情況。假冒商品顧名思義就是假冒別人的產品，偽劣商品就是違反國家規定的生產品質標準，所生產銷售品質低劣的商品。假冒偽劣商品雖然是一小部分，在商品總量中占比例不大，但其危害性卻極大。如果任其發展蔓延，就會對整個經濟造成極大的傷害，偽幣驅逐良幣，衝垮優質合格商品，惡性循環之下使整個社會充斥劣質有害商品，威脅人們的健康，破壞經濟的發展，加劇社會財富分配不公，兩極分化，投機取巧，不勞而獲，敗壞社會公德，污染社會風氣，破壞整個經濟運行規律，制約生產力發展，進而導致嚴重的社會問題。

打擊仿冒偽劣產品刻不容緩。要時時刻刻繃緊嚴防假冒偽劣產品這根弦，不能讓其萌芽成長，建立有效的預防機制和嚴厲的制裁措施，使其成為老鼠過街，人人喊打，永無藏身之地。

保護智慧財產是項長期艱鉅的任務

智慧財產是指人運用智力的創造性勞動所獲得成果形成的一種無形產權，其成果由智力勞動者依法享有權利。分為人身權利和財產權利兩部分，即一般說的精神權利和經濟權利。

智慧財產通常指人們在科學、技術、文化、藝術等領域裡，一切智力活動所創造的成果享有權利，是專利權、商標權和版權的總和。隨著科學技術的快速發展，各種科技產品、工業產品、文學藝術產品，各種商業文化服務，內含知識產權的比重日益增長，使人們越來越深刻地體認到保護智慧財產對於促進技術創新、鼓勵文學藝術創作繁榮、開發新產品、提供新服務，進而推動經濟發展的重要作用。

可以說，保護智慧財產是撬動新經濟增長點的有力槓桿，為此，爭奪智慧財產就成為很多利益集團目光的聚焦點。侵占他人智力勞動成果進而獲取高額利潤，從古至今都是屢禁不止的事情，挖空心思保護和費盡心機竊取的爭鬥也一直沒有停止過。下面的故事說明保護智慧財產的重要性。

古代京城有個年輕人，拜一位麵點大師為師。學了幾年，總覺得沒有學到真本事，連簡單的油條也炸不好。年輕人不甘心，於是思考怎麼偷師學藝。簡單的事情師父都會教他，可是關鍵的和麵部分師父從來不開口，也不能問，問就會被喝斥為笨蛋。師父每次和麵前都要讓他做準備工作，於是他靈機一動想到了一個好主意。他把該用的東西事先都秤好，麵多少，水多少，鹽多少，鹼多少，一一記在腦海裡，做到心中有數。該師父和麵了，就見他來到麵桌前，東抓一把，西抓一把，這捏一點，那捏一點，然後舀水和麵揉製，忙完後，趁發麵醒麵的時間，回屋喝茶去了。臨走不忘囑咐年輕人自己看著練。年輕人一看師父走了，急忙把師父用過的東西重新秤了一遍，三兩下計算出師父和麵的比例，試著做了幾次，果然炸出香酥可口的油條來。

後來，年輕人學成出師，自己開了家油條館，由於他炸的油條好吃，加上他嘴甜手勤，會說話，會辦事，他的油條館很快就名聲在外，被人們譽為京城第一油條，每天早晨食客雲集，就連紫禁城的大官，也隔三差五要來吃上一回。他的生意越來越紅火，而他師父的生意卻越來越冷清，最後只好關了門，真是教會了徒弟，餓死了師父。他師父至死未明白他怎麼學去的手藝，嫉妒之餘只能一個勁誇他聰明伶俐悟性好。

師父丟了智慧財產，就丟了利潤，最後丟了飯碗。可惜那時沒有智慧財產保護法，只能靠自己藏著，以自己那點聰明才智保全「絕活」不外洩。但防不勝防，利益驅使下的人，就連威嚴的法律都震懾不住，何況憑藉個人的微薄之力。

高科技迅速發展，知識經濟越來越成為經濟發展的關鍵因素，使得智慧財產保護的重要性日益顯現，以資訊技術為核心技術群的技術革命正在全面展開，而新技術的研究和開發科技含量越來越高，難度越來越大，勢必要求社會和企業花大力氣培養高水準的研究人員，花大精力和大量的研究經費去研發，如此巨大的代價研發出來的成果如果被無償占有，對研發人員、對企業、對社會，都是重大的打擊和損失，挫傷人們研發新技術、新產品的積極性，為經濟的持續發展埋下隱患。而隨著科學技術的發展，保護智慧財產的情況越來越複雜，難度越來越高，這於是對保護智慧財產不斷提出新的要求，要更全面、更有力、更徹底。

知識拓展

劣幣驅逐良幣這一現象最早被英國的財政大臣格雷欣所發現，故稱之為「格雷欣法則」。

格雷欣法則的實現要具備如下條件：劣幣和良幣同時都為法定貨幣；兩種貨幣有一定法定比率；兩種貨幣的總和必須超過社會所需的貨幣量。

29. 短處就是水準——水桶定律

● 一隻水桶能裝多少水，完全取決於它最短的那塊木板。

瘸腿路難行

經濟的發展是社會各因素綜合作用的結果。自然、社會、政治、科技、軍事、文化、教育、習俗以及經濟內部各因素，都對經濟產生著不同的影響。它們互相依賴又互相掣肘，如果把經濟比喻為一個木桶，這些因素就是木桶的一條條木板。

水桶定律早就告訴我們，一個水桶能裝多少水，完全取決於它最短的那塊木板。對木桶來說，短處就是水準，最短的那塊木板高度，就決定了木桶裝水的多少。所以，要想讓經濟這個木桶多裝水，任何一塊木板都不能殘破、缺失或者短小。

美國俄勒岡州的冷水溪鎮一直很興旺，鎮不大卻擁有三家大型娛樂場、一家百貨公司、一家星級酒店。但它們唯一缺少的，就是消防隊。有人認為沒有必要存在這樣一支隊伍，十八年間小鎮僅僅經歷了一次較為嚴重的火災，小鎮唯一的一家工廠，因為電路問題起火，使這家研究生產電子羅盤、水準儀、陀螺儀的企業瞬間化為灰燼。這次災害改變了小鎮人的觀念，但他們沒有成立相關的消防部門，而是採取了自力救濟的辦法，組建一支訓練有素的業餘「水桶隊」。有了一支訓練有素的水桶隊，誰還會需要專業的消防部門呢？有人這樣認為。水桶隊每月都要舉行一次訓練和演習，他們做到了訓練有素。水桶隊成員平時各自忙各自的事情，例如經營商店、維修電器、酒吧服務等，但當火警鈴聲響起時，所有水桶隊隊員必須立即放下手頭的事情，拎起自己的水桶，衝向起火地點。鈴聲就是命令，像戰士一樣聽從召喚。

一天，火警鈴聲大作，老鐵匠的鐵匠鋪不小心著了火。水桶隊隊員立即帶著各自的水桶趕往鐵匠鋪，迅速各就各位，投入了戰鬥。如同鬼使神差，最關鍵的人物老奧斯卡偏偏怎麼也找不到他的水桶。水桶隊成員雖然奮力滅火，但缺了老奧斯卡，就是缺少了最關鍵的一個人物、一個水桶、一個環節，沒有了靈魂。缺乏組織，沒有協調，節奏被打亂，一片亂哄哄，戰鬥力銳減，雖然水桶隊成員各個不遺餘力，最後還是無奈地看著大火從鐵匠鋪竄向隔壁的馬廄，一路蔓延開來。

在一個建構合理、運轉有效的經濟體系中，任何因素都是關鍵。如果一個因素出現了問題，就應該立即想辦法解決，給木桶更換壞掉的木板，否則將殃及整個木桶。就像上個故事我們不能歸罪老奧斯卡一樣，原因是小鎮缺乏長久戰略眼光，在興旺的經濟體系中，始終在安全上選擇了短板，先是認為沒必要消防，失火只是偶然現象，後經歷了失火的教訓，沒有成立專業高效的消防部門，而是組建了一支落後的水桶隊，如同一個強壯的男人瘸了一條腿，還沒有辦法給他換上好腿，行走不利實屬正常了。

一個經濟體系要想成為高效合理、結實耐用、適應各種環境的木桶，首先要認清自己的短板，更換掉短板，然後千方百計提高所有木板的長度，只有讓所有的板子都維持足夠的高度，並且隨時查漏補缺，堵塞漏洞，才能充分體現一個經濟體系創造力、競爭力和持久的發展實力。

由此看來，經濟問題不單是經濟問題，它所處的政治環境、社會形態、生活習俗、法律制度、科技水準、文化修養、教育品質，都是它的一塊塊木板，只有所有的木板都提高了，經濟的水準才能水漲船高，取得快速的發展。

保護環境就是保護人類自己

很久以前，太平洋上有個很小的珊瑚島，被人稱為翡翠島，島上的土著以海產和鳥蛋為生，過著平淡而安靜的生活。

有一天，一群探險者發現了這個小島，只見小島掩映在晚霞之中，湛藍的海水、銀色的沙灘、翠綠的小島、成群的海鳥，如詩如畫，令他們陶醉。於是他們棄船登岸，來到島上，看到土著圍坐在篝火旁燒烤海魚和鳥蛋，唱歌跳舞，沉浸在歡樂的氣氛之中。

也許是這群探險者厭倦了海上漂泊的日子，也許他們被這裡美麗的景色和簡單快樂的生活所吸引，他們決定留下來，和土著一起生活，不再返回文明世界。他們搬下船上所有的東西分給土著，贏得了土著的信任，接納了他們。從此，他們也和土著一樣，過著簡單原始又充滿快樂的生活。

可是，沒過多久，土著發現，鳥蛋和幼鳥比以前少了很多，有的鳥巢已經成為空巢。土著首領找到他們，指責他們不該偷吃幼鳥，也不該把一個鳥巢的鳥蛋全部偷光。但事實上他們並沒有那樣做，他們所有的行動都是和土著一起的。這種情況在他們到來之前從沒有發生過，所以令他們感到非常費解和疑惑。經過深入調查，赫然發現了其中的原委，原來是老鼠偷吃了鳥蛋、殺死了小鳥。當他們高興地把這一原因告訴土著時，土著驚訝地問，老鼠是什麼？原來這個小島從沒有老鼠，也沒有其他哺乳動物，是探險隊不小心帶來了老鼠。他們只好派人回到內陸，帶來一些貓。這些貓來到小島上，並沒有像人們期待的那樣，一心一意去捕捉老鼠，把老鼠趕盡殺絕，而是把利爪伸向了那些嗷嗷待哺的幼鳥和毫無防備的孵卵大鳥。好像達成了某種默契，老鼠偷吃鳥蛋，貓捉幼鳥和大鳥。因為島上的鳥從沒有見過老鼠和貓這兩種天敵，所以毫無抵抗之力，很快，鳥蛋被偷光，幼鳥被殺絕，一些倖存的大鳥遷往其他的海島，島上只剩一些孤零零的樹。沒過幾年，樹木由於失去鳥糞的滋養，慢慢乾枯，島上變成光禿禿的珊瑚岩，再也不適合人類居住了。隨著海浪的不停沖刷侵蝕，小島漸漸變成了沉入海中的珊瑚礁，一個美麗的翡翠島就此從人們的視線裡消失了。

這是一個典型的環境破壞故事，它帶來的嚴重惡果，不僅是小鳥消失，小島沉沒，還有人類失去生存家園，走上無家可歸的絕路。由於上百年來，整個世界對工業高度發達的負面影響預料不足、估計不夠、預防不利、整治不嚴，導致全球性三大危機——資源短缺、環境污染、生態破壞，整個地球正在慢慢重演翡翠島的悲劇。森林消失、土地沙化、空氣污染、淡水匱乏、氣溫升高、時疫蔓延，環境越來越惡化，污染越來越嚴重，如果人類繼續執迷不悟，不久的將來，翡翠島的沉沒，就將歷史重演。

好在人們已經體認到環境問題的嚴重性，保護環境、拯救地球的行動已經拉開序幕。減少二氧化碳氣體排放保護臭氧層，降低溫室效應；控制危險廢棄物和放射性物質污染；拯救瀕臨滅絕物種，保持生物多樣性；減少農藥化肥使用，確保糧食安全；嚴禁向江河湖海排放垃圾污水等污染物……這些行動無不表明人類保護環境的決心。

保護地球就是保護我們自己，給子孫後代留一片藍天，留一塊綠地，是每個居住在地球上的人義不容辭的責任。

搶救非物質文化遺產

非物質文化遺產又稱無形遺產，是相對於有形遺產，即可傳承的物質遺產而言的，包括人類口述和非物質遺產。一般指各民族世代相承、與生活密切相關的各種傳統文化表現形式和文化空間。各種民俗活動、節日、禮儀、民間表演藝術、手工藝製品、傳統知識技能等都屬於非物質文化遺產範圍。

例如民間廣為流傳的剪紙工藝，就是典型的非物質文化遺產。關於剪紙的傳說很多，它以不可抗拒的魅力，受到各階層人們的喜歡。相傳，備受漢武帝寵愛的妃子李夫人不幸去世，漢武帝日夜思念，非常悲傷。有一個來自齊地的人，自稱可以再現李夫人的身影，漢武帝就把他請進宮中。夜晚的時候，那人坐在一頂方帳中，點燃蠟燭，用紙剪出李夫人的模樣，映照在帳子上，栩栩如生，活靈活現。漢武帝見到李夫人的樣貌，如見其人，不禁悲從心來，忍不住作詩一首，表達相思之苦，「是耶非耶，立而望之，何姍姍其來遲。」後來，人們又根據這個故事，發明了一種皮影的藝術，把剪紙和說唱表演、影像表演結合一起，成為大家喜聞樂見的一種藝術形式。

關於剪紙的民間故事就更多了。特別是剪虎吃官的故事，家喻戶曉，廣為流傳。故事講到，老實本分的張三，由於家境貧寒，一直沒有娶到媳婦，有一天上山打柴，撿到一幅畫，就把畫帶回家掛到牆上。從那以後，只要他不在家，就有人幫他洗衣做飯，令他感到很奇怪。他於是假裝出門，然後躲在門外偷瞧，原來是畫上的姑娘走了下來，幫他做家事。他激動萬分，急忙衝進屋裡抱住姑娘，從此，姑娘做了他的媳婦。張三娶了神仙媳婦，哪能瞞得住鄉親，很快也傳到了縣官耳朵了。縣官貪戀美色，嫉妒張三，一心想霸占姑娘，於是想出了一個歪主意。聽說張三是個獵戶，就命令張三兩天之內打到一百隻老虎送來，否則就讓張三用媳婦抵罪。張三接到縣官的命令，知道縣官故意刁難他，圖謀他的媳婦，不禁非常氣憤，但苦於無奈，悶悶不樂，心事重重地回到家裡。媳婦見狀，急忙問他出了什麼事，他就一五一十地講了縣官給他的任務，說完愁悶地低下了頭。媳婦聽了安慰他說：「別急，我有辦法，後天你只需去交差。」一天過去了，張三也沒見媳婦有什麼辦法，便有些著急，自顧自蒙頭睡覺。張三睡熟後，媳婦就拿出一把金剪子和一疊金紙，只見她靈巧的手指像蝴蝶一樣飛動，沒多久，就剪好了一百隻老虎。媳婦把老虎放在床上，輕輕唱起歌來，就見那些老虎一隻一隻活了起來，衝著媳婦搖頭擺尾，媳婦把牠們裝進一只錦囊裡。第二天一早，媳婦就讓張三把錦囊放在袖口裡，去向縣官交差。張三見了縣官，拿出錦囊打開口，對著縣官大喊：「老爺，請收老虎。」霎時，一隻一隻斑斕猛虎從錦囊中躍出，張牙舞爪撲向了縣官，縣官嚇得魂不附體，急忙鑽到桌子底下，依然被老虎一口吞食了。從此，張三和媳婦過著太平幸福的日子。

非物質文化遺產是一種世代相傳的民間文化和藝術，隨著物質生活的提高和精神生活的豐富，以及現代文化生活方式的改變，加上世界文化大融合的影響，非物質文化遺產受到越來越大的衝擊，很多透過口耳相傳或行為傳承的藝術瑰寶，正在不斷消失，許多優秀的傳統技藝瀕臨滅絕。我們不能眼睜睜看著老祖宗留下的寶貝失傳，必須立即行動起來，加入拯救非物質文化遺產的行列。

和諧社會，協調發展

種族、民族矛盾歷來是令人們頭痛的事情，社會動亂很多是因為種族、民族糾紛而起，種族和民族問題，是影響社會和諧與否的重要因素，多數戰爭都是因為種族和民族原因爆發的。二戰期間納粹對猶太人的殘害，幾乎是人類歷史上最殘酷種族滅絕，給猶太人民造成了極大的傷害。所以種族、民族和諧共處，一直是人們美好的願望。下面的故事讓人清楚地明白，民族衝突和民族和諧給人們帶來的命運是多麼的不同。

在納粹奧斯維辛集中營裡，一個猶太人意味深長地對他的兒子說：「現在我們一無所有，唯一的財富就是智慧，當別人說一加一等於二時，你應該馬上想到大於二。」納粹毒死了奧斯維辛集中營的幾十萬人，父子倆卻奇蹟般活了下來。他們獲救後，來到美國休斯頓，做銅器買賣為生。一天，父親問兒子一磅銅的價格是多少，兒子回答三十五美分。父親告訴他說：「對，每個德克薩斯州人都知道銅的價格是每磅三十五美分，但做為猶太人的兒子，你應該說〇．三五美元才對，你試著用一磅銅做成門把看看。」

二十年後，父親去世，銅器店由兒子獨自經營，他做過銅鼓、瑞士鐘表上的簧片、奧運獎牌。他曾把一磅銅賣到三五〇〇美元，那時，他已經是麥考爾公司的董事長了。而真正使他一夜成名的，是紐約的一堆垃圾。自由女神像翻新後，留下大堆的垃圾，聯邦政府為了清理這些垃圾，大肆招標，但好幾月過去，一直沒人應標。正在法國旅行的他知道這消息後，立即飛回紐約。當他看到自由女神像下堆積如山的銅塊、螺絲、木料後，沒有提任何條件，當場就簽了字。許多紐約的運輸公司都暗地笑話他，認為這是愚蠢的舉動，因為在紐約州，處理垃圾有嚴格的規定，萬一弄不好，就會受到環保組織起訴。就在一些人等著看這個猶太人的笑話時，他開始組織工人對那些廢料進行分類。他把銅塊熔化鑄成小自由女神像，用水泥塊和木料加工成底座，用廢鋁廢鉛做成紐約廣場的鑰匙。最後，他甚至把自由女神像上掃落的灰塵包裝起來，出售給花店做土壤。前後不到三個月，他點石成金，讓一堆廢料變成了三五〇萬美元現金，每磅銅的價格整整翻了一萬倍，成為業界神話。

納粹集中營裡，父子不僅一無所有，而且連生命都時刻受到威脅；在和平的美國，不僅人身自由，還能施展自己的智慧，創造鉅額財富。透過父子倆從戰爭到和平年代生活的變遷和命運的轉折，人們應該深刻體會到社會和諧、民族和平共處對人生的重要意義。

民族和種族的劃分，不僅僅以肌膚顏色、體貌特徵和語言文字為標誌，還是道德觀、宗教信仰觀、人生價值觀、生活習俗、社會風尚、行為方式等等諸多方面的具體體現，是表現民眾的歷史經驗、人生渴望和世界觀的綜合體。剝奪一個民族或種族的族群性，剝奪他們的文化，就等於讓他們失去方向感，陷入迷途之中。種族和民族沒有優劣，眾生平等，無論是民族，還是種族，彼此之間的相互尊重、和諧共處對社會發展起著舉足輕重的作用。民族差異、民族文化、民族利益這些因素，都不應該成為民族衝突的理由。化干戈為玉帛，共同建設美好家園，攜手走向幸福生活，才是人類應該追求的理想。

知識拓展

木桶原理是指一個由若干木板構成的木桶，其容量取決於最短的那塊木板。對一個組織而言，構成組織的各個要素類似於木桶的若干木板，而組織的能力又如木桶的容量，取決於組織中的要素。

而反木桶原理則認為：木桶最長的一根木板決定了其特色與優勢，在一個小範圍內成為制高點；對組織而言，憑藉其鮮明的特色，就能跳出大集團的遊戲規則獨樹一幟，建立自己的王國。在這個爭奇鬥豔的時代，特色就是旗幟，突顯才能發展。與木桶原理求穩固的保守思想不同，反木桶原理是一種提倡特色突顯的創新戰略，要求企業打破僵固思維，一切向前看，找準自己的特殊優勢，開闢嶄新的天地。

30. 牽一髮而動全身——蝴蝶效應

● 一隻蝴蝶在亞馬遜輕拍翅膀，可能導致美國德克薩斯州的一場龍捲風。

我們住在地球村

「一隻蝴蝶在亞馬遜輕拍翅膀，可能導致美國德克薩斯州的一場龍捲風。」這就是著名的蝴蝶效應。看似不相干的事物，其實存在著緊密的關聯。因為我們住在地球村，整個世界都是一個統一的整體，存在著各種有機的聯繫，牽一髮而動全身，每一個微小的變化，都在醞釀未來世界翻天覆地的運動。大風起於青萍之末，千里之堤毀於蟻穴。地球雖大卻如小小村落，斗室雖微卻可洞悉世界。交通使我們旦夕可見，網路讓我們雞犬相聞。一個一個國家有如比鄰的家庭，一個一個行人再難辨認來自何方。文化在融合，經濟在一體，生活在同化。

文化的融合和生活的同化，讓人們穿著同樣的T恤和牛仔褲，吃喝同樣的牛排和咖啡，哼唱同樣的小曲和勁歌，閱讀同樣的新聞和小說，觀看同樣的電視和影片。而經濟的一體，使人們的生存變得更加緊密，互相依賴，互相促進，誰也離不開誰。國家變成了家庭，目標將更加一致，行動將更加協調。

曾任聯合國祕書長的科菲．安南，在《點亮蠟燭而不只是詛咒黑暗——致全世界兒童的一封信》中寫道：「在我的孩提時代，看見一架飛機在天上飛來飛去是件非常稀罕的事情，接到幾英里之外的一通電話亦是如此。我們沒有電視，電腦更是聽都沒聽說過。這僅僅是五十年以前，你們長大成人的這個世界卻完全不同。只要輕點滑鼠，來自不同大洲的人們就可以交談。發送電子郵件只是幾秒鐘的事情，不管你是居住在美國、日本，非洲還是南美。這是一件了不起的事。一個重要的事實是：世界只有一個，這是我們的世界。」是經濟發展、科技進步讓人類縮短了距離，讓地球美麗的景色成為人們可以隨時周遊的樂土。

二〇〇八年，英國西米德蘭郡海爾索文市的貝蒂．羅伯女士，已經年屆六十八歲，是一名賦閒在家的退休教師，古稀之年的她，只要想外出度假，就會參加報刊雜誌上的各種知識有獎徵答和抽獎活動。她和六十一歲的丈夫亞歷克斯經常進行豪華旅遊，到世界各地飽覽名勝，休閒觀光。然而，他們夫婦並不是百萬富翁，僅靠養老金生活，他們的「豪華度假遊」都是貝蒂平時參加各種競賽和抽獎遊戲時輕鬆獲得的「獎品」。她贏來了許多次「豪華度假遊」機會，她曾和丈夫到美洲、非洲、歐洲等地旅遊，而在英國各地的週末休閒度假之行更是不計其數。貝蒂說：「亞歷克斯和我曾到肯亞狩獵旅遊，我贏來的旅遊大獎可以帶四人去非洲旅遊；可是我家只有我和亞歷克斯兩人，所以頒發獎品的公司另外給了我們二五〇〇英鎊，讓我們去任何想去的地方旅遊。我們曾到美國紐約、希臘克里特島旅遊過，我們還在馬德拉群島的五星級飯店中度過了兩週。」

你看，世界變得多麼小，又是變得多麼富裕和美好，這要歸功於人類共同的努力，歸功於科技的發展和經濟的不停進步。而經濟的一體化，會促進這種富裕和美好朝著更高的目標邁進。因為經濟一體化更加強調世界各國的共同利益，最後的目的是共同發展經濟，共同增進世界人民的福利，使每個人都能輕鬆獲得周遊世界的機會，人人都能像貝蒂女士一樣，輕鬆地在世界各地度週末。

你不小心就可能引爆全球經濟危機

很多人看過電影《蝴蝶效應》，影片講述一位大學生伊凡的故事。伊凡雖然看似普通，卻擁有超脫凡人的能力，他能夠透過昔日的照片和文字，一次一次回到過去。這個能力使得伊凡試圖透過重新開始生活來改變自己的命運。他做到了，但每一個結局都出乎他的預料，與他的願望背道而馳。成年之後的伊凡因為偶然的際遇，讓支離破碎的童年夢魘一樣纏繞著他，封存在腦海深處一個個痛苦的記憶被喚醒、被啟動，折磨著他的精神和意志，迫使他努力回到過去，來試圖改變現實的厄運和糟糕的生活，好讓愛情變得更幸福、事業變得更完美。可是命運並不能因此掌握在自己手裡，上帝好像一直跟他開玩笑，他回去了四次，得到了四個結果：因自衛而殺死了女友的哥哥，淪為殺人犯的他，在監獄裡飽受虐待和凌辱；忍受最好的朋友變成殺人犯，深愛的女友毀容墮落成為妓女的沉重打擊；因阻止一場信箱爆炸，失去雙手雙腳成為殘疾，媽媽因悲傷患了絕症，女友成為他最好朋友的戀人；誤殺還是孩子的女友，自己被關進精神病院。一次比一次殘忍的結果讓他不得不放棄回去的努力，為了讓自己心愛的人不再受到傷害，他只好最後一次回到童年，結束和他深愛女孩之間發生的任何關係。電影告訴我們，童年的每一個生活細節，都會改變人一生的命運，並且波及到他人，使周圍的一切發生變化。

氣象學家羅倫茲經過大量觀察，於一九六三年提出蝴蝶效應一說，認為南美洲亞馬遜河流域熱帶雨林中的一隻蝴蝶，偶爾搧動幾下翅膀，兩週後就可能在美國德克薩斯引起一場龍捲風。為什麼會出現這種情況？他解釋說，蝴蝶搧動翅膀，必然導致身邊空氣系統發生運動變化，引起微弱氣流的產生並發生運動，進而引起周邊空氣和其他系統產生相對變化，發生連鎖反應，最終引起整個系統的極大變化。由此說明，任何事物發展的結果，都會對初始條件具有極度敏感的依賴性。初始條件出現極小的偏差，就可能令結果出現極大的差異，造成南轅北轍的結果。

有一首民謠這樣寫道：「丟失一支釘子，壞了一隻蹄鐵；壞了一隻蹄鐵，折了一匹戰馬；折了一匹戰馬，傷了一位騎士；傷了一位騎士，輸了一場戰鬥；輸了一場戰鬥，亡了一個帝國。」馬蹄鐵上的釘子是不是丟失，本來是很小的事情，但結果卻造成一場戰爭的勝負，進而影響一個國家的命運，可見防微杜漸這個成語，絕非空穴來風，聳人聽聞。

商紂王的叔叔箕子，看見商紂王用象牙筷子就感到很害怕，原因就是用了象牙筷子就要用白玉杯子，用了白玉杯子就要用黃金的碗，用了黃金的碗就要有美人陪著，有了美人的陪著就要吃山珍海味，吃山珍海味就不能坐在茅棚裡，不能坐在茅棚裡就要大興土木，大興土木就要興師動眾、消耗資源，興師動眾就勞民傷財，勞民傷財就民怨沸騰，民怨沸騰就天下造反，天下造反你商紂王就會亡國，你商紂王亡了國，我箕子還能去哪裡安身立命呢？小不忍則亂大謀，人心不足蛇可吞象。

一九九八年亞洲發生的金融風暴和二〇〇八年全球經濟危機，實際上就是全球經濟體系中「蝴蝶效應」作用的結果。個人生活的每一個細節改變，都可能對他人造成巨大影響；每一次不經意的行動都可能牽動整個世界的變化。因此，你要注意自己不小心的一個動作，可能會引發全球經濟危機。

時疫無國界

一九七六年十月二十六日，世界衛生組織宣布，人類歷史上最後一位天花患者，來自索馬利的牧民阿里．毛．馬林，在一九七七年被治癒，從此地球上再也沒有發現天花。

這種無數次肆虐人間的瘟疫，終於被人類徹底征服了。

瘟疫自古就有，早在六千年前，肺結核就已經成為剝奪人類生命的主要疾病，人類發展史也是人類與瘟疫抗爭史，而且只要人類存在，這種抗爭就將繼續下去。歷史上的一次次瘟疫大爆發，讓人毛骨悚然，十四世紀黑死病致使歐洲三分之一到二分之一的人死亡；十九世紀霍亂肆虐全球，造成無數人死亡；一九一八年，比第一次世界大戰更可怕的流感大流行，奪走了四千萬人的生命。

僅天花一疫，在人類歷史上就記錄過多次大規模流行的悲慘狀況。西元八四六年，諾曼人入侵法國，突然爆發了天花，迫使諾曼人首領下令將所有病人和病人的看護統統殺掉。一五五五年墨西哥天花大流行，死亡兩百多萬人。十六到十八世紀，歐洲每年五十萬人死於天花，亞洲八十萬人。一個個怵目驚心的數字，讓人們有理由為人類根除天花而歡欣鼓舞。

人類消除天花的威脅，首先應該感謝金納，一位來自英國鄉村的醫生。二十六歲的金納大學畢業後回到家鄉，一邊行醫，一邊研究天花的治療方法。

有一次，鄉村裡的檢查官讓金納統計村裡近年來，因天花變成麻臉和死亡的人數。

他走家串戶，一家不落地調查統計，發現幾乎家家都有過天花病人，但奇怪的是，養牛場的擠奶女工之中，卻沒人因天花而死亡，或者留下滿臉的麻子。這立即引起了他的注意，他仔細詢問擠奶女工，自己是否生過天花？乳牛是否生過天花？擠奶女工告訴他，牛也生天花，生天花的牛會在皮膚上出現一些名為牛痘的小膿包。她們給患牛痘的牛擠奶，同樣會起小膿包，但很輕微，一日恢復正常，就不再得天花了。金納了解這現象後，猜想其中必有奧妙。透過觀察，金納發現，凡是生過麻子得過天花的人，就不會再得天花。於是他想，或許得過一次天花，人體就會產生對天花的免疫力。他開始研究用牛痘來預防天花，他從牛身上獲取牛痘膿漿，然後接種到人身上，使人像擠奶女工那樣患輕微的天花，一次杜絕再得天花。

一七九六年五月的一天，金納從一位擠奶工手上沾黏的牛痘膿漿中取出微量苗種，接種到一個八歲男孩的胳臂上。不久，男孩手臂種痘的地方長出痘皰，幾天後痘皰結痂脫落。一個多月後，他再次在這個男孩的手臂上接種從人體取出的微量天花痘漿，結果未出現任何天花症狀。這說明，這個男孩已經具有抵抗天花的免疫力，他的假設被證實。為進一步釐清這個男孩到底還會不會得天花，他又把天花病人的痘皰膿液移植到男孩肩膀上。雖然這樣做要冒很大的風險，但金納還是大膽地做了這個試驗，因為他對自己的設想充滿了信心。最後事實證明，這個男孩沒有再得天花，從此，人類獲得了抵禦天花最有效的武器，開始了征服天花的漫漫征程。

如今，人類社會的全球化，也帶來了瘟疫的全球化，日漸發達的交通運輸為瘟疫的傳播開闢了直通道，SARS、禽流感、H1N1等一經發現，就已經在全世界到處蔓延。防治瘟疫，任重而道遠，而且並非一國一人之事，只有全世界人民攜手，才能築起防禦瘟疫的屏障，保護人類的健康。

共建美好家園

最後，讓我們繼續閱讀科菲・安南的《點亮蠟燭而不只是詛咒黑暗——致全世界兒童的一封信》，做為本書的結束，做為我們的希望和努力，共建美好家園，共創美好未來。

「……在這個世界上，我們都是透過互相學習才走向成熟的。直到十一歲我才發現這一點。當時我來到美國，到聖保羅的麥卡萊斯特學院求學。我來自一個熱帶國家，發現在明尼蘇達州的冬季穿上厚重的衣服是多麼臃腫和不便。儘管我接受了這一點，但當我感到寒冷時還是決心不戴耳套，我認為它們醜陋不堪。然後，某一天我出去吃飯，耳朵幾乎凍掉了。告訴你們，我趕緊買了副大得不能再大的耳套。從這次經歷中我得知，不要假裝比當地人知道得還多。要多聽多看。電腦和調變解調器有助於世界各地的人進行交流。我們也許擁有不同的宗教、不同的語言和不同的膚色，但我們同屬於人類，擁有同樣的基本價值觀念。設想一下，如果你看到一輛高速行駛的汽車向一名年齡比你小的兒童衝過來，你怎麼辦？你不會停下來想一想。你會毫不猶豫地衝上去救那個孩子——儘管這意味著讓你自己身處險境。你會成為英雄，這是人類的本能。這就是為什麼我們說那些為人正派、樂於助人的人富有人情味，而稱那些對別人做壞事的人『沒有人性』的原因。我們知道，人類本性有惡的一面，但我們還知道人類可以超越這一點。我們願意認為好的一面才是人類真正的一面，這就是為什麼我們談論『人權』的原因。而『人權』是我們之中的每個人，都有權從同處在一片藍天下的人們那裡得到的東西。

五十多年前，有一位女士名叫埃莉諾．羅斯福，就是她幫助我們理解了這一點。她的丈夫富蘭克林．羅斯福是美國總統。在第二次世界大戰期間，正是他領導盟國進行自衛，抵禦來犯的邪惡之人。這些惡人使成千上萬的人淪為奴隸，命喪黃泉，並且一心想支配他人。

羅斯福總統希望這段歷史永遠不要重演，於是他幫助成立了一個組織。在這個組織裡，各國可以聚在一起，化干戈為玉帛，和平解決他們的問題。這個組織就是聯合國。我如今的工作就是確保聯合國繼續執行這個至關重要的任務。

令人悲哀的是，富蘭克林．羅斯福事業未竟就撒手人寰。但埃莉諾希望把這項工作繼續下去。她體認到只把各國領導人聚集在一起是不夠的，確保一般人受到各自政府的正確對待也是十分重要。

於是，埃莉諾與來自許多國家的人起草了一份重要文件——《世界人權宣言》。它的主旨是人類應該自由地按自己的方式生活，只要不損害他人的利益。

你們也許會問我：『這行得通嗎？人人都會按照宣言的規定來為人處世嗎？』我老實告訴你們：『不會。』對這個世界上的許多人來說，目前所處的環境各不相同。

某些人生活優裕，衣食無虞，而他們的鄰居卻食不果腹。許多社區生活在和平之中，而生活在附近的許多人卻被戰爭奪走了生命。某些兒童之間儘管遠隔重洋，但可以透過電子郵件進行交流，有些孩子卻由於無法上學而目不識丁。

而且，我不得不遺憾地說，孩子們仍在憎恨或者害怕他們鄰居的教育中長大，僅僅是因為鄰居們說不同的語言，或者去不同的教堂。

也許會有人說：『如果情況幾乎沒有改善，那麼擁有這樣一份宣言還有什麼意義呢？』因為只有當足夠多的人決心為改變局勢盡一份力時，情況才會變得更好。

讓我告訴你們一個例子：地雷。地雷是十分可怕的武器，它們埋藏在地下，人一旦踩到，就會被炸得血肉橫飛。戰爭結束了，地雷卻留了下來。幾年後，仍有無辜的人們深受其害，或丟掉性命，或肢體殘缺。受害的常常是孩子們。

當他們在田間地頭戲耍，或者在小巷徑道上奔跑嬉鬧時，不幸就可能踩中地雷。

許多人希望阻止這種事情發生，於是他們在網上互相聯絡，成立了國際禁止地雷運動。他們組織開會，發送成千上萬封信件和郵件。結果，去年許多國家簽署了一項條約，承諾不再製造或者銷售地雷。

我擔心我們仍要花很長的時間，才會使地雷完完全全從這個世界上消失。但這項條約顯示，只要一般人為了一個共同的目的聚集一堂，局面就可以改觀。這使我回到這樣一個令人鼓勵的問題上：『為了使世界變得更美好，我能做些什麼？』

對所有的孩子們，我的回答是：看看你的周圍，去了解那些與你的生活方式迥異的人，發現你與他們的共同點；當你發現某些事情不對勁時，不管問題有多大，都要想一想：『能不能改變一點？我們如何才能攜手合作？』由於電腦技術，你們如今可以在世界各地找到志同道合的人。

許多年前，人們在提到埃莉諾時說：『她會點燃一根蠟燭，而不是詛咒黑暗。』

我希望有朝一日，這種說法也適用到你們身上。」

知識拓展

在一個相互聯繫的系統中，某個很小的初始能量就可能產生一連串的連鎖反應，人們稱之為「多米諾骨牌效應」或「多米諾效應」。

這一效應告訴我們：一個微小的力量或許只能引起察覺不到的漸變，但是它最終引發的卻可能是翻天覆地的變化。這有點類似於蝴蝶效應，但是比蝴蝶效應更注重過程的發展與變化。

Ctrl
C

國家圖書館出版品預行編目資料

不能複製的人生：人生不能複製，但95%的問題卻是相同的 / 徐韋中著.
－－第一版－－臺北市：老樹創意出版中心出版；
紅螞蟻圖書發行，2018.07
面　；　公分－－(New Century；67)
ISBN 978-986-6297-91-5（平裝）

1.成功法 2.生活指導

177.2　　107008492

New Century 67

不能複製的人生
人生不能複製，但95%的問題卻是相同的

作　　者／徐韋中
發 行 人／賴秀珍
總 編 輯／何南輝
校　　對／胡慧文
封面設計／鄭年亨
美術構成／上承文化
出　　版／老樹創意出版中心
發　　行／紅螞蟻圖書有限公司
地　　址／台北市內湖區舊宗路二段121巷19號（紅螞蟻資訊大樓）
網　　站／www.e-redant.com
郵撥帳號／1604621-1　紅螞蟻圖書有限公司
電　　話／(02)2795-3656（代表號）
傳　　真／(02)2795-4100
法律顧問／許晏賓律師
印 刷 廠／卡樂彩色製版印刷有限公司
出版日期／2018年 7 月　第一版第一刷

定價 300 元　港幣 100 元
敬請尊重智慧財產權，未經本社同意，請勿翻印，轉載或部分節錄。
如有破損或裝訂錯誤，請寄回本社更換。
ISBN 978-986-6297-91-5　　Printed in Taiwan